# 海派经济学

## Journal of Economics of Shanghai School

## 主办单位

中国政治经济学学会
上海财经大学海派经济学研究院
上海对外经贸大学马克思主义学院

## 支持单位

世界政治经济学学会
全国马克思主义经济学说史学会

# 目录

## 论　文

## 信 息

# CONTENTS

## Paper



## Information

# 恩格斯论人的发展的前提、状态和条件
## ——纪念恩格斯诞辰 200 周年

吴文新

**内容提要**　恩格斯认为,废私立公的所有制革命为人的自由全面发展创造了前提,开辟了最为广阔的道路和前景。在此过程中,劳动的社会性质实现从谋生性向乐生性活动的历史性转化。未来社会全面发展的人是通晓整个生产系统的人,全体社会成员普遍享受和共同发展(共享休闲)是未来社会的根本特点。实现人的发展还需要更多条件。比如,实现住宅革命,创造人的发展的空间前提;促进生态革命,实现人与自然的和谐共处,以创造人的发展的自然条件;推动家庭革命,实现妇女解放和男女平等;消灭宗教,创造人自由发展的精神条件等。

**关键词**　恩格斯　人的发展　所有制革命　住宅革命　生态革命　家庭革命　消灭宗教

**中图分类号**　F091.91

今年是恩格斯诞辰 200 周年。作为马克思主义创始人之一,恩格斯对马克思主义理论的贡献是全方位的,也是博大精深的。本文仅就"人的发展及其条件"为线索,简单梳理一下恩格斯的有关论述,或可窥全豹于一斑。

## 一、废除私有制:为人的自由发展开辟道路

资本主义私有制使工人"还不如一头役畜"①,同时使人的体力和智力片面化、畸形化,因而要实现人的自由全面发展。恩格斯和马克思一样坚定认为必须首先推动所有制的革命,即废除资本主义私有制、创建社会主义公有制。

### (一)资本主义私有制对人的发展的"双刃剑"效应

恩格斯在早期最著名的、被马克思称为"批判经济学范畴的天才大纲"的《国民经济学批判大纲》中,深刻地揭示了资本主义私有制及其竞争对社会和

**收稿日期**:2020—10—25

**作者简介**:吴文新,山东大学马克思主义学院教授、博士生导师、副院长。

① 《马克思恩格斯文集》第 3 卷,北京:人民出版社,2009 年,第 70 页。

人性的撕裂。他说:"私有制把每一个人隔离在他自己的粗陋的孤立状态中,又因为每个人和周围的人有同样的利益,所以土地占有者敌视土地占有者,资本家敌视资本家,工人敌视工人。在相同的利益的敌对状态中,正是由于利益的相同,人类目前状态的不道德已经达到极点,而这个极点就是竞争。"①恩格斯论证,竞争是资本主义私有制的必然产物和表现,而竞争恰恰成为资本主义社会一切社会混乱(包括战争)和道德堕落的直接根源,特别是马尔萨斯的人口理论向我们证明,"私有制如何最终使人变成商品,使人的生产和消灭也仅仅依存于需求;它由此也指出竞争制度如何屠杀了并且每日还在屠杀着千百万人;这一切我们都看到了,这一切都促使我们要用消灭私有制、消灭竞争和利益对立的办法来消灭这种人类堕落"②。恩格斯对竞争的论述让人深深感到,这种竞争,这种孤立而平等、自由而自私的"一切人反对一切人的社会战争"(霍布斯语),使得每个人都处于高度紧张的生存状态,需要时时刻刻提防不要被攻击、被掠夺、被伤害。显然,这与我们追求的人的全面发展的状态真有天壤之别!恩格斯因此期望这种无度的自由竞争能够造成自身灭亡的条件,它为"人类与自然的和解以及人类本身的和解开辟道路"③。

另一方面,恩格斯证明如果能够恰当地使用不断增长的生产力,社会也将更加有利于人的生存和发展。他根据当时空想社会主义思想家们的观点设想,当社会消除了竞争,在"合理的社会状态下","社会应当考虑,靠它所支配的资料能够生产些什么,并根据生产力和广大消费者之间的这种关系来确定,应该把生产提高多少或缩减多少,应该允许生产或限制生产多少奢侈品"④。这里蕴涵了恩格斯最早的"计划经济"思想,包含了对社会生产和消费平衡的调节,实际上也意味着劳动时间和非劳动时间的自觉安排,蕴含了劳动者乃至全体社会成员的普遍自由的预期和展望。他进一步明确提到,随着科学技术的应用和生产力的不断增长,"这种无法估量的生产能力,一旦被自觉地运用并为大众造福,人类肩负的劳动就会很快地减少到最低限度"⑤;他随后关于机器取代人并使得整个社会对人的劳动的需求大大降低的论述,虽然只是揭露资本主义条件下机器排挤人的异化现实,但实际上也意味着整个社会必要劳动的减少和自由时间、自由的生命活动的增加,人的自由发展的必然性逻辑便蕴藏其中。

**(二)废私立公:为人的发展开辟广阔道路**

有些社会主义者怀疑消灭私有制对于人的发展的意义,比如海因岑认为:由于"废除一切私有财产","共产主义必然也要废除个人的独立存在","结果

① 《马克思恩格斯文集》第1卷,北京:人民出版社,2009年,第76—77页。
② 《马克思恩格斯文集》第1卷,北京:人民出版社,2009年,第82页。
③ 《马克思恩格斯文集》第1卷,北京:人民出版社,2009年,第63页。
④ 《马克思恩格斯文集》第1卷,北京:人民出版社,2009年,第76页。
⑤ 《马克思恩格斯文集》第1卷,北京:人民出版社,2009年,第77页。

又把每个人投入几乎是刻板划一的兵营生活，共产主义者就这样毁灭了个性……独立性……自由”①。恩格斯在《共产主义者和卡尔·海因岑》中批判了这种观点，坚定认为，“因为工业、农业、交换的共同管理将成为工业、农业和交换本身的物质必然性的日子日益逼近，所以私有财产一定要废除”②，而私有财产的废除实际上使人摆脱了物的奴役，反倒获得了真正的独立、自由和个性；依附于私有财产的所谓个性、独立和自由无非是“物的依赖性”基础上的形式上的独立性和个性、自由而已；私有制的废除正好顺应了人的个性自由的历史性要求。在《共产主义原理》中，恩格斯明确提出：“私有制必须废除，而代之以……财产公有。废除私有制甚至是工业发展必然引起的改造整个社会制度的最简明扼要的概括。所以共产主义者完全准确地强调废除私有制是自己的主要要求。”③这就使我们自然想到，《共产党宣言》中他和马克思毫不含糊地声言，共产党人把自己的理论概括为一句话“消灭私有制”，以及著名的“两个彻底决裂”？④

当然，恩格斯关于废除私有制推动人的发展的思想在他一生中是一贯的、彻底的，总起来说，这些论述深刻表明：所有制的革命——消灭资本主义私有制，代之以社会主义公有制，这是社会主义革命首要的、基本的内容；也为人的自由全面发展开辟了最为广阔的道路和前景，可以说，没有公有制，就不可能真正开启人的自由全面发展的历史进程。但实际上，所有制的革命只是为人的发展开辟了道路，要切实实现人的发展还需要更多条件。比如，推动劳动方式之历史性质的变革，实现住宅革命以创造人的发展的空间前提，促进生态革命以实现人与自然的和谐共处以创造人的发展的自然条件；推动家庭革命以实现妇女解放和男女平等，消灭宗教以创造人自由发展的精神条件，等等。

## 二、从谋生到乐生：劳动方式之历史性质的革命

在恩格斯看来，文艺复兴时期是人的个性空前自由的时代，因此也出现了个性自由、全面发展的人物，这应该也是他们认为未来理想社会能够实现个性自由全面发展的历史根据。恩格斯在回顾科学和艺术的历史时，特别讲道：“这是人类以往从来没有经历过的一次最伟大的、进步的变革，是一个需要巨人并且产生了巨人的时代，那是一些在思维能力、激情和性格方面，在多才多艺和学识渊博方面的巨人。给资产阶级的现代统治打下基础的人物，决没有市民局限性。相反，这些人物都不同程度地体现了那种勇于冒险的时代特征。

① 《马克思恩格斯文集》第 1 卷，北京：人民出版社，2009 年，第 673 页。
② 《马克思恩格斯文集》第 1 卷，北京：人民出版社，2009 年，第 672 页。
③ 《马克思恩格斯选集》第 1 卷，北京：人民出版社，2012 年，第 302—303 页。
④ 《马克思恩格斯选集》第 1 卷，北京：人民出版社，2012 年，第 414、421 页。

那时，几乎没有一个著名人物不曾做过长途的旅行，不会说四五种语言，不在好几个专业上放射出光芒。”“那个时代的英雄们还没有成为分工的奴隶，而分工所产生的限制人的、使人片面化的影响，在他们的后继者那里我们是常常看到的。而尤其突出的是，他们几乎全都置身于时代运动中，在实际斗争中意气风发……因此，他们具有成为全面的人的那种性格上的丰富和力量。书斋里的学者是例外。”①

比如达芬奇、丢勒、马基雅弗利、路德等人物都是全面发展的代表，因为时代需要个性自由和全面发展的人，他们不受分工的奴役，没有阶级的偏见，并经历过远途的旅行，见多识广且多才多艺。这既是自由发展的条件，也是自由发展的特征。而在《反杜林论》中，恩格斯还从生产劳动的角度指出，未来社会是真正“摆脱了资本主义生产的局限性的社会……这个社会造就全面发展的一代生产者，他们懂得整个工业生产的科学基础，而且每一个人对生产部门的整个系列从头到尾都有实际体验，所以这样的社会将创造新的生产力”②，全面发展的人本身就是这样的生产力。

恩格斯关于人自由全面发展的思想，始终与生产劳动的社会性质的变革联系在一起。他肯定空想社会主义家欧文和傅立叶的观点，认为“人应当通过全面的实践活动获得全面的发展；劳动应当重新获得它由于分工而丧失的那种吸引力，这首先是通过经常调换工种和相应地使从事每一种劳动的‘活动时间’（用傅立叶的话说）不过长的办法来实现”③，消灭了旧的分工，就会建立新的社会组织，在这里，“一方面，任何个人都不能把自己在生产劳动这个人类生存的必要条件中所应承担的部分推给别人；另一方面，生产劳动给每一个人提供全面发展和表现自己的全部能力即体能和智能的机会，这样，生产劳动就不再是奴役人的手段，而成了解放人的手段，因此，生产劳动就从一种负担变成一种快乐”④。这些论述都与马克思《资本论》中关于未来社会人的发展的预见遥相呼应。人的自由全面发展基于旧式分工的消灭、新的社会组织的建立，基于劳动的普遍化和流动性，人们可以按照自己的兴趣，自由地调换任何不同的工作形式和内容。劳动从单纯的谋生活动变成了“乐生”的活动，从被奴役的异化状态转换成了自觉自愿自在的自主状态，人的整个生命活动的性质也因此发生了根本的变革。在此意义上我们说，整个社会的生产方式、劳动方式因而休闲方式在实质上发生了社会主义性质的变革，这使未来社会人获得自由全面发展成为现实。

---

① 《马克思恩格斯选集》第3卷，北京：人民出版社，2012年，第487页。
② 《马克思恩格斯选集》第3卷，北京：人民出版社，2012年，第684页。
③ 《马克思恩格斯选集》第3卷，北京：人民出版社，2012年，第680页。
④ 《马克思恩格斯选集》第3卷，北京：人民出版社，2012年，第681页。

## 三、共享休闲：未来社会人的发展的基本构想

如上所述，恩格斯认为劳动从谋生方式转化为乐生方式，劳动变成一种快乐，也就是马克思所说的对异化劳动的扬弃或克服。当人们在劳动过程中“肯定自己”“感到幸福”“自由地发挥自己的体力和智力”“感到自在”“觉得舒畅”而且是“自愿的劳动”“自主活动”(马克思，2000)，这就是休闲学界常说的“以欣然之态做心爱之事”的活动，即“休闲”。马克思在《资本论》论述“工作日”时明确说，工人作为人也必须有“个人受教育的时间，发展智力的时间，履行社会职能的时间，进行社交活动的时间，自由运用体力和智力的时间，以至于星期日的休息时间”(马克思，2004a)，以及除了“积蓄、更新和恢复生命力所需要的正常睡眠”时间，还应该有“人体的成长、发育和维持健康所需要的时间”和“工人呼吸新鲜空气和接触阳光所需要的时间”(马克思，2004b)等，这些就是休闲学界所关注的“闲暇”或“休闲时间”。尽管人们日常的“休闲”理解过于俗化，但其语义和文化蕴涵都表明，它有着丰富的人性内涵和高级的人性境界，是一个涵盖人们日常生活有较高价值意蕴的生存方式的哲学表达(刘晨晔，2006)。[①] 为此，我们用“休闲”来表达那些促进人的文明享受和自由发展的生活方式、生存状态和价值理念等(吴文新，2013a)。恩格斯有关人的发展的论述里蕴涵了这样的思想。

**(一)未来社会全面发展的人是通晓整个生产系统的人**

在《共产主义原理》中，恩格斯论证了新的社会对于人的发展的意义。他说，“在这种社会制度下，一切生活必需品都将生产得很多，使每一个社会成员都能够完全自由地发展和发挥他的全部力量和才能”[②]；那时“生产过剩不但不会引起贫困，而且将保证满足所有人的需要，将引起新的需要，同时将创造出满足这种新需要的手段”；生产的发展和分配将“满足所有人”或“全体社会成员的需要”。这个时候的生产及其技术的使用“相应地发展使用这些手段的人的能力”，“由整个社会共同经营生产和由此而引起的生产的新发展，也需要完全不同的人，并将创造出这种人来”，这样的工业也“更加需要才能得到全面发展，能够通晓整个生产系统的人”；“教育将使年轻人能够很快熟悉整个生产系统，将使他们能够根据社会需要或者他们自己的爱好，轮流从一个生产部门转到另一个生产部门。因此，教育将使他们摆脱现在这种分工给每个人造成的片面性。这样一来，根据共产主义原则组织起来的社会，将使自己的成员能

① 学术界其他马克思主义学者，比如于光远、李士坤、刘方喜、尤西林、鲍金、陈鲁直、张永红等也都有类似的看法。

② 《马克思恩格斯文集》第1卷，北京：人民出版社，2009年，第683页。

够全面发挥他们的得到全面发展的才能”。① 显然，在恩格斯看来，在技术发展基础上，根据整个生产系统的特点，教育会培养出全面通晓生产系统的人，从而克服旧式分工所造成的人的片面性，进而培育出全面发展的人。

有人说恩格斯所说的全面发展的人是通晓整个生产系统的人，同马克思所说在“真正物质生产的彼岸”处于“非劳动”状态的自由的人（马克思，2004c）不是一回事，两位创始人在这个问题上是矛盾的。实际上我们只要知道，在消灭了旧式分工的前提下，人的任何劳动，生产性或非生产性的劳动都是自主自觉的劳动，因而也是自由的活动，就能知道，恩格斯和马克思理想中的自由全面发展的人就是生活和劳动都“休闲化”了的人；人的自由性和全面性并不一定表现于人所从事的生命活动的具体形式，而可表现于人所从事的任何活动的生命和身心状态。

**（二）共享休闲：标志未来社会人的状态的一个重要特点**

恩格斯在《论住宅问题》中高度评价工业革命的一个不以资本的意志为转移的工具性价值：“正是由于这种工业革命，人的劳动生产力才达到了相当高的水平，以致在人类历史上破天荒第一次创造了这样的可能性：在所有的人实行明智分工的条件下，不仅生产的东西可以满足全体社会成员丰裕的消费和造成充足的储备，而且使每个人都有充分的闲暇时间去获得历史上遗留下来的文化——科学、艺术、社交方式等——中一切真正有价值的东西，并且不仅是去获得，而且还要把这一切从统治阶级的独占品变成全社会的共同财富并加以进一步发展。”②这里鲜明地提出了这样的社会理念——“所有的人实行明智分工”意味着所有人拥有适当的工作岗位，即全体人民“共有工作”；“生产的东西可以满足全体社会成员丰裕的消费和造成充足的储备”意味着全体人民“共同富裕”；“每个人都有充分的闲暇时间去获得历史上遗留下来的文化……中一切真正有价值的东西”意味着全体人民能够“共享休闲”，亦即共同享受人类文明、共同实现自由发展。综合起来也就是未来社会实现了全体人民“共有工作”“共同富裕”“共享休闲”。恩格斯接着说“关键就在这里”，这使得专门从事脑力劳动的剥削阶级、统治阶级的存在“日益成为工业生产力发展的障碍，同样也日益成为科学和艺术发展，特别是文明社交方式发展的障碍”③。高科技的生产力必然为人类节省越来越多的劳动时间，从而使得劳动时间和闲暇时间可以在全体社会成员中进行普遍的、公平的分配，这样所有社会成员都可以获得各方面的自由发展；关键就在闲暇时间愈益充分并惠及每一个人；阶级的消灭与闲暇时间的普遍化有着密切关系，而阶级分化其实也是推动所有社会成员健康生存、文明享受和全面发展的最直接的社会障碍。《反

① 《马克思恩格斯文集》第1卷，北京：人民出版社，2009年，第688—689页。
② 《马克思恩格斯选集》第3卷，北京：人民出版社，2012年，第199页。
③ 《马克思恩格斯选集》第3卷，北京：人民出版社，2012年，第199—200页。

杜林论》中也有相应论述："只有通过大工业所达到的生产力的极大提高，才有可能把劳动无例外地分配给一切社会成员，从而把每个人的劳动时间大大缩短，使一切人都有足够的自由时间来参加社会的公共事务——理论的和实际的公共事务。"①

显然，恩格斯与马克思一样，坚持认为，"劳动普遍化的前提是消灭阶级、消灭剥削、消灭资本主义生产方式"，"只有劳动实现了普遍化，工作日的缩短才成为可能"，"只有所有人都劳动，才能使所有人都有发展才能等更多的自由支配时间"(程恩富，2018)，"促进全民共同享受发展成果，全民共同增加主人公幸福感"(程恩富，2019)。因此，时间问题、一切人的发展问题，必须以阶级问题的解决为社会性的前提，只有彻底消灭了阶级现象，实现了劳动的普遍化，才能真正实现休闲的普遍化即共享休闲，也就是使所有人获得自由全面发展。

**(三)共享休闲的实质：一切人的共同享受和共同发展**

人的自由全面发展的前提是独立而体面地生存、文明而惬意地享受，其最深层的原因，正是恩格斯不止一次地论述过"生存—享受—发展"这一人生三部曲，而且也对物质资料的生产和人的需要的满足做了相应的划分。

恩格斯论述了动物界的规律为什么不适用于人类社会，他肯定性地引用了他致信的朋友拉甫罗夫的一句话，"人不仅为生存而斗争，而且为享受，为增加自己的享受而斗争……准备为取得高级的享受而放弃低级的享受"，并进一步引申出自己的结论："人类的生产在一定的阶段上会达到这样的高度：能够不仅生产生活必需品，而且生产奢侈品……这样，生存斗争……就变成为享受而斗争，不再是单纯为生存资料而斗争，而是为发展资料，为社会地生产出来的发展资料而斗争，对于这个阶段，来自动物界的范畴就不再适用了。但是，如果像目前这样，资本主义方式的生产所生产出来的生存资料和发展资料远比资本主义社会所能消费的多得多，因为这种生产人为地使广大真正的生产者同这些生存资料和发展资料相隔绝……于是生存斗争的含义只能是，生产者阶级把生产和分配的领导权从迄今为止掌握这种领导权但现在已经无力领导的那个阶级手中夺过来，而这就是社会主义革命。"②显然，这里已经提出了生存、享受和发展的概念，尽管"生存斗争"只是在达尔文进化论之动物意义上使用的，恩格斯似乎并不情愿如此使用，但是在迄今为止的私有制社会中，人的生存斗争实际上与进化论"物竞天择，适者生存"的规律没有本质的不同。但是人毕竟是人，人类社会毕竟不同于动物世界，除了残酷的生存斗争，人还为"享受"和"发展"而斗争，为获取"享受资料"和"发展资料"而生产。这个享

① 《马克思恩格斯选集》第 3 卷，北京：人民出版社，2012 年，第 562 页。
② 《马克思恩格斯选集》第 4 卷，北京：人民出版社，2012 年，第 518—519 页。

受和发展已经超越生存的范畴，完全可以在休闲的意义上加以确认，因此，这个被恩格斯视为争夺生产和分配领导权的“社会主义革命”实质上也是休闲的革命——把休闲的权利从寄生的阶级那里夺回来还给劳动阶级。

很巧的是，恩格斯在其未完成的《自然辩证法》手稿中，批判性地揭示了达尔文学说的社会性质，再次清晰地谈到同样的问题：“一有了生产，所谓生存斗争不再单纯围绕着生存资料进行，而是围绕着享受资料和发展资料进行……在资本主义生产方式下，生产达到这样的高度，以致社会不再能够消耗掉所生产出来的生活资料、享受资料和发展资料，因为生产者大众被人为地和强制地同这些资料隔离开来；因此，十年一次的危机不仅毁灭生产出来的生活资料、享受资料和发展资料，而且毁灭生产力本身的一大部分，以此来重建平衡；因此，所谓生存斗争就采取了如下的形式：必须保护资产阶级的资本主义社会所生产出来的产品和生产力，使之免遭这个资本主义社会制度本身的毁灭性的、破坏性的作用的影响，办法是从不能办到这一点的居于统治地位的资本家阶级手中夺取社会生产和社会分配的领导权，并把它转交给生产者群众——这就是社会主义革命。”①这段话实际是上段话的发展，而且第一次非常清晰地提出了三种资料的概念：用于满足生存需要的生活资料(生存资料)、用于满足享受需要的享受资料，以及用于满足发展需要的发展资料——后两种资料可被统称为“休闲资料”，并把这些资料的生产和分配的领导权问题与社会主义革命结合起来，再次确认社会主义革命的休闲价值内涵——休闲的目的性价值也是社会主义革命的固有之义，享受资料和发展资料的人性化生产，并赋予“按需分配”的共产主义原则以新的含义，即按照人的生存、享受和发展的需要进行消费品的分配，这是内在于社会主义价值追求和崇高理想的固有内容(吴文新，2013b)。

## 四、住宅革命和生态革命：人的发展的空间前提和自然条件

### (一)住宅革命：创造实现人的发展的空间前提

人的发展不仅需要“自由时间”这样流动性的“空间”，而且需要“诗意地栖居”其中的相对稳固的“空间”，这就是人的自由发展的空间前提。恩格斯的《论住宅问题》提供了这方面的极有价值的思想。

1. 现代住宅问题的实质：阶级对立及住房私有化

恩格斯《论住宅问题》第一篇就开宗明义指出“住宅问题”的现象、本质及其根本解决办法：“住房短缺问题”并非资产阶级时代的特有现象，而是“一切时代的一切被压迫阶级几乎同等地遭受过的一种痛苦。要消除这种住房短

① 《马克思恩格斯选集》第3卷，北京：人民出版社，2012年，第987—988页。

缺，只有一个方法：消灭统治阶级对劳动阶级的一切剥削和压迫”。“而今天所说的住房短缺，是指工人的恶劣住房条件因人口突然涌进大城市而特别恶化；房租大幅度提高，每所住房更加拥挤，有些人根本找不到栖身之处。这种住房短缺之所以引起议论纷纷，只是因为它不只涉及工人阶级，而且也涉及小资产阶级。”①但作为小资产阶级的代言人，蒲鲁东“常识性”地认为，由于原始时期，野蛮人都有自己的洞穴、澳洲和美洲的土著都有自己的土屋和家园，现代社会，工人们居然没有属于自己的住房，岂不是对现代文明的嘲讽——由此所导致的“道德生活和家庭生活的真正结合点，即人们的家园，正在被社会旋涡卷走”②，因此，恢复住宅私有制，使每一个工人都拥有自己的住宅，就是文明社会理所应当的人道行为！确实，没有住宅，工人下班后就会到酒馆聚集，甚至在那里或到公园、街道去过夜，把他们的收入“真正作孽似地挥霍在酗酒和种种无聊娱乐上面”③。但由于资本对劳动的奴役和剥削，无产阶级乃至规模庞大的小资产阶级也都因为收入的低微而无法购得昂贵的房产，于是为了这个唯一的“恒产”，他们披星戴月地劳作、倾尽收入、高息贷款购买房产，这就使得他们一辈子几乎卖身于地产商和银行家。

2. 住房公有化：住宅问题的根本解决之道

与普鲁东不同，恩格斯认为，“只有一个方法：消灭统治阶级对劳动阶级的一切剥削和压迫”。实际上，劳动群众只有彻底摆脱了包括住房在内的生活必需品的束缚和压迫，才能获得真正的解放和自由，因此，像住房这样的大宗生活必需品，只有成为公共品，并为所有人“按需分配”而共同享有的时候，人们才是真正自由的；但并非人人拥有住房所有权，人人成为私有房产的“资本家”。正是在这里，恩格斯提出了消灭一切阶级的可能性和必然性，“不仅生产的东西可以满足全体社会成员丰裕的消费和造成充足的储备，而且使每个人都有充分的闲暇时间去获得历史上遗留下来的文化”④，连住房这样的必需品都有“充足的储备”，人们必然会拥有充裕的闲暇，劳动和闲暇的普遍共享与住房的公平分配或普遍共享实际上是同步或相伴随的，生存性居住转化为享受性居住，一直以来压迫着每一个人的住宅问题转化为“诗意地栖居”并非不可能。这种转化显然是以“住房公有化”为前提的，它是公共品，但通过适当的方式可以为所有人所共享，使所有人可以在自己完全不成为任何负担地享有公共房产的“用益权”⑤。

3. 住房福利化：人的发展彻底摆脱居住条件的羁绊

---

① 《马克思恩格斯选集》第 3 卷，北京：人民出版社，2012 年，第 191—192 页。

② 此处引文是蒲鲁东的话，转引自：《马克思恩格斯选集》第 3 卷，北京：人民出版社，2012 年，第 197 页。

③ 《马克思恩格斯选集》第 3 卷，北京：人民出版社，2012 年，第 218 页。

④ 《马克思恩格斯选集》第 3 卷，北京：人民出版社，2012 年，第 199 页。

⑤ 《马克思恩格斯选集》第 3 卷，北京：人民出版社，2012 年，第 195 页。

住宅公有化只是奠定了实现诗意栖居的可能性，而要使劳动者实际地“用益”住宅，还必须通过一系列的社会变革和发展措施，其中之一便是社会主义革命意义上的“消灭城乡对立”。恩格斯预见到住宅问题解决的前景，并给出了彻底解决住宅问题的根本办法，“消灭城乡对立”，并且，“现在各大城市中有足够的住房，只要合理使用，就可以立即解决现实的‘住房短缺’问题。当然，要实现这一点，就必须剥夺现在的房主，或者让没有房子住或现在住得很挤的工人搬进这些房主的房子中去住。只要无产阶级取得了政权，这种具有公共福利形式的措施就会像现代国家剥夺其他东西和征用民宅那样容易实现了”[①]。恩格斯进一步指出“问题的核心”在于，“住宅问题，只有当社会已经得到充分改造，从而可能着手消灭在现代资本主义社会里已达到极其尖锐程度的城乡对立时，才能获得解决”。因为，“并不是住宅问题的解决同时就会导致社会问题的解决，而只是由于社会问题的解决，即由于资本主义生产方式的废除，才同时使得解决住宅问题成为可能”[②]。既然如此，“解决办法在于消灭资本主义生产方式，由工人阶级自己占有全部生活资料和劳动资料”[③]，也就是在生产资料(包括与住房直接相关的土地)公有制的基础上，在制度层面消除城乡对立，实现住房的公有化，并进行福利化分配，使所有需要住房的人都“住有所居”进而“安居乐业”，这是非常重要的。可见，恩格斯解决住宅问题的思路，是针对资本主义社会住房在使用价值形态并不短缺、相反是“生产过剩”的问题而言的，住宅问题本质上不是短缺而是过剩，不是绝对过剩，而是相对于劳工大众极为有限的购买力而言的过剩；因此，解决的办法就是在生产资料公有制基础上，消灭城乡对立，通过福利化形式，把住房作为“公共福利”免费提供给需要住房的劳工大众。能否实现住房的福利化呢？马克思和恩格斯在那个时代已经证明：“我们现代社会的生产足以使社会一切成员都吃得饱”，“现有的房屋足以暂时供给劳动群众以宽敞和合乎卫生的住所”[④]，2007年以来发生在欧美房地产领域的次贷危机，同样说明目前房地产财富的“充分涌流”，问题只是在于通过对资本主义生产方式的颠覆性变革，来实现对这些住房的合理分配。

显然，住宅福利化是一种社会主义的思路，是真正“为人民服务”的住房政策和制度；福利化的分配方案实际就是“按需分配”，这是实现诗意栖居的必经之道，没有超越生存必需品的居住空间，就不可能有真正的人的自由发展。在社会主义革命的历史进程中，果断地实行“住宅的革命”，使最广大人民群众摆脱房产资本乃至全部资本的奴役，实现住房的“公有私用”不仅是必要的、可能

① 《马克思恩格斯选集》第3卷，北京：人民出版社，2012年，第206页。
② 《马克思恩格斯选集》第3卷，北京：人民出版社，2012年，第223页。
③ 《马克思恩格斯选集》第3卷，北京：人民出版社，2012年，第246页。
④ 《马克思恩格斯选集》第3卷，北京：人民出版社，2012年，第270页。

的，而且现实的[①]，这才是人类走上健康、幸福、和谐、自由之道的根本前提，也是每一个人自由全面发展的空间前提。

**(二)生态革命创造人的自由发展的自然条件**

恩格斯在《自然辩证法》手稿里，论述了人与自然的关系对于人的发展的影响。

1. 资本主义生产方式：人与自然关系恶化的最深层根源

无止境地攫取剩余价值是资本主义生产方式的绝对规律，它把大自然仅仅当作无穷无尽的资源库和垃圾场(对资本家)，当作满足动物般生存需要的基本生活资料。大自然要么是无止境利润的源泉，要么是能吃能喝能挥霍的东西。这种狭隘的自然观导致了严重的自然和人性后果。据此，恩格斯严厉警醒人们，这个人生于斯长于斯并享受发展皆在其中的那个生态系统在资本主义生产方式下的脆弱性。恩格斯痛心地说："我们不要过分陶醉于我们人类对自然界的胜利。对于每一次这样的胜利，自然界都对我们进行报复。""因此我们每走一步都要记住：我们决不像征服者统治异族人那样支配自然界，决不像站在自然界之外的人似的去支配自然界——相反，我们连同我们的肉、血和头脑都是属于自然界和存在于自然界之中的；我们对自然界的整个支配作用，就在于我们比其他一切生物强，能够认识和正确运用自然规律。"[②]回溯恩格斯发出警告的这140多年来，生态环境不仅没有任何好转，而且发生了全球性的恶化！不是没有人注意到恩格斯的警告，而是资本主义生产方式一直强有力地主导着人类社会的发展模式和方向，人与自然的关系在资本—利润的逻辑统治下，只能服从于资本的淫威而难以和谐，地球自然依然是资本贪欲幻想中取之不竭、用之不尽的资源库和具有无限容量的垃圾场。尽管历经一次次的生态灾难和惨重的经济社会损失，但由于资本财团毫发无损，因此，生态修复与保护、资源节约与调配、环境治理与补偿等等，最好的状态是潜伏于各国政府的文件夹、办公桌和会议报告里，一碰到执行实践中的资本"铁帽子王"，所有的理论、理念、原则、方法、政策、法规等都变得可有可无。如此情景，人的基本生存的自然前提之难以持续，何谈人的自由全面发展！

2. 生态革命：夯实人的自由发展的自然前提

正因为资本主义生产方式造成了严重的自然后果及其对人类社会可持续发展的长远影响，恩格斯对人与自然关系的关注一开始就体现了人道主义情怀和社会主义理念，并将这种强调人与自然和谐的"自然主义"与"人道主义"高度统一起来，视之为未来社会主义和共产主义的重要特征。怎么实现这一

---

① 程恩富教授主张在社会主义市场经济条件下，可通过建构"以公租房为主，商品房、私住房为辅"的城市住房模式来解决由于住房私有化、商品化带来的诸多社会问题。见：程恩富，2018，《改革开放与中国经济》，北京：中央编译出版社，第449—462页。

② 《马克思恩格斯选集》第3卷，北京：人民出版社，2012年，第998页。

点呢？恩格斯指出：随着自然科学的发展，我们预见到人们干预自然过程的近期和长远后果的能力也越来越强，并逐渐学会控制不良的后果；面对越来越多的实为人祸的"天灾"，"人们就越是不仅再次地感觉到，而且也认识到自身和自然界的一体性，那种关于精神和物质、人类和自然、灵魂和肉体之间的对立的荒谬的、反自然的观点，也就越不可能成立了"①。就像在社会领域，马克思主义揭示的社会历史规律明明预见到怎样做会必然导致贫富分化和矛盾加剧，但现实中还是那样去做了，结果也正如预料的一样；在人与自然的关系领域，虽然以分析还原性机械科学来预见贪婪的资本主义社会与复杂奥妙的自然生态系统的相互作用的后果确有难度，但是当科学技术已经发展到复杂性系统科学以及智能化生态化技术的时代，我们已经可以预见到越来越多的"灰犀牛"式人祸的时候，却受制于资本主义私有制所极端分裂了的人类社会的利益纠葛，而难以迈开预防和纠偏计划的任何实践步伐，其根源正在于目前这种"仅仅以取得劳动的最近的、最直接的效益为目的"的生产方式，"为此需要对我们的直到目前为止的生产方式，以及同这种生产方式一起对我们的现今的整个社会制度实行完全的变革"②。这就是社会主义革命——彻底否定资本主义生产方式及相应的资本主义社会制度，建立一种能够直接预见和预防人与自然的任何相互作用可能带来的近期和长远影响的生产方式和社会制度，即社会主义生产方式和社会主义社会制度。社会主义革命由于彻底变革人与自然的关系，使人与自然的关系变得更加理性、更加符合生态系统的规律，因而也是一场生态的革命，是夯实生态文明之生产方式和社会制度基础的革命；这不仅为人的自由全面发展创造自然前提，也是人的发展的固有内容。

## 四、家庭革命和宗教消亡：人的发展的情感基础和精神条件

根据恩格斯的相关论述，笔者将家庭和宗教因素对人的发展的关系概括为人的发展的情感基础和精神条件。

### （一）家庭革命：创造妇女解放、男女平等的基本条件

1. 消灭私有制、消灭阶级：妇女解放的前提和基础

在《英国工人阶级状况》中，恩格斯调查显示，由于机器对女工和童工的"青睐"，成年男工不断被排挤，这不仅把所有工人的工资降到最低而且也"完全破坏了家庭"③。在《共产主义原理》中，恩格斯指出，共产主义社会制度"将使两性关系成为仅仅和当事人有关而社会无须干预的纯粹私人关系"，"从而将消灭迄今为止的婚姻的两种基础，即私有制所产生的妻子依赖丈夫、孩子依

① 《马克思恩格斯选集》第3卷，北京：人民出版社，2012年，第999页。
② 《马克思恩格斯选集》第3卷，北京：人民出版社，2012年，第1000页。
③ 《马克思恩格斯全集》第2卷，北京：人民出版社，1957年，第429页。

赖父母”，因此，以私有制为基础的卖淫也“将随着私有制的消灭而消灭”。[①]《共产党宣言》则基本上重申了这一观点：消灭资产阶级私有制，是消灭卖淫、“公妻制”等使妇女备受凌辱和奴役之社会条件的根本途径。消灭私有制如何实现妇女的真正解放呢？

2. 家务劳动社会化公共化：妇女解放的重要路径

在《家庭、私有制和国家的起源》中，恩格斯指出，在古代基于公有制的家庭里，“由妇女料理家务，正如由男子获得食物一样，都是一种公共的、为社会所必需的事业”，但随着专偶制个体家庭的产生，“料理家务失去了它的公共的性质……它变成了一种私人的服务；妻子成为主要的家庭女仆，被排斥在社会生产之外。只有现代的大工业，才又给妇女——只是给无产阶级的妇女——开辟了参加社会生产的途径”。但是，这时妇女参加社会生产与家庭内私人服务不可兼得。于是，“现代的个体家庭建立在公开的或隐蔽的妇女的家务奴隶制之上”，丈夫挣钱养活家庭，成为家庭生活资料的占有者，因此“在家庭中，丈夫是资产者，妻子则相当于无产阶级”，这样，“在现代家庭中丈夫对妻子的统治的独特性质，以及确立双方的真正社会平等的必要性和方法，只有当双方在法律上完全平等的时候，才会充分表现出来。那时就可以看出，妇女解放的第一个先决条件就是一切女性重新回到公共的事业中去；而要达到这一点，又要求消除个体家庭作为社会的经济单位的属性”[②]。恩格斯进一步谈道：“行将到来的社会变革至少将把绝大部分耐久的、可继承的财富——生产资料——变为社会所有，从而把这一切对于传授遗产的关切减少到最低限度。”[③]可是如此一来就消除了专偶制家庭吗？恩格斯认为，不仅没有，而且使得专偶制更加“完全地实现”，“因为随着生产资料转归社会所有，雇佣劳动、无产阶级，从而一定数量的……妇女为金钱而献身的必要性，也要消失了。卖淫将要消失，而专偶制不仅不会灭亡，而且最后对于男子也将成为现实”。这样一来，丈夫或妻子的地位都会发生很大的转变，“随着生产资料转归公有，个体家庭就不再是社会的经济单位了。私人的家务变为社会的事业。孩子的抚养和教育成为公共的事情”[④]。据此，恩格斯认为，“只要妇女仍然被排除于社会的生产劳动之外而只限于从事家庭的私人劳动，那么妇女的解放，妇女同男子的平等，现在和将来都是不可能的。妇女的解放，只有在妇女可以大量地、社会规模地参加生产，而家务劳动只占她们极少的工夫的时候，才有可能。而这只有依靠现代大工业才能办到，现代大工业不仅容许大量的妇女劳动，而且是真正要求

① 《马克思恩格斯选集》第 1 卷，北京：人民出版社，2012 年，第 309 页。
② 《马克思恩格斯选集》第 4 卷，北京：人民出版社，2012 年，第 84—85 页。
③ 《马克思恩格斯选集》第 4 卷，北京：人民出版社，2012 年，第 86 页。
④ 《马克思恩格斯选集》第 4 卷，北京：人民出版社，2012 年，第 87 页。

这样的劳动,并且它还力求把私人的家务劳动逐渐溶化在公共的事业中"[①]。恩格斯还在一封信中强调:"我深信,只有在废除了资本对男女双方的剥削并把私人的家务劳动变成一种公共的行业以后,男女的真正平等才能实现。"[②]显然,基于私有制的大工业也只是由于把大量妇女赶进工厂而显示出妇女解放的萌芽或者趋势,但它本身并不就是妇女的真正解放;这个变革应该来自所有制的革命即公有制的建立,公有制的内生机制使得这一切变化对于家庭男女平等和妇女解放发挥积极作用。

3. 摆脱物质羁绊的纯粹爱情:男女平等发展的重要条件

家务劳动社会化带来家庭关系性质的变化,作为家庭纽带的感情——其核心是夫妻之间的爱情,才得以真正"纯洁"地实现。那时,由于符合这三个条件,家庭关系成了共享休闲的基础、条件和对象本身,"第一,性爱是以所爱者的对应的爱为前提的;从这方面说,妇女处于同男子平等的地位";"第二,性爱常常达到这样强烈和持久的程度,如果不能结合而彼此分离,对双方来说即使不是一个最大的不幸,也是一个大不幸",甚至为了结合而敢冒生命的危险;"最后,对于性关系的评价,产生了一种新的道德标准,人们不仅要问:它是婚姻的还是私通的,而且要问:是不是由于爱和对应的爱而发生的?"[③]毫无疑问这是最理想的爱情,摆脱了房子、车子、位子等外在资源的"物役",而成为真正的"自由恋爱"、自愿爱情、自主婚姻,基于此的家庭也是最幸福的家庭。这种家庭关系不仅直接增进夫妻双方的感情,以至白头偕老,而且对于孩子的身心完美和健康成长都有着决定性的作用;这恰恰是家庭成员共同享受人类文明、共同求得全面发展的必要条件。

总起来看,在新的公有制基础上,家庭摆脱了"生存斗争"的折磨,摆脱了经济因素的纠缠,必要的家务劳动也被社会化,至少妻子摆脱了家务的束缚;而且基于纯粹的爱情,家庭和睦其乐融融的氛围;孩子不仅可以享受到父母的个性化熏陶,而且可以接受社会性的良好教育。由此来看,社会主义革命所引起的"家庭的革命",最终使妇女彻底解放、两性完全平等;至此,人的解放和发展,不仅是男人的解放和发展,而且是妇女的平等的解放和发展,这才是共产主义的价值追求。

### (二)宗教的消亡是人的发展的精神条件

宗教批判在马克思主义形成发展史上具有非常重要的前提性意义,恩格斯有几部关于基督教的著作,蕴含了他有关宗教批判与人的发展的关系的思想。

1. 宗教:人摆脱压迫获得自由的精神幻景

---

① 《马克思恩格斯选集》第4卷,北京:人民出版社,2012年,第178—179页。
② 《马克思恩格斯选集》第4卷,北京:人民出版社,2012年,第577页。
③ 《马克思恩格斯选集》第4卷,北京:人民出版社,2012年,第88页。

马克思主义宗教观告诉我们，宗教不仅起源于人们对于世界种种客观现象之终极原因和变化机理的推测和想象，以及某种生命体验的心理幻景，而且更根本的是起源于最底层被压迫人民对于各种统治和压迫力量的反抗。就宗教本体而言，它是人的外化、幻化的精神世界，就像一面镜子，人从中找到自己的扭曲的映像，从而确证自己的异化却又真实的存在；而起源初期的宗教比如原始基督教就与早期的工人阶级的社会主义运动一样，不仅都是“被压迫者的运动”，而且目的都是要使一切被剥削者和被压迫者“从奴役和贫困中得救”，在求得解放、获得幸福和自由的“终极”追求上是基本一致的，差异在于“基督教是在死后的彼岸生活中，在天国里寻求这种得救，而社会主义则是在现世里，在社会改造中寻求”①。但其虚幻性、彼岸性和实践路径的“麻醉性”“欺骗性”决定了它不可能达到其“救世”的目的——它的经典教条及其传布，都试图通过以带有极深奥隐喻和未来预言的幻景（幻境）和神话或童话般的故事来赢得最广大被剥削被压迫者们渴求自由和幸福的心。显然，人如果不能从这种异化的精神世界中走出来，不能从某种莫名其妙的“神”的奴役中解放出来，成为自己的精神世界的主人，就不可能在现实世界获得真正的自由发展。

2. 宗教作为一种终极关怀的实质：一种内外和谐的身心体验

但是宗教之所以是宗教，不在于它有一套创世救世的学说，而在于它救世的个人化方式，“超验性的意识”②——一种神秘的精神或生命体验。尽管我们知道很多是纯粹的心理慰藉和精神幻觉，毕竟在客观效果上减轻了信徒的痛苦体验和恐惧心理，缓解了被压迫感和被役使感，似乎进入一种被解放而获得自由的状态，正如费尔巴哈所说，“上帝就是人之摆脱了一切厌恶的自感，只有在自己的宗教之中，人才感到自由、幸福”（费尔巴哈，1997）。这种状态极类似于人们在世俗生活中所孜孜以求的休闲的境界。宗教产生和存在的社会经济基础——私有制及其系列社会现象还强有力地存在，人性自身的复杂性，特别是人的精神世界的复杂性、人与世界之精神关系的复杂性，也使得恐惧、焦虑、困惑、迷茫甚至抑郁、疯狂等心理性失常还在时时折磨甚至威胁着人们的正常生存。如果不能从世俗的生活获得心理的放松、情感的慰藉、恐惧的消除、压抑的减轻、焦虑的舒缓、抑郁的纾解、疯狂的抑制等等，那就从吸食毒品和宗教（很多是邪教）信仰中试图“从外在世界遁入内在世界”，寻求“思想的安慰”和“灵魂的得救”③，亦即形式上的、虚幻的解放感和自由感——马克思所谓“宗教是人民的鸦片”④的论断可以理解为宗教具有上瘾毒品同样麻醉神经和获得幻觉的功效。所以，历史上，当统治阶级认识到宗教的这种神奇功效之

---

① 《马克思恩格斯选集》第4卷，北京：人民出版社，2012年，第327页。
② 《马克思恩格斯文集》第1卷，北京：人民出版社，2009年，第587页。
③ 《马克思恩格斯文集》第3卷，北京：人民出版社，2009年，第598页。
④ 《马克思恩格斯文集》第1卷，北京：人民出版社，2009年，第4页。

后，便毫不犹豫地把宗教推崇起来并作为统治手段，以便在“缓解”人民受压迫之痛苦的同时，强化剥削和压迫而又维护他们的江山永固。作为精神统治手段的宗教，其意义在于营造一种信徒们内心里对于所信仰神祇的神圣感和敬畏感，还是一种内心的感受和体验。而这种体验和感受正是统治阶级所需要的，让受压迫的人们沉醉其中，便可以获得极好的“维稳”效果，是一种非常有效的统治工具。抛弃掉宗教这种感受和体验的方式，而保留其对人的身心和谐、天人合一的终极关怀，这就是未来社会的革命所需要做的事情，而这需要社会历史的条件，即消除人类社会内在剥削和压迫、统治和控制，当然这依然寄托于旨在消灭剥削、消除压迫的社会主义革命。

3. 消除宗教的社会历史条件：以回归式精神生活方式代替宗教

恩格斯认为，宗教问题之所以难以解决，其实在于它确立了人的心灵之罪的先验观念。他指出，通过犹太教与晚期斯多亚派的思想“调和”，“已经包含着本质上是基督教的全部观念——人的原罪、逻各斯（这个词是神所有的并且本身就是神，它是神与人之间的中介）、不是通过供奉牺牲而是通过把自己的心灵奉献给神来进行忏悔，最后还有以下的本质特点，即新的宗教哲学倒转了从前的世界秩序，它在穷人、受苦受难的人、奴隶和被排斥的人中寻找信徒，蔑视有钱人、有势力的人和有特权的人，因而也就有蔑视一切尘世享乐和禁止肉欲的规定”①。很多被压迫的人们，“既然对物质上的得救感到绝望，就去追寻灵魂得救来代替，即追寻思想上的安慰，以免陷入彻底绝望的境地”。恩格斯指出，“在追求这种思想上的安慰，设法从外在世界遁入内在世界的人中，大多数必然是奴隶”②。这个“奴隶”显然不只是阶级意义上的奴隶，而是思想上、精神上的奴隶，他没有自主的能力而只能被“祂主”——由冥冥之中不知其然的神来主宰自己的命运。基督教之所以成为世界性宗教，除了古罗马的世界性征服活动之外，还有基督教的思想特质，它“拨动的琴弦，必然会在无数人的心胸中唤起共鸣。人们抱怨时代的败坏、普遍的物质匮乏和道德沦丧”，因而教人们越来越多、愈益深刻地确立起一种普遍的“罪孽意识”：世界的一切堕落、我的一切痛苦“罪在自己”！因此，必须赎罪以求“灵魂得救”。这样，“由于基督教通过它的创始人的牺牲，为普遍渴求的摆脱堕落世界而获取内心得救即心灵上的安慰提供了人人容易理解的形式，它就再一次证实自己能够成为世界宗教——而且是适合于现世的宗教”③。这个世界还有太多的堕落、压迫、痛苦、罪孽，每个人都是这些罪孽的制造者，一生处在这种被自造的“罪孽”（你的痛苦本身就是罪孽）折磨的状态之中，这大概也是基督教甚至包括其他所有宗教迄今依然存在并常常活跃的原因吧！

---

① 《马克思恩格斯文集》第 3 卷，北京：人民出版社，2009 年，第 593 页。
② 《马克思恩格斯文集》第 3 卷，北京：人民出版社，2009 年，第 598 页。
③ 《马克思恩格斯文集》第 3 卷，北京：人民出版社，2009 年，第 599 页。

按照恩格斯的思维逻辑，这种"罪孽"的心理感受也是特定的社会生活条件和状态的产物，因此，要消除一切以宗教形式发生发展发挥作用的文化—社会现象，只有消除宗教本身发生发展并发挥作用的社会历史条件，特别是经济条件或阶级现象本身。这样，世俗的一切都会回归本位，发挥其应有的作用。对于宗教的社会性功能，由于社会制度体系的革命和创新，而为新的自由人联合体及其社会公共调控中心来执行；对于人性个体内在心性需要及相应的终极关怀的满足，在自由劳动、自主生活的过程中，寻求一种自然的、审美的和伦理的"回归式"精神意识活动方式，便可以替代宗教，甚至能够更好地满足人们生命、身心和天人合一之体验需要的最佳方式，还可由此而达到更加广阔的自由全面发展的世俗的"自由王国"和"人间天堂"。

## 参考文献

[1][德]费尔巴哈，1997，《基督教的本质》，荣震华译，北京：商务印书馆，第 143 页。

[2]程恩富，2018，《改革开放与中国经济》，北京：中央编译出版社，第 45 页。

[3]程恩富，2019，《改革的初心》，北京：中信出版社，第 181 页。

[4]刘晨晔，2006，《休闲：解读马克思剩下的一项尝试》，北京：中国社会科学出版社，第 84—88 页。

[5]马克思，2000，《1844 年经济学哲学手稿》，北京：人民出版社，第 54—55 页。

[6]马克思，2004a，《资本论》第 1 卷，北京：人民出版社，第 306 页。

[7]马克思，2004b，《资本论》第 1 卷，北京：人民出版社，第 320 页。

[8]马克思，2004c，《资本论》第 3 卷，北京：人民出版社，第 928 页。

[9]吴文新，2013a，《唯物史观视域中的休闲：享受和发展》，北京：北京大学出版社。

[10]吴文新，2013b，《唯物史观视域中的休闲：享受和发展》，哈尔滨：黑龙江人民出版社，第 222—229 页。

# Engels' Theory on Human Development and Its Prerequisite, State and Conditions

## ——In Commemoration of Engels' 200th Birthday

Wu Wenxin

**Abstract**　Engels believes that the ownership revolution of abolishing private ownership and the establishing public ownership created a prerequisite for the free and all-round development of people, opened up the broadest road and prospects. It is necessary to realize the historical transformation of the social nature of labor from survival to happiness. The all-round development of the future society is a person who knows the whole production system, and the universal enjoyment and common development of all members of society is the fundamental feature of the future society. Therefore, the realization of human development also needs more conditions, such as the realization of housing revolution to create the space premise of human development, the promotion of ecological revolution to achieve harmony between man and nature to create the natural conditions for human development; promoting family revolution to achieve women's liberation and equality between men and women, eliminating religion to create spiritual conditions for the free development of human beings, etc.

**Key words** Engels Human development Ownership revolution The housing revolution Ecological revolution Family revolution Destroy Religion

# 马克思的人类解放与新时代的人民至上

程言君　程 昊

**内容提要**　从充分表达马克思人类解放逻辑及其揭示的人类日益“人民至上”的基本历史趋势看,尤其从与马克思既一脉相承又与时俱进的逻辑一致性和历史贯通性看,习近平新时代中国特色社会主义思想是 21 世纪马克思主义的性质显然。但要在理论渊源、时代价值和未来昭示等多重视野上深刻认识,还需要立足新时代建设,深化研究马克思人类解放逻辑体系的建构演绎过程及其当代价值,澄清“两个马克思”论谬误,确认“巴黎手稿”劳动异化论的科学思想升华为《资本论》的历史地位:蕴含萌芽了马克思人类解放思想逻辑体系的逻辑起点、逻辑支点、逻辑枢纽等基本思想。

**关键词**　习近平新时代中国特色社会主义思想　马克思人类解放逻辑体系建构演绎　劳动异化论　《资本论》　人本产权论

**中图分类号**　F0—0

## 一、新时代人民至上的理论和历史基础

以习近平新时代中国特色社会主义思想为指导,当代中国进入了以人民为中心的“人民至上”新时代,追溯其根本的理论基础,“我们党的初心和使命是建立在马克思主义科学理论基础之上的”(习近平,2020)。马克思揭示了人类发展一般规律及由其决定的人类日益“人民至上”的基本历史趋势,预见了人类异化复归的共产主义社会必然实现,其集大成之作《资本论》正是“巴黎手稿”中劳动异化论的成熟定型形态。

马克思人类解放逻辑见之于人类发展的社会主义时代。相对于资本主义异化时代而言,即相对于以资本为中心(即资本当家作主、金钱至上、以物为本乃至人为物奴)的时代而言①,以人民为中心的“人民至上”时代,虽然已有社会主义发展史表明(包括我国的实践经验),但并不全然。依中国实践而言,深

**收稿日期**:2020—10—18

**作者简介**:程言君,徐州市委党校教授,中国政治经济学研究会等全国性学会和世界统一学派智库理事;程昊,江苏永嘉投资控股集团有限公司企管部主管。

①人为物奴,即资本主义社会的工人和资本家都是资本增值的奴隶,即“人已经不再是人的奴隶,而变成了物的奴隶”。(参见《马克思恩格斯文集》第 1 卷,北京:人民出版社,2009,第 94 页。)

究并不全然的历史原因主要有三个：一是脱胎于半封建半殖民地社会决定了建设社会主义的经济、社会基础薄弱且亟须改变；二是至今一直处于国际垄断资本集团围堵遏制中；三是缺乏结合国情建设社会主义的成熟理论和实践经验。这都是"以阶级斗争为纲"和过于"以经济建设为中心"而"以人民为中心"欠缺的历史根据，也是中华民族复兴得以完成由站起来到富起来的历史过程，是现在步入强起来的人民至上新时代并赢得"中国模式"殊荣的历史条件。

因而，理应也必须肯定：中国特色社会主义"是在新中国已经建立起社会主义基本制度并进行了20多年建设的基础上开创的"，"中国特色社会主义是社会主义而不是别的什么主义"（习近平，2016）。也就是说，中国特色社会主义新时代是新中国政治、经济等一以贯之的发展必然。但要深刻认识新时代的"人民至上"历史本质及其与马克思的逻辑一致性和历史贯通性，至少要讨论三个问题：(1)中央精神对新时代历史性质的界定；(2)习近平新时代中国特色社会主义思想的马克思人类解放逻辑性质；(3)如何理解马克思人类解放逻辑及其新时代价值。对此，本文试立足于新时代建设作进一步研究，希冀在理论渊源、时代价值和未来昭示等多重视野上，厘清习近平与马克思既一脉相承又与时俱进的逻辑一致性和历史贯通性。

## 二、习近平新时代中国特色社会主义思想是人民至上论——马克思人类解放逻辑的新时代历史形式

习近平新时代中国特色社会主义思想的权威解读，是中共中央宣传部经党中央批准组编的《习近平新时代中国特色社会主义思想三十讲》(简称"三十讲")。"三十讲"指出：习近平新时代中国特色社会主义思想的"核心要义"是坚持和发展中国特色社会主义，"根本立场"是"以人民为中心"，并做出了这样的界定性强调："习近平新时代中国特色社会主义思想，坚持以人民为中心，一切为了人民、一切依靠人民，是当代中国共产党人为人民谋幸福、为民族谋复兴的'人民至上论'，是实现人民对美好生活向往的'人民幸福论'。这一思想彰显了人民创造历史、人民是真正英雄的唯物史观。以人为本、人民至上的价值取向，立党为公、执政为民的执政理念，是写在亿万中国人民心中的科学理论"（习近平，2018）。很明确，习近平新时代中国特色社会主义思想是人民至上论。其实，中国共产党十九大报告以来一以贯之的中央精神，何尝不是"以人民为中心"的人民至上论？对此，"十九大报告词云解析"[①]，尤其今年的"抗疫"等都已充分表明。

---

① 出现频率较高的词组成的"人民树"等，都表明党的十九大报告是以人民为中心的"人民至上"报告。参见倪潇潇，十九大报告词云解析："发展""人民""建设"出现频率高，人民网，http://www.people.com.cn，2017年10月23日。

习近平新时代中国特色社会主义思想的“核心要义”与“根本立场”，有机统一地贯穿于中国共产党十九大报告的“人民至上”具体内容，其中最具代表性的莫过于坚持和发展中国特色社会主义的基本方略(简称“基本方略”)，尤其第1、2、4、5条的“四个坚持”：“坚持党对一切工作的领导”“坚持以人民为中心”“坚持新发展理念”和“坚持人民当家作主”(习近平，2017a)。只有坚持中国共产党对一切工作的领导，以新发展理念不断发展完善公有经济为主体的基本经济制度等，才能在政治上层建筑和根本经济制度上保证以人民为中心的“人民至上”不断实现，从而确保坚持和发展好中国特色社会主义。这是中华民族伟大复兴史一再表明且足以昭示未来的基本结论，也是新时代以人民为中心的“人民至上”核心内涵。

基于这一基本结论，可以说以人民为中心而日益“人民至上”，已被以“基本方略”的形式确定为新时代的鲜明历史特征。如果说把“坚持党对一切工作的领导”列为“基本方略”第一条，无论对于整个“基本方略”还是对于整个中国共产党十九大报告的“人民至上”，都具有一锤定音的意义。那么，新时代中国特色社会主义思想的“八个明确”，尤其是“必须坚持以人民为中心的发展思想”“中国特色社会主义最本质的特征是中国共产党领导，中国特色社会主义制度的最大优势是中国共产党领导……”以及第五部分“贯彻新发展理念，建设现代化经济体系”和第六部分“健全人民当家作主制度体系、发展社会主义民主政治”的部署等等(习近平，2017b)，就是“一锤定音”的典型注脚。因而可以说，“以人民为中心”地实现人民至上当家作主，已经提到了前所未有的政治和历史高度。

因此，若做出这样的界定：中国共产党十九大报告是个以人民为中心的人民至上逻辑体系；习近平新时代中国特色社会主义思想是个以人民为中心的人民至上思想体系；新时代是个以人民为中心的人民至上时代——应该是实事求是的，或者说是个不断完善发展的事实。而且，这个不断完善发展的事实有着极为深厚的理论渊源和历史基础。中外马克思主义理论发展史和社会主义建设史都基本表明，中国特色社会主义社会本来就是以人民为中心的“人民至上”社会，而不是也不可能是以资本为中心的社会。用人本产权论①术语表

① 人本产权论，即传承发展马克思及以来的人类解放逻辑，旨在人民当家作主的人力产权实现规律和历史形式理论。其“人本”相对于“物本”——物力产权当家作主人为物奴的异化而言，强调工人阶级为主的劳动大众当家作主站起来实现人力产权当家作主，进而实现全人类解放。人力产权指自然人基于与生俱来的自身、社会、经济和自然主人客观本质，凭借自身素养和能力应该拥有的，由微观自然属性权利(自身人力的所有、占有、转让、支配、使用、收益等权利)和宏观社会属性权利(基本生存权、全面发展权、公平共享权、治理监督权等权利)有机统一构成的，生存直至自由全面发展的权利。其逻辑体系，参见：程言君、段学慧、程昊，中国特色社会主义政治经济学人本产权论纲要(上、下)(简称人本产权论纲要)，《河北经贸大学学报》，2016年第6期第13—18页和2017年第1期第28—36页；程言君、程昊，2019，新时代中国特色社会主义政治经济学逻辑起点范畴研究，《当代经济研究》，第2期，第34—41页。

述，即是人力产权当家作主的人民至上科学发展社会，而不是物力产权当家作主的以物为本金钱至上社会。但是，要深刻认识这一点还必须立足于新时代建设，追根溯源地深化研究马克思“巴黎手稿”中劳动异化论的科学思想，及其在马克思人类解放逻辑体系建构演绎中的一以贯之和重要地位，在理论渊源、时代价值和未来昭示等多重视野上，深刻认识习近平新时代中国特色社会主义思想的21世纪马克思主义性质：既是马克思人类解放逻辑的新时代形式，也是马克思主义中国化至今的典型乃至经典形态。

需要强调的是，深刻认识习近平新时代中国特色社会主义思想的人民至上论性质，首先要厘清以人民为中心的“人民至上”内涵。除上述外还需强调，要“始终把广大劳动群众的利益放在首位，站在劳动人民的立场上”，深刻认识“人民”的历史内涵和现实内涵，尤其阶级斗争和不断充分地实现人民当家作主的内涵，包括“不能无条件地、无限制地支持剥削阶级，更不能为了迁就或成全小部分剥削阶级的利益而损害广大劳动人民的利益”（刘国光，2010），尤其不能“以资本为中心”让资本当家作主而以资本家的脸“笑不笑”为改革中的是非标准。其次，要不断发展完善“以人民为中心”的基本经济制度和政治制度。这包括：(1)“公有制为主体、多种所有制经济共同发展，按劳分配为主体、多种分配方式并存，社会主义市场经济体制”有机统一的制度体系，其中最为根本的是公有制经济，这是人民至上的经济制度标志；(2)中国共产党的领导制度体系和人民当家作主制度体系有机一体的政治制度体系，其中最为根本的是中国共产党的领导制度体系和人民代表大会制度，这是人民至上的政治制度标志。

## 三、马克思人类解放逻辑的建构演绎及其人民至上实质——“巴黎手稿”的科学思想及其一以贯之和历史地位

“巴黎手稿”的劳动异化论及其劳动异化范畴是马克思的原创。也就是说，马克思的异化范畴不是黑格尔“头脚倒置”的客观唯心主义异化范畴，也不是费尔巴哈“直观的唯物主义”异化范畴。[①] 还不能把马克思“巴黎手稿”前后的异化研究混同起来，因为“巴黎手稿”的劳动异化论一改之前(如《黑格尔法哲学批判》《论犹太人问题》等)研究精神和政治生活异化的情况，标志着马克思进入根本变革人类思想的“实践人本主义”阶段（罗雄飞，2019a），及至《资本论》，酣畅淋漓地揭示了资本主义生产方式是人为物奴的异化的历史本质及其历史过渡性。因而应该肯定，“巴黎手稿”的劳动异化论科学思想在马克思人类解放逻辑体系建构演绎中不仅一以贯之，而且具有重要的历史地位。但是，

① 《马克思恩格斯文集》第1卷，北京：人民出版社，2009年，第502页。

长期以来“国内理论界占统治地位的流行观点”却是“两个马克思”论：劳动异化论是马克思“早期带有旧哲学色彩的不成熟思想”①，“成熟时期的马克思”“不再用异化理论说明资本主义和资本主义制度下的劳动”②，或“不再以异化劳动为核心来描述劳动的发展过程”③。很显然，“两个马克思”论没有看到“巴黎手稿”劳动异化论的基本思想，尤其实现共产主义的人类异化复归“初心”等科学思想，在马克思人类解放逻辑体系建构演绎中不仅是一以贯之的，而且极富历史远见，具有重要的历史地位。

纵观马克思一生的研究，他是“在劳动发展史中找到了理解全部社会史的锁钥”的。④ 其人类解放逻辑体系的建构起步于劳动异化研究，是在不断深化劳动异化研究中最后成熟定型于《资本论》的。其集中表现，即劳动异化论及其劳动异化范畴的人类异化复归“初心”内在规定性，不仅“包孕了科学共产主义理论的萌芽”（刘诗白，1981），而且蕴含了马克思人类解放逻辑的逻辑起点、逻辑支点和逻辑枢纽，乃至整个逻辑体系基本思想。刘诗白先生对其“包孕了科学共产主义理论的萌芽”的肯定，虽然表明了劳动异化论在马克思根本变革人类思想过程中的一以贯之，但没有表明或没有看到劳动异化论蕴含萌芽了科学共产主义理论的逻辑体系基本思想，再加上这是对马克思思想成熟之前的著作的研究结论，不足以消除“两个马克思”论是必然的。因而，消除“两个马克思”论还必须深化研究马克思思想成熟后对劳动异化论的持续深化研究。同时，这一研究还有更重要的意义：夯实习近平新时代中国特色社会主义思想的理论基础，为正确认识和处理新时代面临的异化问题，提供更为充分“彻底”的理论支持——“批判的武器”。

标志马克思思想成熟的《共产党宣言》出版后对劳动异化论的持续深化研究，从撰写时序看，最具代表性的，首先是三个《资本论》手稿（以下简称《手稿》）：《政治经济学批判（1857—1858年手稿）》《1861—1863年经济学手稿》和《1863—1865年经济学手稿》，其次是《资本论》。《手稿》在马克思思想史上的历史地位，现在看来，最为重要的应该是持续深化研究劳动异化逐步形成了“两个必然性”规律的基本思想，“预测了未来共产主义社会的某些特征”。⑤ 例如，“社会财富越来越巨大的部分作为异己的和统治的权利同劳动相对立，关键不在于对象化，而在于异化、外化、外在化，在于不归工人所有，而归人格化的生产条件即资本所有”，“从劳动的社会生产力中产生的并由劳动本身创造的劳动的社会条件，不仅完全成为对于工人来说异己的、属于资本的权力，

① 王东、林锋，“类本质异化”是马克思早期的不成熟思想吗，《光明日报》，2006年9月4日。

② 胡乔木，关于人道主义和异化问题，《人民日报》，1984年1月27日。

③ 陈俊宏，论马克思主义劳动概念的形成及其在创立唯物史观过程中的作用，《人民日报》，2010年11月5日。

④ 《马克思恩格斯文集》第4卷，北京：人民出版社，2009年，第313页。

⑤ 《马克思恩格斯文集》第8卷，北京：人民出版社，2009年，“说明”第2、3页。

而且完全成为敌视工人、统治工人、为了资本家的利益而反对每个工人的权利”。“活劳动只不过是死劳动的一个有意识的器官。”针对“对象化”是“劳动的外化过程”和资本方面“对他人劳动的占有过程”的统一，马克思从历史变迁视野提出了“两个必然性”规律的基本思想：“这种颠倒的过程不过是历史的必然性，不过是从一定生产的历史过程出发点或基础出发的生产力发展的必然性，但决不是生产的一种绝对的必然性，倒是一种暂时的必然性，而这一过程的结果和目的(内在的)是扬弃这个基础本身以及扬弃这种过程的这种形式。”通过分析“劳动对资本的形式上的从属和实际上的从属”明确指出：“资本家对这种劳动的异己私有制，只有通过他的所有制改变为非孤立的单个人的所有制，也就是改造为联合起来的、社会个人所有制，才能消灭。”这就预测了对共产主义社会的某些特征。这类预测还有如“机器一旦比如说变成联合的工人的财产，也不会不再是社会生产的作用物”①，等等。

与此相比较，《资本论》的重要性，就是在此基础上深化研究劳动异化发现“劳动异化”的实质是“人”的商品化，从而以“人”商品为逻辑起点范畴创立《资本论》，科学论证了“两个必然性”规律，揭示了人类异化的复归必然性，使人类异化复归规律水落石出。劳动价值论、剩余价值论和资本积累论等，都是对劳动异化论的理论升华，即都表明《资本论》是用更加科学规范术语表述的成熟定型了的劳动异化论，是“劳动异化理论的科学化”(罗雄飞，2019b)，而不是“不再用异化理论说明资本主义和资本主义制度下的劳动”，也不是“不再以异化劳动为核心来描述劳动的发展过程”。由劳动异化论到《资本论》手稿“两个必然性”规律的基本思想，再到《资本论》“两个必然性”规律的科学论证，回望“巴黎手稿”对共产主义社会人类异化复归历史本质的研究，其间的逻辑关系和逻辑演绎，不仅表明了劳动异化论基本思想的深刻科学性质和《资本论》的“初心”所在，而且表明了劳动异化论人类异化复归的内在规定性，规定了马克思根本变革人类思想的基本逻辑结构及其演绎走向。用程恩富教授的话说：“在劳动异化理论基础上，马克思在《资本论》中创立了劳动价值论，认为活劳动是价值创造的唯一源泉，使之成为剩余价值理论的基石，进而提出劳动解放的观点。”②至此，如果进一步深究“两个马克思”论产生的原因，应该是忽视了抑或是不理解马克思曾经对劳动异化论的充分肯定。

马克思曾经对劳动异化论的充分肯定，即“巴黎手稿”的那句经典性的话：“使至今没有解决的各种矛盾立刻得到阐明。”③当时，马克思感到“国民经济

① 《马克思恩格斯文集》第8卷，北京：人民出版社，2009年，第207、353、354、208、386、209页。

② 程恩富，只要社会还没有围绕劳动这个太阳旋转，它就绝不可能达到均衡，昆仑策网，http://www.kunlunce.com/llyj/fl1/2016-06-21/104749.html，2016年6月21日。

③ 《马克思恩格斯文集》第1卷，北京：人民出版社，2009年，第166页。

学没有为我们提供一把理解劳动和资本分离以及资本和土地分离的钥匙"[①]。为了寻找"钥匙",马克思"从当前的国民经济的事实出发发现""对对象的占有竟如此表现为异化,以致工人生产的对象越多,他能够占有的对象就越少,而且越受自己的产品即资本的统治"。于是得出结论:"异化劳动,由于(1)使自然同人相异化,(2)使人本身,使他自己的活动机体,使他的生命活动同人相异化,因此,异化劳动也就使类同人相异化;对人来说,异化劳动把类生活变成维持个人生活的手段。""私有财产一方面是外化劳动的产物,另一方面又是劳动借以外化的手段,是这一外化的实现。""国民经济学由于不考察工人(劳动)同产品的直接关系而掩盖了劳动本质的异化。"[②]至此,马克思似乎豁然开朗:"理解劳动和资本分离以及资本和土地分离"的"钥匙",即劳动异化。尽管马克思那时还没有认识到劳动异化的实质是"人"商品化,"钥匙"实际是"人"商品,但从"使至今没有解决的各种矛盾立刻得到阐明"这句话,我们看到了马克思对劳动异化论的充分肯定和此后持续深化研究劳动异化的原因。"一把钥匙开一把锁"的钥匙之于开锁"舍此无它"的决定性意义,在这里,"钥匙"的含义,就是肯定劳动异化论之于剖析资本主义生产方式具有"舍此无它"的决定性意义:使长期以来一直没有得到解决的矛盾得到解决——"使至今没有解决的",使全部矛盾得到解决——"各种矛盾",是迎刃而解而不是有所解决或逐步解决——是"立刻得到阐明"。对此,我们还可以从马克思人类解放逻辑体系建构演绎过程来进一步认识。

综上马克思思想的发展过程不难理解:马克思人类解放逻辑体系建构演绎的逻辑起点是劳动异化研究,逻辑宗旨是实现人类异化的复归,逻辑支点是人类由异化走向复归的"初心"实现,逻辑主题是揭示异化劳动的劳动者——"人"商品组成的庞大的无产阶级为主的劳动大众与资产阶级的矛盾,逻辑载体是资本主义生产方式,逻辑架构是"异化"说(资本主义说)和"复归"说(共产主义说),逻辑目标是揭示"两个必然性"规律,逻辑枢纽是表现为劳动异化的人类(本质)由"异化"向"复归"的转化,亦即人本产权论表述的私有制中人力产权异化与人的客观本质——自然人与生俱来的自身、社会、经济和自然主人的矛盾的解决(程言君,2006)。其中,需要强调赘言的是"逻辑枢纽"在马克思人类解放逻辑演绎中的作用和影响。

在马克思根本变革人类思想过程中,人类(本质)由"异化"向"复归"转化的逻辑枢纽的"枢纽"作用表现,就是一以贯之地聚焦于劳动异化,借助逻辑载体——资本主义生产方式研究揭示"两个必然性"规律探讨人类异化复归规

---

① 从马克思和恩格斯对劳动异化论的肯定来看,《马克思恩格斯文集》第1卷第155页所译"原因",似不如"全集"(《马克思恩格斯全集》第42卷,北京:人民出版社,2009年,第89页)所译"钥匙"更合原意。

② 《马克思恩格斯文集》第1卷,北京:人民出版社,2009年,第157、161—162、166、158页。

律。这种探讨，在《资本论》中是分析资本主义基本矛盾。《资本论》以及人类历史都告诉我们，资本主义生产方式产生的历史前提是“人”商品的形成。所谓资本主义基本矛盾，说到底是“人”商品与资本主义生产方式的矛盾，集中表现为劳动异化亦即劳动大众的人力产权异化与人类本质的矛盾，具体表现为“人”商品与资本家之间的剥削被剥削矛盾。或者说，劳动异化与人类本质的矛盾，在资本主义社会表现为“人”商品与资本主义生产方式的矛盾。无疑，没有资本主义私有制对生产资料的资本家垄断就没有“人”商品，也就没有劳动异化亦即劳动大众的人力产权异化，当然也就没有人类本质与其“异化”的矛盾，更不会有根于劳动异化或人力产权异化的“人”商品消费，跟不上资本主义生产无限扩大趋势的矛盾，资本主义基本矛盾及其所致生产相对过剩的经济危机等等，就都不复存在。这样看资本主义基本矛盾，就是用更加科学规范的术语表达的、深化研究了的劳动异化论揭示的劳动异化与人类本质的矛盾。这样看《资本论》，就是科学化了的劳动异化论。这样看马克思根本变革人类思想的历史过程，就是劳动异化论蕴含萌芽的人类解放逻辑体系建构演绎的历史过程，亦即劳动异化论的人类异化复归“初心”实现一以贯之的历史过程。这样看马克思的思想成熟过程不仅会感到更加清晰，而且还会使我们更加深刻地领悟到马克思把握人类的彻底异化及其制度根源——资本主义私有制及其全球化的科学到位，从而使我们能够在现代社会发展层面上领悟马克思为什么把共产主义社会界定为人类异化的复归社会，又为什么在《共产党宣言》中明确“至今一切社会都是阶级斗争的历史”，申明“共产党人把自己的理论概括为一句话：消灭私有制”，“废除资产阶级的所有制”，“由无产阶级夺取政权”①，以及为什么撰写《资本论》揭示资本主义生产方式导致人类异化的历史过渡性。如果再进一步深思马克思和恩格斯在《共产党宣言》中共同申明的“剥夺”资产阶级“奴役他人的权力”的必然和实现方式，就会更加感到，这是他们在共同肯定劳动异化论的深刻科学以及其“钥匙”或“锁钥”界定的重要，从而发现他们直至终生携手奋斗的思想理论基础——实现人类异化的复归。或者说，实现人类异化复归的人类解放是“巴黎手稿”确定了的马克思直至终生撰写《资本论》的思想理论基础，也是恩格斯在马克思逝世后整理出版《资本论》手稿，努力完成马克思未竟事业的思想理论基础。这表明，把马克思学说界定为人类解放逻辑，归结为人类异化复归说（程言君、程昊，2018），不仅仅是马克思思想史的结论和马克思与恩格斯曾经表明了的，还是马克思与恩格斯携手奋斗的实践所证实了的。

对于劳动异化论的深刻科学及其在马克思思想发展中的一以贯之和重要地位，程恩富教授的肯定固然权威，其他学者如王锐生和景天魁、罗雄飞等的

① 《马克思恩格斯文集》第2卷，北京：人民出版社，2009年，第31、45、44、47页。

肯定，也值得关注。罗雄飞的肯定可谓一步到位：《资本论》“是劳动异化理论的科学化”，虽然论证欠充分。王锐生和景天魁的肯定深刻形象：不仅认为劳动异化论“毫无夸张的成分，而是深刻的论断”，而且认为“劳动异化理论的创立是打通了马克思在人类思想史上实现根本变革的‘咽喉要道’”（王锐生、景天魁，1984）。“咽喉要道”的界定明确了之于马克思人类解放逻辑体系建构演绎的关键作用，无疑是正确的，但感到不够详尽准确。相比较，似只有从蕴含萌芽了马克思人类解放逻辑体系科学思想的“初心”视野，才能充分详尽地表明劳动异化论之于马克思根本变革人类思想的至关重要，从而更加到位地理解马克思把毕生的最高理想和全部学说的终极目标定位于实现共产主义，把共产主义界定为人类异化的复归，把人类异化复归的彻底解放视为“人和自然界之间、人和人之间的矛盾的真正解决”①。这种感觉，当我们立足新时代进一步探讨了马克思的“复归”思想及其实现逻辑体系的新时代形式后，会越发明显。

## 四、马克思与习近平人民至上的共同“初心”和不同表达<br>——马克思的“复归”思想和新时代形式

上述对马克思的“复归”思想探讨，欠缺了“复归”思想的现实基础和实现路径探讨，对“人民至上”视野及其新时代形式的分析也不够。因而，深刻认识习近平与马克思既一脉相承又与时俱进的逻辑一致性和历史贯通性，还必须立足新时代作进一步研究，包括比较马克思与习近平“人民至上”的共同“初心”和不同表达。

首先，必须讨论“巴黎手稿”对共产主义社会历史本质界定的科学性及其历史意义和当代价值。从马克思人类发展自然历史过程思想看，其共产主义社会人类异化的“复归”——使“人并且为了人而对人的本质的真正占有”②的思想，包括首先使人类解放的实现主体——以“人”商品为主的劳动大众当家作主站起来，承担起全人类解放重任。那种认为这是马克思晚年抛弃了的伦理共产主义的观点，之所以站不住脚，还在于其违背了三个事实。事实一：马克思的“复归”思想立足于劳动异化这个违背人类本质的社会现实而不是立足于社会伦理，“它从现实的前提出发……是处在现实的、可以通过经验观察到的、在一定条件下进行的发展过程中的人”③，其复归“是自觉实现并在以往发展的全部财富的范围内实现的复归”，“是人和自然界之间、人和人之间的矛盾的真正解决”，而不是像黑格尔和费尔巴哈那样另起炉灶。事实二：马克思

---

① 《马克思恩格斯文集》第1卷，北京：人民出版社，2009年，第185页。
② 《马克思恩格斯文集》第1卷，北京：人民出版社，2009年，第185页。
③ 《马克思恩格斯文集》第1卷，北京：人民出版社，2009年，第525页。

想史和迄今为止的人类发展史都已表明，人类异化的“复归”是劳动异化范畴的内在规定性，也是劳动异化论的原理性内核——人类解放的“初心”所在，其缺乏“人”商品性质认识以及“旧哲学”烙印等不成熟成分，不掩其包孕的“科学共产主义理论的萌芽”的光辉。事实三：马克思的“复归”思想总体上不仅直到现在是正确的，而且具有新时代价值——是分析、解决当代异化问题的重要理论武器，其新时代历史形式，即习近平新时代中国特色社会主义思想。无疑，仅就此看“两个马克思”论的谬误也十分了然。但要彻底消除这类谬误似还应强调：马克思由劳动异化到“人”商品研究的逻辑演绎，归根到底集中到一点，就是演绎了“复归”思想实现的规律基础——“两个必然性”规律及其所决定的实现根本路径，即演绎了劳动异化与人类本质矛盾彻底解决的根本条件——消灭私有制。也就是说，要彻底消除“两个马克思”论，就必须深刻认识马克思和恩格斯基于劳动异化及其派生的各种异化无不根于资本主义私有制的思考，共同在《共产党宣言》中表明的“消灭私有制”[①]等思想。只有从“消灭私有制”这一“复归”根本条件或实现根本路径的视野，才能真正理解马克思和恩格斯共同花数十年出版《资本论》，并组织国际工人协会等进行理论见之于实践的人类社会发展探索。

当然，马克思“消灭私有制”的理论揭示的是人类生产资料所有制变革的基本历史趋势，至于何时和如何彻底“消灭”，马克思“两个决不会”[②]给出了原则性规定。何况，迄今为止的人类发展史，尤其中华民族伟大复兴史，已经一再见证了马克思“复归”思想的正确，也使各种反对“消灭私有制”的谬论和做法都无法掩盖其真理的光辉。也正因此，我们党矢志不渝地把实现共产主义作为自己的最高理想，一再强调用“马克思主义科学理论武装全党”，要求全党立足建设中国特色社会主义的共同目标坚定共产主义远大理想（习近平，2019a）。但依然有人置若罔闻，对“消灭私有制”不厌其烦地歪解、曲解甚至视为过时。如：“消灭私有制论的根本弊端在于它违反人性，抹杀和侵犯个人的与生俱来的生存权和发展权，并将个人言行置于国家强权控制之下，从而压制和摧毁了个人积极性和创造性，其失败当然不可避免。”“针对当时历史条件所作‘消灭私有制’论断必然变得不再适宜”，“‘消灭私有制’迄今没有在现代资本主义国家得到实现，然而，它却是20世纪一系列社会主义国家追求的经济目标并且成为一定历史时期内的现实，结果均以失败告终”[③]。要“淡化所有制，对不同所有制一视同仁”，“摆脱姓国姓民纠结”。[④]“历次中央全会文件表

① 《马克思恩格斯文集》第2卷，北京：人民出版社，2009年，第47、45页。

② 《马克思恩格斯文集》第2卷，北京：人民出版社，2009年，第592页。

③ 晏智杰，“消灭私有制论”评议，经济学家圈，https://3g.163.com/news/sub/T1505285244559.html，2018年12月3日。

④ 顾志娟，摆脱“姓国姓民”纠结为民企营造公平竞争环境，《新京报》，http://www.bjnews.com.cn/，2019年3月12日。

述的核心，实际上与竞争中性和所有制中性的内涵并无二致”(高尚全,2019)。

面对如此等等的谬论，周新诚教授一针见血地指出:“主张‘所有制中立’，实际上是从根上否定社会主义初级阶段基本经济制度”,“鼓吹‘所有制中立’，目的正是取消公有制的主体地位，推行私有化，改变我国社会的社会主义颜色”①。这就是说，这类谬论首先是立场问题——完全没有习近平总书记所讲的“马克思主义政治经济学的根本立场”(习近平,2019b)。其原因，如果不是他们不懂马克思主义经济学的所有制理论和阶级分析思想，就是公然与习近平人民至上论唱对台戏乃至蓄意异化，实际是欺世盗名地充当中外资本家的代言人，远不如凯恩斯等实话实说的西方经济学学者具有学者品质。凯恩斯公开表明:“如果当真要追求阶级利益，那我就得追求本属于我自己的那个阶级利益……在阶级斗争中会发现，我是站在有教养的资产阶级一边的。”诺奖获得者索洛的分析也很中肯:“社会科学家和其他人一样，也具有阶级利益、意识形态的倾向以及一切种类的价值判断。”“不论社会科学家的意愿如何，不论他是否察觉到这一切，甚至他力图避免它们。”毫无疑问，阶级社会里没有超阶级的“为一切人”的经济学(段学慧、程恩富,2017)，隶属阶级斗争的具体形式。由此看上述强调马克思的“复归”思想及其实现根本路径、历史趋势和自然历史过程性质，不仅感到十分必要，而且感到强调的还不够，还必须放眼当代中国和当今世界充分肯定:马克思的“复归”思想，尤其“消灭私有制”的阶级斗争思想，不仅正确，不仅没有过时，而且已经有了并还在继续发展着多种具体历史形式。

在当代中国，“消灭私有制”实现“复归”的当前任务所拉开的序幕和积极推进，用人民至上论简言之，即通过全面坚持两个“毫不动摇”，做强做优做大做多国企等举措②，建设以人民为中心的“人民至上”新时代。在全球范围，“消灭私有制”实现“复归”的当前任务所拉开的序幕和积极推进，用习近平人类命运共同体思想简言之，即通过以“一带一路”为主要载体的人类命运共同体建设等举措，引领全球建构共商共建共享合作共赢治理体系。习近平人类命运共同体思想一再写入联合国决议③，表明了这是符合当今世界现实的马克思“全世界无产者联合起来”解决人类异化的新的历史形式，作为全世界人民同国际垄断资产阶级进行的伟大斗争，也是中华民族伟大复兴引领全球践行马克思“自由人的联合体”思想的具体实践(任守双,2018)，由人类现已发展到“任何国家或国家集团都再也无法单独主宰世界事务了”的现实所决定(习近平,2014)。

① 周新城，鼓吹“所有制中立”，意欲何为？昆仑策研究院，http://www.kunlunce.com/ssjj/guojipinglun/2019—03—26/132171.html，2019年3月26日。

② 习近平，国有企业是中国特色社会主义经济的“顶梁柱”，央广网，http://news.cctv.com/2018/01/23/ARTISRYWbNDDjOc5kAQccms9180123.shtml，2017年12月14日。

③ 殷淼，“构建人类命运共同体”理念再次写入联合国决议，《人民日报》，2017年11月3日。

由此表明，习近平新时代中国特色社会主义思想具有鲜活的21世纪马克思主义性质，是与时俱进的当代马克思人类解放逻辑形式。从马克思与习近平“人民至上”的共同“初心”和不同表达中看，近年来各种纪念活动重温马克思的“复归”思想以回望“初心”①其意义就越发了然：加深认识习近平新时代中国特色社会主义思想的理论渊源、时代价值和历史昭示，夯实新时代指导思想的理论和舆论基础。

## 参考文献

[1]程言君，2006，国企产权制度和法人治理结构的人力产权透析，《马克思主义研究》，第3期，第52—60页。

[2]段学慧、程恩富，2017，以人民为中心：中国特色社会主义政治经济学的根本立场，《福建论坛》，第12期，第5—16页。

[3]高尚全，坚持基本经济制度 把握两个中性原则，《宏观经济管理》，第7期，第8—9页。

[4]凯恩斯，1962，《劝说集》，北京：商务印书馆，第224—225页。

[5]刘国光，2010，关于中国社会主义政治经济学的若干问题，《政治经济学评论》，第4期，第3—12页。

[6]罗雄飞，2019a，《中国化马克思主义与中国道路》，南昌：江西高校出版社，第16页。

[7]罗雄飞，2019b，《中国化马克思主义与中国道路》，南昌：江西高校出版社，第44—48页。

[8]刘诗白，1981，论马克思的劳动异化理论，《社会科学战线》，第1期，第57—67页。

[9]任守双，2018，人类命运共同体：马克思世界历史思想的新时代表述，《学术交流》，第5期，第39—46页。

[10]索洛，1972，《经济学中的科学和意识形态》，见克伦道尔，埃考斯：《当代经济论文集》，波士顿：布朗公司，第11页。

[11]王锐生、景天魁，1984，《论马克思关于人的学说》，沈阳：辽宁人民出版社，第334页。

[12]习近平，2020，《习近平谈治国理政》第3卷，北京：外文出版社，第529页。

[13]习近平，2016，《习近平总书记系列重要讲话读本》，北京：学习出版社，第28—31页。

[14]习近平，2018，《习近平新时代中国特色社会主义思想三十讲》，北京：学习出版社，第8页。

[15]习近平，2017a，《党的十九大报告辅导读本》，北京：人民出版社，2017年，第19—22页。

[16]习近平，2017b，《党的十九大报告辅导读本》，北京：人民出版社，2017年，第19—20、35页。

① 如纪念马克思诞辰200周年、《共产党宣言》发表170周年、改革开放40周年和新中国成立70周年，等等。

[17]习近平,2019a,《习近平关于"不忘初心、牢记使命"论述摘编》,北京:中央文献出版社,第 71—90 页。

[18]习近平,2019b,《习近平关于"不忘初心、牢记使命"论述摘编》,北京:中央文献出版社,第 135 页。

[19]习近平,2014,《习近平谈治国理政》第 1 卷,北京:外文出版社,第 272 页。

# Marx's Human Liberation and the Supremacy of the People in the New Era

Cheng Yanjun　Cheng Hao

**Abstract** The 21st century Marxist nature of Xi Jinping Thought on Socialism with Chinese Characteristics for a New Era is evident from the full expression of Marx's logic of human liberation and the basic historical trend of increasing the supremacy of the people revealed, especially from the logical consistency and historical coherence of being in line with Marx and keeping pace with The Times. But in the era of theory origin, value and future that deep understanding, such as multiple field needs to be based on the construction of the new era, deepening the research system of marxist human liberation logic deductive process and its contemporary value, clarify the theory of "two Marx" fallacy, confirm the scientific thought of the "Paris manuscripts" theory of labor alienation sublimation for the history of "Das Kapital" status: contains the bud the logical system is the logical starting point of Marx's mankind emancipating thought, logical fulcrum, logical hub etc.

**Key words** Xi Jinping thought on socialism with Chinese characteristics for a new era　The construction and deduction of Marx's logic system of human liberation　Alienation of labor theory　Das Kapital　Humanistic property theory

# 党的领导:新时代中国特色社会主义经济思想的逻辑导向

龚晓莺　王海飞

**内容提要**　党的领导,是新时代中国特色社会主义经济思想的逻辑导向。本文梳理了党的领导的思想渊源与发展脉络,从现实形势、社会前行和社会主义优势三个方面阐明了党的领导是新时代中国特色社会主义经济思想的逻辑导向,也从实现前提、核心内容和具体方略三个层面解读其实现机理,即:坚持党的领导的基本立场、在党的领导下"坚持和发展中国特色社会主义"、提升党的经济社会领导水平,强调了新时代中国继续坚持和强化党的领导的重要意义。

**关键词**　党的领导　新时代中国特色社会主义经济思想　逻辑导向　马克思主义

**中图分类号**　F20

党的十八大以来,以习近平同志为核心的党中央注重传承和深化马克思主义,基于经济社会实践推出诸多治国理政的重大理论创新,形成了新时代中国特色社会主义经济思想。该思想是当代中国共产党人治国理政思想的经济部分,是党领导经济社会所依托的最新指南,蕴含着无产阶级政党独有的价值特性。它既有系统的理论体系,又同当今中国的变革实践相伴相随。中国的发展实践需要坚强的领导核心,即党的领导,而新时代中国特色社会主义经济思想同样需要正确的逻辑导向,也必须坚持党的领导。目前,学术界针对党领导经济的研究尚不丰富,总体而言较为零散和单薄。有学者着重探讨了党领导经济的作用或价值(李景田,2011),也有学者解析了党领导经济的能力提升等问题(马娜,2007),但从新时代中国特色社会主义经济思想的逻辑导向等宏观视角研究党领导问题的文献相对不足,可考察的内容和提升的空间较大。"中国特色社会主义有很多特点和特征,但最本质的特征是坚持中国共产党领导。"① 新时代中国特

**收稿日期**:2020—11—03

**作者简介**:龚晓莺,同济大学马克思主义学院教授、博士生导师;王海飞,同济大学马克思主义学院博士研究生。

**基金项目**:教育部哲学社会科学研究重大课题攻关项目"习近平新时代中国特色社会主义经济思想研究"(18JZD003)的阶段性成果。

① 中共中央文献研究室,《习近平关于社会主义经济建设论述摘编》,北京:中央文献出版社,2017 年,第 317 页。

色社会主义经济思想的形成基础是在党领导下的经济社会发展的实践，它的内在方向与坚持党对经济社会的绝对领导是基本耦合或者本质趋同的。从理论来看，党的指导思想和以马克思主义为先导的新时代中国特色社会主义经济思想具有一致性；从实践来看，党的行动方向和新时代中国特色社会主义经济思想指导下的国家发展大势具有趋同性。因此，只有坚持党对各项事业的绝对领导，才能确保中国发展遵循正确的方向，形成促发展的内生动力，更好地加强社会主义建设的普遍共识和有效力量。

## 一、"党的领导"的思想渊源与发展脉络

党的领导，是新时代中国特色社会主义经济思想的逻辑导向。中国共产党自成立以来，在革命建设和改革开放等不同阶段，对经济社会的领导作用都清晰可见。但无论是从理论还是实践角度来看，党对经济社会的领导都不是"无源之水"。

**（一）马克思主义经典作家的无产阶级政党领导思想**

任何国家和地区经济社会的发展实践，都离不开既定指导思想的支持，而其所依托的特定理论指南，都有最初的思想来源。相对应地，新时代中国特色社会主义经济思想作为当代中国经济社会发展依托的重要指南，以无产阶级政党的革命信条——马克思主义理论作为早期来源，以经典理论作为理论依据。

首先，为什么需要集中意志和领导核心，是导出无产阶级政党领导的核心问题。恩格斯指出，"没有权威，就不可能有任何的一致行动"①，揭示出高度权威在共同行动中的特殊地位，倘若缺乏必要的理论权威和共同的实践基础，某些组织或活动难以顺利运作并取得良好成果。此处论及的高度权威并不是依靠暴力和威胁等非法或非道义路径实现的强制性权威，而是针对参与共同行动的内部民众联盟来进行分析，与针对外部敌对分子或被革命对象形成的强制性权威不同；只有在参与共同行动的内部民众联盟中形成能够得到普遍认同和高度契合的权威，方可使共同行动具有更强的群众基础和可操作性，才能激起人们最大的主动性。正如恩格斯所言，"没有这种统一的和指导性的意志，要进行任何合作都是不可能的"②，在任何国家和地区的不同历史时期内，都需要确保有集中统一的意志，并形成坚强的领导核心，才能让更加有效的合作变为现实。

其次，为什么选择无产阶级作为领导核心，是分析其领导合理性的重点问

① 《马克思恩格斯文集》第 10 卷，北京：人民出版社，2009 年，第 372 页。
② 《马克思恩格斯文集》第 10 卷，北京：人民出版社，2009 年，第 372 页。

题。马克思曾指出，“农民就把负有推翻资产阶级制度使命的城市无产阶级看作自己的天然同盟者和领导者”①，揭示出早在社会主义革命运动还没有取得普遍成功的时代，无产阶级就已被农民群众视作维护共同利益的领导者，说明拥护无产阶级作为领导核心的选择在很早之前已成为明确的社会共识，为无产阶级政党发挥关键作用夯实了基础。无产阶级政党之所以能够变成经济社会革命和发展的领导核心，主要在于其从根本上代表着无产阶级以及农民等相关民众的根本利益，代表着新社会的进步力量。“当普通工人第一次敢于侵犯他们的‘天然尊长’的执政特权……旧世界一看到象征劳动共和国的红旗在市政厅上空飘扬，便怒火中烧，气得浑身颤抖”②，说明对旧世界来讲，最惧怕的就是工人阶级，究其原因，无非是由于无产阶级破坏了旧秩序中的原有权力结构，并使旧势力无力反抗，说明坚强的无产阶级是极具力量的最佳领导者。

再次，为什么不选择资产阶级作为领导核心，是论证无产阶级政党领导权威性的关键问题。马克思指出，“德国资产阶级……以威逼的气势同封建制度和专制制度对抗的那一刻，它发现无产阶级以及……跟无产阶级相近的集团也以威逼的气势同它自己形成了对抗”③，道出两大阶级间无法协调的对立关系，揭示出资产阶级虽在反抗封建专制等工作中做出突出贡献，但并不能消减其本身的根本弊端，也无法改变其在无产阶级及其相近集团心中的地位和价值定位。正如马克思在批判普鲁士资产阶级时所言，“它……与旧社会的戴皇冠的代表人物妥协……它居于领导地位，并不是因为它代表新社会时代的首创精神”④，资产阶级早就和旧社会的某些力量达成妥协并沆瀣一气，无法作为新经济社会的领导阶级，主要原因在于它们代表着旧社会中某些力量的根本利益，尽管曾在反抗封建专制等方面做出了相应的努力，并取得了一些功绩，但它们事实上仍是旧社会中谋取私利的落后力量的代表，从未也永远不会拥有新社会中追求进步的真正自觉和力量。

### （二）新中国主要领导人对“党的领导”的探索历程

自中国共产党成立以来，历届领导人都孜孜不倦地进行改善和提升党在各方面的领导能力的尝试，以期有效地匹配和领导诸领域的发展，譬如，“中华苏维埃共和国成立后，中国共产党自觉协调全国范围的革命党与局部地区的执政党的双重角色”（柳建辉、曹普，2011）。基于党领导经济社会的实践，可对代表性观点做出以下概括：

新中国成立以后，毛泽东和陈云等同志积极探索“党的领导”，为中国早期的基础性建设树立了正确方向。毛泽东是新中国事业最重要的开创者，他在

① 《马克思恩格斯文集》第 2 卷，北京：人民出版社，2009 年，第 570 页。
② 《马克思恩格斯文集》第 3 卷，北京：人民出版社，2009 年，第 159 页。
③ 《马克思恩格斯文集》第 2 卷，北京：人民出版社，2009 年，第 75 页。
④ 《马克思恩格斯文集》第 2 卷，北京：人民出版社，2009 年，第 75 页。

党领导经济社会等方面提出的相关论述,是中国社会主义经济发展的重要基石。毛泽东认为,"处理好中央和地方的关系,这对于我们这样的大国大党是一个十分重要的问题"(毛泽东,1999a),无论在当时还是现在,中国都是世界上少有的人口和地域大国,倘若无法协调好中央和地方的关系,就无法实现对经济社会的有效治理。第一点是怎样处理中央和地方关系的前提问题。毛泽东指出,"中央和地方的关系也是一个矛盾……应当在巩固中央统一领导的前提下,扩大一点地方的权力"(毛泽东,1999b),在中国经济社会的治理进程中,必须以坚持和巩固党中央和中央政府的领导为根本前提,并在此基础上进一步向地方授权,以此确保经济社会的发展不偏离既定的社会主义方向,维护中国经济社会发展的初心不变,凝聚最团结和有效的社会力量,使其紧密地围绕在党中央和中央政府周围,为中央政策的决议、执行和贯彻落实打下基础。第二点是怎样处理中央和地方关系的作风问题。毛泽东指出,"我们要提倡同地方商量办事的作风"(毛泽东,1999c),在领导中国各项工作时,党中央和中央政府要尽最大的努力去激发地方的积极性,释放出地方在经济社会治理中的最大活力。如在制定和传达政策命令之前,未充分了解地方的具体实际和相关困境,可能会遇到潜生的不确定问题,党中央和中央政府的政策部署就不可能得以顺利实施和执行。第三点是怎样处理中央与地方关系的方式问题。毛泽东指出,"中央的部门……有一类,它们的任务是提出指导方针,制定工作规划,事情要靠地方办"(毛泽东,1999d),揭示出党中央和中央政府各部门在经济社会治理中的应有作用,明确了理想的实现方式,无论是党中央还是中央政府的各部门,都不能对具体事务做出事无巨细的管制和干涉,但在人口和地域如此庞大的中国,也不能实行散漫式的管理模式,而是要坚持党中央和中央政府的集中领导和宏观管理,采取有效方式激励地方,使其更好地完成发展的既定任务和目标。

陈云同志对我国经济社会的发展做出过卓越贡献,对党领导经济社会发展也有着独特的见解。陈云指出,"我们党领导的整个中国革命运动,包括新民主主义革命和社会主义革命两个阶段"(陈云,2005a),揭示出党在包括但不限于经济社会发展和中国革命运动中有重要的领导作用。党带领人民度过了诸多现实难关和发展困境,新中国成立以前主要表现为领导与反动派和日本侵略者的斗争,新中国成立以后主要表现为领导新中国经济社会建设和改革发展。他还指出,"发展国民经济的第一个五年计划,是根据党在过渡时期的总路线而制定的"(陈云,2005b),充分说明党的相关路线在我国经济社会发展进程中发挥着不可替代的作用,从侧面体现出党对经济社会领导和其他各项事业推进的关键作用。

改革开放以后,邓小平同志再次审视"党的领导",为中国的对外开放和渐进改革打造了强大的思想基础和后盾保障。邓小平作为我国改革开放事业的重要推动者，在坚守党领导经济社会发展的前提下促成了一系列重大的理论和实践创新。他指出，“必须坚持社会主义道路……必须坚持无产阶级专政……必须坚持共产党的领导……必须坚持马列主义、毛泽东思想”①，揭示出党的领导和经济社会各方面的理论及实践的关系。显而易见，其论及的党的领导包括但不限于党对经济的领导。坚持党在经济和政治等方面的领导，与坚持其他三项基本原则有着密切的关联，前者是后者的重要保障，倘若失去党对经济社会的正确领导，就可能使原有的发展方向偏离既定的良性轨道，无产阶级专政也可能会丧失领导核心，科学的马克思主义指导思想的关键地位也可能会被动摇。

紧接着，江泽民和胡锦涛同志不断强化“党的领导”，为中国的经济社会建设带来充足的内在自信和强劲的发展动力。江泽民指出，“我们党……总是代表着中国先进生产力的发展要求，代表着中国先进文化的前进方向，代表着中国最广大人民的根本利益”（江泽民，2006），揭示出党不仅在生产力和文化等方面代表着时代发展的根本诉求，更是中国人民根本利益的最佳代言人。总而言之，无论是过去还是当下，中国共产党都是时代和人民选择的最佳执政党，只有党才能在社会主义建设中毫无保留地为国家和人民增进更多福祉。

胡锦涛同志以坚持科学发展观为基本前提，并指出，“办好中国的事情，关键在党”（胡锦涛，2016a），揭示出党是推动中国经济社会有效治理的关键，中国有着和其他国家不同的具体实际和基本国情，坚持党对经济社会的领导是指导社会建设任务和提升国家综合实力的重要前提。胡锦涛还指出，“党必须以改革创新精神加强自身建设……必须始终成为中国特色社会主义事业的坚强领导核心”（胡锦涛，2016b），着重强调了加强党的自身建设的重要性，只有坚持以改革创新精神为基础，不断地改善和加强自身在各方面的能力和组织等建设，才能更好地领导中国经济社会积极发展。坚持和完善党对经济社会的领导，是党在社会主义事业中占据领导核心地位的基础，同时也是有效维系其领导地位的重要前提。

**（三）习近平同志对“党的领导”的深化发展**

党的十八大以来，以习近平同志为核心的党中央将中国化马克思主义经济理论和实践的力量运用、发挥和提升到极致。习近平指出，“必须……完善坚持党的领导的体制机制……确保党始终总揽全局、协调各方”②。第一，实现了对党所依托的马克思主义指导思想的有效确认。以习近平为核心的共产党人深知中国发展的成就离不开中国化马克思主义的指导。习近平指出，“新

---

① 中共中央文献研究室，《邓小平同志论坚持四项基本原则 反对资产阶级自由化》，北京：人民出版社，1989年，第3页。

② 习近平，《决胜全面建成小康社会 夺取新时代中国特色社会主义伟大胜利》，《人民日报》，2017年10月28日，第1版。

时代中国特色社会主义思想……是马克思主义中国化最新成果……是全党全国人民为实现中华民族伟大复兴而奋斗的行动指南”①，无论是在过渡时期创造的经济社会发展果实，还是在计划和市场经济时期的基础建设和社会发展等成就，都受到中国化马克思主义的正面影响，而它在经济社会的变迁中发挥的积极能效，已经深入经济社会相关的制度和理念当中。未来中国的发展道路依旧坎坷和漫长，绝不能轻易懈怠和自满，中国共产党对此有清醒和明确的认识，只有继续旗帜鲜明地坚持马克思主义的根本指南，并在此前提下充分发挥党的领导作用，才能维持中国经济社会良性和高效发展的态势。

第二，正确认识了党领导下的经济社会实践。以习近平同志为核心的共产党人充分肯定新中国成立70年以来经济社会实践的成果。习近平强调，“不能用改革开放后的历史时期否定改革开放前的历史时期，也不能用改革开放前的历史时期否定改革开放后的历史时期”②，党对经济社会的领导过程，事实上和新中国成立以来我国经济社会的演进历程是不可分割的，两者的根本方向和最终目标基本趋同。而且中国共产党始终高度重视科学实践，始终在领导经济社会发展的进程中坚持科学的实践观和唯物史观，表明了坚定的“唯物主义者”立场。

第三，坚持在党的领导下推动经济社会的创新发展。以习近平同志为核心的共产党人在党的领导体制支持下，持续推动发展理念等创新。习近平指出，“发展是解决我国一切问题的基础和关键……必须坚定不移贯彻创新、协调、绿色、开放、共享的发展理念”③。自新中国成立以来，尤其是在党的十八大以后，依托于与时俱进和服务人民等优良传统，党领导全体人民对经济社会的发展理念做出了极富针对性的改造和优化，使其具有了时代和国情的烙印。以党的经济领导体制作为基础的经济社会发展理念创新及其有效实践，不仅引领中国走过一段段艰辛的历程，而且对确保中国未来正确的发展方向和实现中国新时代的发展目标颇有裨益。

## 二、“党的领导”是新时代中国特色社会主义经济思想的逻辑导向

无论从何种角度看，经济社会的发展都不会自觉地形成，必须要有坚强的领导核心作为其前行的引路人。“党的领导”，是中国特色社会主义事业的引

---

① 习近平，《决胜全面建成小康社会 夺取新时代中国特色社会主义伟大胜利》，《人民日报》，2017年10月28日，第1版。

② 中共中央党史研究室，《正确看待改革开放前后两个历史时期》，《人民日报》，2013年11月8日，第6版。

③ 习近平，《决胜全面建成小康社会 夺取新时代中国特色社会主义伟大胜利》，《人民日报》，2017年10月28日，第1版。

路人和方向标，也是新时代中国特色社会主义经济思想的逻辑导向。只有坚持党对经济社会的绝对领导，才能在实现该逻辑导向的基础上，发挥新时代中国特色社会主义经济思想的应有作用，彰显出在中国经济社会发展进程中的宝贵价值。

**(一)坚持“党的领导”是应对现实形势的客观需要**

在新时代坚持和强化党的领导，有深刻的必要性和紧迫性。首先，这是应对新时代国家意识形态等领域形势的内在诉求。在改革开放前，中国经济社会的开放性特征还不明显，意识形态和话语体系的建设环境较为单纯，但到了改革开放以后，外来的消费观念、价值思潮、话语体系和意识形态等势力不断地侵蚀和冲击着逐渐开放的中国。党的绝对领导在抵御以上外来势力时做出了卓越贡献，正是由于党的坚强领导，中国的国家发展观和核心价值观才得以成功坚守，社会民众的积极思想方能不被腐蚀。其次，这是助推社会主体成长和经济向好发展的关键抉择。近年来，国内经济社会的发展正以日新月异的速度给社会民众带来积极回应，但也出现了诸多新问题。若想有效解决这些问题，必须要有坚强的领导核心，只有发挥党对经济社会的关键引领作用，才能推动全国人民齐心协力地为发展而“呐喊”和助力。再次，这是迎接国际社会复杂多样挑战的必然趋势。国际经济社会形势日趋复杂化和多样化，对中国经济社会稳定及发展带来了不少挑战。新时代的社会主义中国所面临的来自各方的压力从未减轻，尤其是以西方资本主义国家为核心的势力，时常以各种理由干涉中国内政，甚至是制裁中国政府或市场主体。只有不断坚持和强化党对经济社会的领导，才能确保中国始终坚守马克思主义信仰，顽强抵御来自外部势力的侵蚀和干涉，创造良好的发展环境。

**(二)坚持“党的领导”是经济社会前行的必要条件**

中国共产党在革命、建设和发展等方面所发挥的领导作用，都是在具体的经济社会历史发展历程中形成和运作的。党的领导，符合人民发展和社会实践的内在需要，不仅以满足和发展人民根本利益为前提，还以经济社会发展实践为基础，同时也是新时代中国特色社会主义经济思想得以顺利生成和发展的内生要求。

首先，中国共产党是中国经济社会发展的领导核心。历史实践证明，对中国经济社会而言，其发展的领导核心就是带领人民实现民族独立、伟大建设和创新发展的中国共产党。在新时代开启后的历史阶段，依然需要将中国共产党作为领导核心，继续坚持和强化党在中国经济社会发展的领导作用，这是国家和人民审慎做出的正确选择。

其次，中国共产党是中国经济社会变革的开路先锋。客观而言，人类历史的任何社会经济形态都不可能达到绝对完美，存在诸多主客观因素造就的发展桎梏和内在弊端，新中国成立以来的持续变革就是不断优化自身、克服弱点的实践过程。经济社会的变革涉及各种纷繁复杂的问题,譬如根本性质和最终走向等重大问题,这些都需要积极约束,绝不可任其自由发展,否则会扩大人以及人格化为自然人的经济社会微观主体本身存在的某些局限。推动经济社会有效和良性的变革,突破经济社会主体自身的局限,会触及诸多阻挠变革群体的利益,面临难以估量的政治和经济等风险。党是引领社会变革的开路先锋,在历史和时代的大变局中肩负起历史和人民赋予的重任,带领人民开启各行各业的积极变革,使社会主义中国各领域的发展日益完善。

再次,中国共产党是中国经济社会稳定的后盾力量。经济社会的稳定,是国家和人民不断走向未来和取得新成就最重要的环境条件。进入新时代的中国,面临着各种不可预测的发展形势,要想维系自身长期和有效的稳定发展,必须以强大的后盾作为支持力量,其中居于首位的后盾力量就是中国共产党及其强大的领导体制。

### (三)坚持"党的领导"是社会主义优势的存在基础

坚持党对经济社会的重要领导,是对经典政党领导理论和新中国历代领导人理论探索的有效确认和延续。首先,党的领导是对经济社会做出顶层设计的首要环节。作为有着数千年文明史的大国,中国的发展进程是蜿蜒曲折的,要从顶层设计上进行规划和调适,才能让其保持不断向前的发展态势。新中国成立以来,党的领导在经济社会发展中发挥着重要作用,而在经济社会发展顶层设计中的作用,在近年来更是表现得愈发明显,譬如,"作为中国规格最高的经济会议,中央经济工作会议自1994年以来每年举行一次"①,是党和国家讨论重大决策和方向的关键会议。其次,党的领导是对经济社会进行运筹帷幄的根本保障。经济社会的发展瞬息万变,如何对其进行行之有效的运筹帷幄是亟待解决的问题。党的坚强领导,无疑为此提供了重要保障,正是由于有了党对经济社会的绝对领导,经济社会发展的方向和主动权才得以掌握在人民手中,党和政府对经济社会的运筹帷幄方可变为现实。再次,党的领导是对经济社会实现监督规制的有效路径。社会历史的创造者是人,具有人的本质特性,而作为经济社会相对宏观的主体,市场同样具有内在弊端,因此两种主体都需要加以监督和规制。党的领导,不仅在经济社会发展的前置阶段发挥着重要的引领作用,在社会发展进程当中和之后也承担着监督和规制的职能。这种引领和监督规制作用,不是强制地干涉经济社会的发展,而是作用机制和层次都是宏观而又高深的。

① 中央经济工作会议就重大问题定调(附全文及解读),http://news.bandao.cn/a/161594.html,2019年3月27日。

## 三、新时代中国特色社会主义经济思想逻辑导向的实现机理

“党的领导”，是新时代中国特色社会主义经济思想的逻辑导向，如何实现该逻辑导向，是至关重要的现实问题。坚持“党的领导”的基本立场，是实现党的领导的重要前提，也是实现新时代中国特色社会主义经济思想逻辑导向的根本前提；“在党的领导下‘坚持和发展中国特色社会主义’”[①]，是新时代中国特色社会主义经济思想逻辑导向的核心内容；“提升党的经济社会领导水平”，是新时代中国特色社会主义经济思想逻辑导向的具体方略。以上四者是在中国经济社会前行进程中环环相扣和层层递进的要素。

**（一）坚持“党的领导”的基本立场：逻辑导向的实现前提**

习近平同志指出，“带领人民创造幸福生活，是我们党始终不渝的奋斗目标”[②]。中国共产党，是引领新时代中国经济社会纵深发展的坚强核心，始终以维护国家利益和人民权益为己任。而党的领导的基本立场，是对自身事业、国家利益和人民权益的顽强坚守，换而言之，党的事业、国家利益和人民权益的实现，是相同问题的不同方面，三者一以贯之，本质趋同。新时代坚持和强化党的领导的首要前提，就是坚持党的领导的基本立场。中国共产党无产阶级政党的属性，未发生过任何改变，长期把保护人民群众的利益作为自身行动的重要基础。一方面，从党的纲领来看，中国共产党继承了革命传统事业，将曾经的暴力运动工作重心转化为当代经济社会治理的新任务，具有了鲜明的新时代特色。党的具体任务形式发生了变化，但本质目的还是为了维护和发展国家和人民的根本利益。另一方面，从国家性质来看，中国是在马克思主义思想指引下建立起来的独立国家，自成立以来，在党的领导下确立了以生产资料公有制为基石的经济制度，高度重视人民的个人权益和国家的集体利益。党领导下的中国经济社会的各种实践，不仅是对经典政党领导思想的确认和延续，也是对党的领导及其基本立场的有效佐证。

**（二）在党的领导下“坚持和发展中国特色社会主义”[③]：逻辑导向的核心内容**

在实践中明确逻辑导向的实现前提，是解决中国经济社会各种问题的基

① 中共中央宣传部，《习近平新时代中国特色社会主义思想三十讲》，北京：学习出版社，2018年，第17页。

② 中共中央文献研究室，《习近平关于社会主义经济建设论述摘编》，北京：中央文献出版社，2017年，第45页。

③ 中共中央宣传部，《习近平新时代中国特色社会主义思想三十讲》，北京：学习出版社，2018年，第17页。

础性要求。在党的绝对领导下"坚持和发展中国特色社会主义"①,是新时代中国特色社会主义经济思想逻辑导向的核心内容,接下来从三种导向进行阐述。

第一,在党的领导下,将走向共产主义作为目标导向,为中国经济社会的未来建设指明方向。中国共产党是坚持马克思主义理论指导的无产阶级政党,坚守着伟大的共产主义信仰,而中国政治经济体制也是在生产资料公有制基础上建立起来的,党和国家的奋斗归宿自然而然地具有鲜明的马克思主义属性。尽管目前极力追求的共同富裕发展目标和共产主义目标还有很大差距,但却是通往共产主义最终目标的现实通道,共同富裕和共产主义在本质上具有高度趋同性,都是党和国家从社会主义经济形态向共产主义经济形态演进的不同历史阶段中一以贯之的奋斗目标。坚持党领导的正确目标导向,是新时代中国特色社会主义经济思想逻辑导向核心内容之一,维持了社会发展的良性方向,让中国少走或不走"弯路"。

第二,在党的领导下,把解决社会主要矛盾作为路径导向,为中国经济社会的新发展助力。"人民日益增长的美好生活需要和不平衡不充分的发展之间的矛盾"②,是当下中国社会新的主要矛盾,而目前的重要工作就是寻求解决的有效机制。习近平同志指出,"发展仍是解决我国所有问题的关键"③,揭示出我们的首要工作是推动发展。始终将发展作为党领导的工作方向,不断地提升经济社会推进的"正义"速度,是新时代中国特色社会主义经济思想的核心内容之一。从根本上来讲,寻求应对新的社会主要矛盾的解决方法,其总体逻辑是"坚持稳中求进工作总基调"④,横向逻辑则是促进经济社会的平衡发展,提升不同地区、行业和主体发展的均衡性,纵向逻辑则是推动经济社会的充分发展,以切实可行的举措来实现各个领域的可持续发展。

第三,在党的领导下,把促进人的发展当成价值导向,彰显中国经济社会进步的核心本质。这揭示了促进人的全面发展才是经济社会进步的真谛。中国共产党以共产主义为最终归宿,坚持党领导的本质价值导向,即在经济社会发展的进程中始终以促进人的发展为目的,是新时代中国特色社会主义经济思想逻辑导向的核心内容之一,彰显了发展的科学意蕴和核心本质。党的十

---

① 中共中央宣传部,《习近平新时代中国特色社会主义思想三十讲》,北京:学习出版社,2018年,第17页。

② 习近平,《决胜全面建成小康社会 夺取新时代中国特色社会主义伟大胜利》,《人民日报》,2017年10月28日。

③ 中共中央文献研究室,《习近平关于社会主义经济建设论述摘编》,北京:中央文献出版社,2017年,第3页。

④ 中共中央文献研究室,《习近平关于社会主义经济建设论述摘编》,北京:中央文献出版社,2017年,第321页。

八届五中全会强调,“要坚持以人民为中心的发展思想”[①],揭示出党将实现和发展人民利益作为工作中心,展现了当代中国共产党人科学的新发展理念,证明其对领导经济社会进步与促进人民全面发展有充分的自信和强大的能力。

**(三)提升党对经济社会的领导水平:逻辑导向的具体方略**

“我国发展领域不断拓宽、分工日趋复杂、形态更加高级、国际国内联动更加紧密,对党领导发展的能力和水平提出了更高要求。”[②]完善党的领导,即优化新时代中国特色社会主义经济思想的逻辑导向,具体方略是提升经济社会领导能力和水平。

第一,凝聚普遍有效的社会共识以树立党的领导权威。中国作为当今世界的第二大经济体,人口和疆域都和其他国家和地区不可等量齐观,舆论和群众等工作形势都是复杂多变的。凝聚关乎党领导的普遍社会共识,消减弱化和阻碍党领导的各种因素,是树立党的领导权威的前提,也是提升党的经济社会领导水平的基础。提升党的领导水平,要有深厚的群众基础作为保障。倘若失去民众支持,坚持和实现党对经济社会发展的领导将面临重重困难,树立党的领导权威将会论为空想,而提升党的领导水平也无从谈起。

第二,强化党组织战斗堡垒作用以提升党的领导能力。党始终将马克思主义作为自身行动的理论先导,贯彻科学的马克思主义中国化指导思想,并在经济社会变革实践中持续优化,对强化党组织的战斗堡垒作用有显著的正向价值,也有利于优化党员干部乃至人民群众的认知和能力素养,对提升党的领导水平及优化新时代中国特色社会主义经济思想都大有裨益。

第三,健全领导体制和经济体制以优化党的领导方式。党的领导体制,历经了建党以来漫长时期的发展和变革,在经济社会的发展进程中日渐健全和完善。新时代提升党的经济社会领导水平,必须要持续健全党的领导体制尤其是经济领导体制,还要坚持完善我国的基本经济制度和社会主义市场体制,让党的领导在各项制度的革新中发挥最大能效,力求在实践中更好地优化党的领导方式,这是提升党的经济社会领导能力和优化新时代中国特色社会主义经济思想的关键路径。

## 四、新时代中国坚持和强化“党的领导”的重要意义

中国虽然取得了丰硕的发展功绩,但未来的路程还很漫长和遥远,将面临更多的现实困境和挑战。基于此,在新时代,我们仍需继续坚持和强化党对经

① 中共中央文献研究室,《习近平关于社会主义经济建设论述摘编》,北京:中央文献出版社,2017年,第30页。

② 中共中央文献研究室,《习近平关于社会主义经济建设论述摘编》,北京:中央文献出版社,2017年,第325页。

济社会的有效领导,以党的领导体制作为重要保障来引领经济社会的发展,事实上这也是充分发挥新时代中国特色社会主义经济思想逻辑导向关键作用的现实表现,对中国乃至世界经济社会发展都有着不可磨灭的价值,接下来将做出详尽的阐述。

**(一)党的领导是确保中国经济社会改革、稳定和发展的关键要素**

党的领导是新时代中国特色社会主义经济思想的逻辑导向,对中国经济社会改革、稳定和发展都有重要意义,也是确保新时代社会主义建设正向推进的关键要素。

第一,党的领导是促成社会良性变革的先决条件。中国共产党一直是中国经济社会积极变革的引领者,无论是在"披荆斩棘"的社会革命时期,还是在"埋头苦干"的社会建设时期,抑或是在"风起云涌"的改革开放时期,党都肩负着至为关键的责任,以既定形式潜移默化地发挥着宏观谋划和微观规制等独特作用;在新时代继续坚持和强化党对经济社会的领导,将有效地延续和优化党在社会变革进程中的积极作用,为新时代中国的良性改革助力。

第二,党的领导是确保持续稳定前行的关键前提。客观而言,世间万物的发展演变都有赖于自身内部及其外部因素的稳定,中国取得的突出功绩,是以国家稳定作为根本前提,倘若失去稳定性,经济社会的发展可能会因根基不稳而沦为"空中楼阁",伟大复兴的卓越目标也就无从谈起。中国共产党及其领导体制以强大的领导能力作为独特优势,为中国经济社会的稳定前行提供了可靠保障。

第三,党的领导是促成向好发展态势的重要基石。新中国成立以来,我国总体上保持了积极的经济社会发展态势,从时间和空间范围来看都是罕见的。之所以能够取得如此卓越的功绩,主要在于以党的支持作为坚强的后盾。在党对经济社会的绝对领导下,中国社会的各项体制机制才能得以发挥能效和持续完善,依托于党的领导缔造的优势,我国诸多领域的飞速发展方可变成现实。

**(二)党的领导为经济社会治理和社会主义事业创造了有利的发展条件**

坚持新时代中国特色社会主义经济思想的逻辑导向,极大地优化全球经济社会的治理机制理论,为世界社会主义事业和各政党的经济执政带来更健全和有效的参考方案。

第一,党的领导为丰富中国乃至世界经济执政方案创造条件。各个国家不可避免地遭遇到经济领导方面的困境,这不同于经济治理的具体问题,而是更多地侧重于执政党在宏观层面对经济的运筹帷幄等问题。新中国成立以来,我们始终不渝地坚持在党的领导体制框架下推动经济社会的发展,并且已经取得世界公认的发展功绩。这给其他国家和政党的经济执政方式带来更多积极经验,有助于在世界范围内提升各执政党在经济执政等方面的综合能力。

第二,党的领导为优化世界经济社会治理创造条件。人类经济社会的发展,有赖于精准而有效的治理方式,客观来讲,虽然世界上并没有普遍适用的万能治理方式,但对领导方式的借鉴和运用是切实可行的。新中国成立以来,我们始终坚持在党的领导下促进经济社会的发展,并且带领中国人民渡过了一系列的发展难关,党的领导体制,势必可以给世界经济社会的治理提供制度参考。

第三,党的领导为世界社会主义的未来发展创造条件。当前形势下,全球的社会主义力量并没有取得较大范围的"巅峰性"功绩,且各个国家和地区的民众对社会主义体系和发展模式的认知度和认同感还有较大的提升空间。我们面临的形势异常严峻,而具有鲜明"意识形态色彩"和坚守无产阶级立场的中国共产党,自成立以来就重视对自身的发展和完善,并带领中国经济社会取得了令人瞩目的发展功绩,给全世界社会主义国家和无产阶级及其政党带来了新的发展希望,增强了对社会主义美好前景的创造和共产主义高级目标的实现的信心。

### (三)党的领导推动经济执政思想、社会主义理论和马克思主义发展观的有效创新

党的领导是新时代中国特色社会主义经济思想的逻辑导向,具有较高的理论价值,激励了经济执政思想、科学社会主义理论和马克思主义发展观的创新发展。

第一,党的领导给共产党经济执政思想提供新鲜活力。如前所述,中国始终坚持在党的领导体制框架下发展经济社会,不仅给世界各国和地区执政党的经济执政实践带来积极影响,还为中国共产党的经济执政思想带来更加有效的实践基础。党在领导中国发展的进程中,收获了诸多执政"财富",同时也经历了惨痛教训,基于对这些经验和教训的深刻分析和积极反思,我们党对自身的执政方式做出了不同程度的良性改造,事实上都是有效改善和完善党的经济执政思想的现实表现。

第二,党的领导推动社会主义理论的深度发展。新中国成立以来,在党的绝对领导下,中国经济社会取得了巨大的进步,同时也经历了持续的完善进程。需要明确的是,理论和实践的演化始终都是相伴相随的,在社会主义实践得到有效发展的同时,其理论也可以得到持续而有效的深化和发展。

第三,党的领导促进马克思主义发展观的创新发展。作为指导中国经济社会发展的重要指南,新中国成立以来,中国化马克思主义发展观发挥了不可替代的指引作用,推动了中国经济社会的进步。与此同时,在中国共产党的领导下,马克思主义发展观依托于在中国的积极实践和有效落实,其自身也得到了相当程度的丰富和完善。倘若没有党的强大领导体制及对中国经济社会发展的高度支持,马克思主义发展观就不能得到有效的贯彻和深化发展。

## 参考文献

[1]陈云,2005a,《陈云文集》第2卷,北京:中央文献出版社,第589页。

[2]陈云,2005b,《陈云文集》第2卷,北京:中央文献出版社,第589页。

[3]胡锦涛,2016a,胡锦涛文选 第3卷,北京:人民出版社,第10页。

[4]胡锦涛,2016b,胡锦涛文选 第3卷,北京:人民出版社,第10页。

[5]江泽民,2006,《江泽民文选》第3卷,北京:人民出版社,第2页。

[6]李景田,2011,党的领导是实现"十二五"时期经济社会发展目标的根本保证,《党建研究》,第4期,第28—31页。

[7]柳建辉、曹普,2011,《中国共产党执政历程1921—1949》第1卷,北京:人民出版社,第87页。

[8]马娜,2007,论改革开放以来党领导经济工作能力的提升,《湖南师范大学社会科学学报》,第6期,第67—71页。

[9]毛泽东,1999a,《毛泽东文集》第7卷,北京:人民出版社,第32页。

[10]毛泽东,1999b,《毛泽东文集》第7卷,北京:人民出版社,第31页。

[11]毛泽东,1999c,《毛泽东文集》第7卷,北京:人民出版社,第31页。

[12]毛泽东,1999d,《毛泽东文集》第7卷,北京:人民出版社,第32页。

# The Leadership of the Communist Party of China: The Logical Guidance of the Economic Thought of Socialism with Chinese Characteristics in the New Era

Gong Xiaoying　Wang Haifei

**Abstract** "The leadership of the Communist Party of China" is the logical guidance of the economic thought of socialism with Chinese characteristics in the new era. We first elaborated the ideological origin and development context of "The leadership of the Communist Party of China". Secondly, from the realistic situation, social progress and socialist advantages, we clarified that "the leadership of the Communist Party of China" was the logical guidance of the economic thought with Chinese characteristics in the new era. Thirdly, we interpreted the realization mechanism of "the logical guidance of the economic thought of socialism with Chinese characteristics in the new era—the leadership of the Communist Party of China" from the three aspects of realization premise, core content and specific strategy, that is, adhering to the basic position of the leadership of the Communist Party of China,"upholding and developing socialism with Chinese characteristics" under the leadership of the Communist Party of China, and improving the party's economic and social leadership level. Finally, we discuss the significance of China's continuing to adhere to and strengthen the party's leadership in the new era.

**Key words** Leadership of the Communist Party of China The economic thought of socialism with Chinese characteristics in the new era Logical orientation Marxism

# 习近平"反腐防变"重要论述的马克思主义理论透视

张祖钧 杨俊

**内容提要** 如何深入开展"反腐败斗争"是马克思主义政党始终面临的重大课题。当前对新时代中国共产党反腐败的思想研究,多强调某一方面的表层分析,忽视对习近平"反腐防变"重要论述的马克思主义理论品质深层透视。进入新时代以来,以习近平同志为核心的中国共产党人传承马克思主义斗争哲学的精神基因,在战略定位上,提出决不能在根本性问题上出现颠覆性错误;在价值取向上,提出坚持以人民为中心的发展思想;在政治品质上,提出永葆共产党人的政治本色;在思想引领上,提出实现中华民族伟大复兴的中国梦,由此展现出习近平关于"反腐防变"重要论述的马克思主义理论品质。

**关键词** 习近平 反腐防变 理论品质 深层透视

**中图分类号** D616

习近平在党的十九大报告中明确指出,要清醒认识到我们党面临的执政环境是复杂的,影响党的先进性、弱化党的纯洁性的因素也是复杂的,党内存在的思想不纯、组织不纯、作风不纯等突出问题尚未得到根本解决。[①] 习总书记这一重要讲话精神,就是要求全党要高度重视"反腐防变"[②] 问题。然而,当前对新时代中国共产党反腐败的思想研究,多强调某一方面的表层分析,忽视对习近平"反腐防变"重要论述的马克思主义理论品质深层透视。进入新时代以来,以习近平同志为核心的中国共产党人传承马克思主义斗争哲学的精神基因,在战略定位上,提出决不能在根本性问题上出现颠覆性错误;在价值取向上,提出坚持以人民为中心的发展思想;在政治品质上,提出永葆共产党人的政治本色;在思想引领上,提出实现中华民族伟大复兴的中国梦,由此展现

---

**收稿日期**:2020—10—09

**作者简介**:张祖钧,龙岩学院副教授;杨俊,中共浙江省委党校副教授。

① 2017 年 10 月 19 日,中纪委副书记杨晓渡在十九大记者招待会上公布,党的十八大以来,共立案审查到省军级以上党员干部及其他中层管理干部 440 人,其中十八届中央委员、候补委员 43 人,中央纪委委员 9 人;厅局级干部 8 900 余人,县处级干部 6.3 万人,处分基层党员干部 27.8 万人。

② 这里讲的"反腐防变"概念,"不仅是一般意义上惩处党员领导干部的渎职侵权行为以维护党和人民的根本利益,而且是从政治学角度进行反腐防变的战略思考"。参见张祖钧、程恩富,习近平反腐防变思想的理论基础与宗旨,《中共杭州市委党校学报》,2015 年,第 5 期,第 20—26 页。

出习近平关于“反腐防变”重要论述的马克思主义理论品质。

## 一、“防颠覆性错误”：习近平“反腐防变”重要论述的马克思主义战略定位

当代中国始终面临中西方两条道路的激烈博弈。是主张全盘私有化还是坚持公有制为主体、多种所有制经济共同发展的基本经济制度？是主张西方宪政民主还是坚持中国特色社会主义民主政治？是主张“普世价值”资产阶级意识形态还是坚持马克思主义的指导地位？进而在总体上是主张消解中国共产党的领导还是“党政军民学，东西南北中，党是领导一切的”（习近平，2017a）？这些问题都是事关党和国家前途命运的根本性问题，如果处理不好，就有可能出现颠覆性错误，将中华民族推向万劫不复的绝境。

### （一）经典作家对无产阶级政党在根本性问题上的原则规定

马克思和恩格斯“没有遇到全面治理一个社会主义国家的实践”①，因而在马克思和恩格斯的经典著作中也就没有明确提到过社会主义实践中的“颠覆性错误”。但是，他们在总结巴黎公社失败教训的基础上对无产阶级政权的性质作了系统论述，也可以说是对无产阶级政党如何保持先进性与纯洁性、如何在根本性问题上避免颠覆性错误进行了原则规定。例如，无产阶级政权的合法性不能变，巴黎公社的一切权力来自人民的授权，巴黎公社的一切权力归人民所有；无产阶级政权的阶级性不能变，巴黎公社“实质上是工人阶级的政府”，是“由人民自己当自己的家”的国家政权机关；无产阶级政权的先进性不能变，公社的公职人员“不再是中央政府走卒们的私有物”，他们只代表广大劳动人民的根本利益；无产阶级政权的纯洁性不能变，虽然公社的公职人员掌握行政管理权力，却只能“领取相当于工人工资”的薪酬；无产阶级政权的组织原则不能变，公社的公职人员随时接受人民监督，人民拥有罢免公职人员的权利。②

亲身经历革命斗争、建立政权、建设政权的列宁，也没有明确谈过“颠覆性错误”，但是，俄共（布）党的建设过程中同样面临着苏维埃政权如何保持先进性与纯洁性、如何在根本性问题上避免颠覆性错误等重大理论与现实问题。为此列宁强调：苏维埃政权必须是人民政权，国家工作人员“都由人民选举产生”，并且按照“大多数选民的要求随时撤换”（列宁，1985a），他们是为人民服务的勤务员；苏维埃政府必须是“廉价政府”③，一切公职人员的报酬不超过熟练工人的一般工资，绝对禁止公职人员除薪金外兼有其他收入；苏维埃政权面

① 切实把思想统一到党的十八届三中全会精神上来，《人民日报》，2014年1月1日。
② 《马克思恩格斯选集》第3卷，北京：人民出版社，1995年，第56页。
③ 《马克思恩格斯选集》第3卷，北京：人民出版社，1995年，第58页。

临的主要敌人是“贪污受贿”(列宁,1995a),必须与贪污受贿进行积极斗争,这是保证一切措施不会落空的政治前提;苏维埃政权要巩固,必须加强党的建设,只有保持党的先进性与纯洁性,才能把党建设成为“健康的强有力的先进阶级作为依靠的执政党”(列宁,1995b);苏维埃政权“最可怕的危险”就是“脱离群众”(列宁,1995b),必须“同群众保持真正的联系”(列宁,1986a),这是劳动群众拥护我们的根本原因。

**(二)关于“决不能在根本性问题上出现颠覆性错误”重要论述的时代背景**

从国际上看,中国特色社会主义长期遭受国际反华势力的诋毁、遏制和围堵。多年来,美国等西方国家除了不断在联合国、二十国集团、亚太经合组织等国际场合提出各种所谓“热点”问题拿捏我们以外,更是整合多方力量在其主流媒体集体发声,对我国内政外交横加指责。2014年6月24日,英国《金融时报》发表安代利尼的署名文章,说西方正对习近平目前开展的“独裁式反腐”表达严重关切,称习近平这种“重拳反腐”是“文革遗风”①。2015年1月16日,《纽约时报》发表题为“习近平的选择性反腐”文章,武断地认为习近平的反腐行动更像斯大林式的清洗运动,并以习近平工作过的福建、浙江没有一个副省级官员落马为例,证明其观点的“正确性”。2017年10月31日,英国《金融时报》发表米强的署名文章,提及中共“没有建立起一个真正有效的、可持续和非政治化的反腐制度”,许多高官都有反腐“恐惧”症,中国“政治正在走向错误的方向”②。为什么中国反腐败推进到什么程度,西方主流媒体就蓄意攻击到什么程度?因为按照中央反腐败的既定方针,也许过不了多久,那些隐居林泉藏匿幕后的“虎王”“虎霸”就会被打掉,而这些“虎王”“虎霸”很可能就是西方在中国第五纵队的主要人物,或者是国外反华势力在我国的代理人。③为了继续推行“冷战”思维,西方某些政治势力在肯定中国经济发展成就时,并没有认可中国基本经济制度和经济体制改革上的成就,更没有认可中国政治制度和社会建设上的成就(顾海良,2013),反而以西方宪政观和“普世价值”为评判标准,试图使我国朝着他们所“希望”的方向加快“改革开放”。近年来,由美日指使菲律宾挑起的南海仲裁案、美日或明或暗支持蔡英文走渐进式“台独”路线、美国在韩国部署萨德导弹防御系统,都是剑指中国。

就国内而言,一些既得利益集团、腐败分子与西方敌对势力遥相呼应,推崇政治、经济的新自由主义理论及其改革。在政治上,他们主张西方宪政民主,实行资产阶级的“三权分立”,以取代中国共产党在国家政治生活中的领导

---

① 顽石,习总式反腐缘何惹怒西方人,http://junshi.xilu.com/20140703/1000010000552376.html,2014年7月30日。

② 米强,中国“反腐沙皇”非凡职业生涯落幕,http://www.ftchinese.com/story/001074879?page=rest,2017年10月31日。

③ 顽石,2014,习总式反腐缘何惹怒西方人,http://junshi.xilu.com/20140703/100001000055237 6.html,2014年7月30日。

地位;在军事上,主张军队中立,实行军队国家化,以取代中国共产党对军队的绝对领导;在经济上,主张全盘私有化,取消国有经济的主导地位,摧毁中国共产党执政的经济基础;在思想上,对中国共产党、我国社会主义革命与建设历史进行肆意歪曲与抹黑,搞乱人们的历史观、是非观和价值观,动摇中国共产党执政的阶级基础和群众基础;在对外开放上,主张无原则、无底线的全面开放,以迎合西方资本集团对中国利益的控制与侵蚀;在社会生活中,宣扬"金钱万能"与"全民娱乐",摧毁中国人的精神脊梁和奋斗精神。面对国际国内"具有新的历史特点的伟大斗争"(习近平,2017b),呼唤着新时代"决不能在根本性问题上出现颠覆性错误"。

**(三)"决不能在根本性问题上出现颠覆性错误"是习近平"反腐防变"重要论述的马克思主义战略定位**

2013年10月习近平在出席APEC工商领导人峰会时指出,"中国是一个大国,决不能在根本性问题上出现颠覆性错误,一旦出现就无法挽回、无法弥补"(习近平,2014a);2014年2月习近平在俄罗斯接受记者专访时又强调,"在中国这样一个拥有13亿多人口的国家深化改革,绝非易事","这就要求我们胆子要大、步子要稳","尤其是不能犯颠覆性错误"(习近平,2014b);2018年1月习近平在新进中央委员会委员、候补委员和省部级主要领导干部"学习贯彻习近平新时代中国特色社会主义思想和党的十九大精神研讨班开班式"上再次强调,"前进道路不可能一帆风顺,越是取得成就的时候,越是要有如履薄冰的谨慎,越是要有居安思危的忧患,绝不能犯战略性、颠覆性错误"(习近平,2020a)。

习近平总书记一再强调"决不能在根本性问题上出现颠覆性错误"是有深刻内涵的。首先,道路问题是关系党和国家兴衰成败的根本性问题。坚持和发展中国特色社会主义是历史与现实充分证明的正确选择,而否定中国特色社会主义、放弃中国特色社会主义、偏离中国特色社会主义,就会犯颠覆性错误。中国特色社会主义不是从天上掉下来的,是中国共产党和人民历尽千辛万苦、付出巨大代价取得的根本成就,是实现社会主义现代化强国、创造人民美好生活的必由之路。但是,一段时间以来,在思想领域始终存在着曲解当代中国社会发展的矛盾、问题和困难,妄图回到封闭僵化老路上去的社会思潮和错误认识;始终存在着固守既得利益藩篱,导致全面深化改革措施无法落地的社会思潮和错误认识;始终存在着试图改变中国特色社会主义制度和道路,主张建立西方宪政民主和发展道路的社会思潮和错误认识(顾海良,2013)。无论是哪一种社会思潮和错误认识,都会导致改革和发展出现严重倒退,都会导致社会发展停滞不前,甚至引起社会激烈动荡,使改革开放以来取得的成就付之东流,这种颠覆性错误决不能犯。

其次,坚持和完善中国共产党的领导是根本性问题。中国共产党是中国特色社会主义事业的领导核心，而否定中国共产党领导、放弃中国共产党领导、偏离中国共产党领导，就会犯颠覆性错误。中国共产党是中国特色社会主义事业的缔造者和中流砥柱，中国共产党领导地位的强与弱会直接影响着中国特色社会主义事业发展的快与慢，中国共产党自身建设水平的高与低会直接影响着中国特色社会主义成就的大与小。面对"修昔底德陷阱""中等收入陷阱"和"塔西陀陷阱"的严峻形势，如果在坚持中国共产党领导上出现了问题，主张西方议会民主和多党制，取消党在宪法和国家政治生活中的领导地位，就会重蹈苏共亡党亡国的历史性悲剧。这种颠覆性错误决不能犯。当然，中国共产党自身也要建设好，如果党的领导水平与执政水平没有与时俱进，同样会发生类似"文革"那样的全局性错误。习近平总书记强调，改革开放是一场深刻革命，必须坚持正确方向，沿着正确道路前进，全党要更加自觉地坚持党的领导和我国社会主义制度，坚决反对一切削弱、歪曲、否定党的领导和我国社会主义制度的言行。

## 二、"人民中心论"：习近平"反腐防变"重要论述的马克思主义价值取向

坚持以人民为中心的发展思想，就是坚持人民利益至上原则，就是要站在人民群众立场、关注人民群众期盼、回应人民群众关切、实现人民群众夙愿，让人民群众有更多更好的获得感、幸福感和安全感。这是习近平"反腐防变"重要论述的马克思主义价值取向。

### （一）坚持以人民为中心的发展思想是马克思主义政党始终不渝的原则立场

原则问题至关重要，它回答了"我是谁、为了谁"的根本问题，而坚持以人民为中心的发展思想就是马克思和恩格斯的政治"初心"。在《共产党宣言》中，马克思、恩格斯向全世界公开宣告："过去的一切运动都是为少数人或者为少数人谋利益的运动"，"而无产阶级运动是为绝大多数人或者为绝大多数人谋利益的独立运动"①。马克思、恩格斯主张为绝大多数人谋利益，就是坚持以人民为中心的发展理想；坚持为绝大多数人谋利益，还是坚持为少数人谋利益，历来是马克思主义政党与非马克思主义政党的本质区别。坚持以人民为中心的发展思想是列宁的政治选择。列宁指出，"数以千百万计的群众——哪里有千百万人，哪里才是政治的起点"(列宁，1995c)。坚持以人民为中心的发展思想是毛泽东的政治宣言。毛泽东指出，共产党人区别于其他政党的显著标志，"就是一切从人民利益出发，而不是从个人或小集团利益出发"，"共产党

① 《马克思恩格斯选集》第 1 卷，北京：人民出版社，2012 年，第 411 页。

人必须随时准备坚持真理，因为任何真理都是符合于人民利益的”（毛泽东，1991）。坚持以人民为中心的发展思想，就是坚持一切向人民群众负责，而不是向个人或小集团利益负责。坚持以人民为中心的政治标准，就是坚持党除了人民群众的利益没有自己的特殊利益，就是坚持为人民群众的利益鼓与呼，与人民群众同甘共苦，这是党的事业能够得到人民群众支持和拥护的政治起点。

坚持以人民为中心的发展思想同样是习近平的政治立场。“人民对美好生活的向往，就是我们的奋斗目标”（习近平，2017c），总书记用最朴素的语言道出了中国共产党坚持以人民为中心的执政理念。习近平总书记强调，“中国共产党人的初心和使命，就是为中国人民谋幸福，为中华民族谋复兴”，“这个初心和使命是激励中国共产党人不断前进的根本动力”，“全党同志一定要永远与人民同呼吸、共命运、心连心，永远把人民对美好生活的向往作为奋斗目标，以永不懈怠的精神状态和一往无前的奋斗姿态，继续朝着实现中华民族伟大复兴的宏伟目标奋勇前进”（习近平，2017c）。

### （二）近年来坚持以人民为中心的发展思想受到了严重干扰

坚持以人民为中心的发展思想，是马克思主义政党的阶级立场，是中国特色社会主义的内在要求。然而，一段时间以来，在一些部门和领导干部中，全心全意为人民服务的根本宗旨已经模糊，坚持立党为公、执政为民的理念出现了弱化，始终代表人民群众的意志和利益出现了虚化，始终与人民群众同呼吸共命运出现了淡化，坚持以人民为中心的发展思想受到了严重干扰。无论是高高在上、脱离实际、漠视民生、脱离群众的官僚主义作风，还是在大型项目或重点工程方面没有进行科学调研、拍脑袋决策，为了自己的所谓“政绩”大搞“形象工程”，给国家和人民利益造成重大损失；无论是职能部门不体恤民情，“门难进”“脸难看”“事难办”的封建衙门做派，还是基层单位在落实惠民政策、农村危房改造、城镇保障性住房等涉及群众切身利益方面把关不严、违规操作，人民群众应得的实惠没有得到或者没有得全；无论是执法、监管部门无视人民群众的合法权益，挖空心思、巧立名目乱收费、乱罚款、乱摊派，还是基层少数干部对扶贫、涉农、医保、低保资金也不放过，拿群众的“保命钱”来行贿买官，都是对坚持以人民为中心的发展思想的严重践踏。①

任由这些人民群众反映强烈的社会问题日益猖獗，最终就会像一座无形的墙把我们党和人民群众隔开，我们就会失去根基、失去血脉、失去力量。政党的先进性、纯洁性、执政地位都不是一劳永逸、一成不变的。如果“人民群众反映强烈的党内突出问题得不到解决，那我们党迟早会失去执政资格，不可避

① 中共中央纪律检查委员会、中共中央文献研究室，《习近平关于党风廉政建设和反腐败斗争论述摘编》，北京：中央文献出版社、中国方正出版社，2015年，第19—20页。

免被历史淘汰"(习近平,2017d)。中国共产党99年的奋斗历程告诫我们,人民群众是我们战胜各种困难的力量源泉。我们要深刻认识党面临的"四种考验"的长期性和复杂性,深刻认识党面临的"四种危险"的尖锐性和严峻性,深刻认识增强"四种能力"的重要性和紧迫性,坚持底线思维,做到居安思危。

**(三)坚持以人民为中心的发展思想是习近平"反腐防变"重要论述的马克思主义价值取向**

社情民意是观察政治问题的晴雨表。党员领导干部,如果没有了对群众有利的事再难也要办、有损党形象的事再小也不为的政治本色,如果没有了党要求什么、群众需要什么我们就去做什么的大义担当,如果没有了不带私心搞革命、一心一意为人民的公仆情怀,老百姓担心是否"还是共产党的天下",恐怕就不是多余的。过去,中国共产党执政的合法性源于历史的选择、人民的选择;今天,中国共产党执政的合法性除了《中华人民共和国宪法》的明确规定,更要看全党同志是否坚持以人民为中心的发展思想,把人民群众放在心中最高位置,真心实意坚持全心全意为人民服务的根本宗旨,真正把实现好、维护好、发展好最广大人民的根本利益摆在各项工作的首位,始终把人民群众拥护不拥护、赞成不赞成、高兴不高兴、答应不答应作为衡量一切工作得失的根本标准。习近平总书记指出,"以人民为中心的发展思想,不是一个抽象的、玄奥的概念,不能只停留在口头上、止步于思想环节,而要体现在经济社会发展的各个环节"(习近平,2017e)。既然是党的干部、人民的公仆,就必须摆正自己的位置,任何人都没有法律之外的绝对权力,任何人行使权力都必须为人民服务、对人民负责并自觉接受人民监督;既然"群众利益无小事",就必须端正自己的态度,急群众之所急、想群众之所想,不能对群众的报警求助置之不理、不能让普通群众打不起官司、不能滥用权力侵犯群众合法权益、不能执法犯法造成冤假错案;既然"人民群众是我们的衣食父母",就必须做好自己的工作,把人民群众是否真正得到了实惠、人民生活是否真正得到了改善、人民权益是否真正得到了保障落到实处;既然人民群众是我们的"上帝",就必须审视自己的行为,把促进社会公平正义、增进人民福祉作为衡量标准,检测我们各方面体制机制和政策规定,使我们的制度安排更符合人民群众的期待,更好实现最广大人民的根本利益。

## 三、"政治本色论":习近平"反腐防变"重要论述的马克思主义政治品质

对共产党人来说,根本宗旨是价值上的追求,党性原则是行动上的指南,理想信念是思想上的灵魂,廉洁自律是道德上的底线,丢掉了宗旨,背离了党性,动摇了信仰,突破了底线,就不配做一名共产党员。

### (一)经典作家关于防止"社会公仆"变成"社会主人"的思想

马克思、恩格斯在《共产党宣言》中指出,"他们没有任何同整个无产阶级的利益不同的利益","共产党人是各国工人政党中最坚决的、始终起推动作用的部分","他们胜过其余无产阶级群众的地方在于他们了解无产阶级的条件、进程和一般结果"①。无产阶级是同机器大生产相联系的,是社会先进生产力的代表;无产阶级的经济地位决定了它是大公无私的,只代表无产阶级和广大人民的根本利益,与其他劳动人民并无根本利益上的冲突;无产阶级最有远见、富有组织性和纪律性,在运动中比任何别的阶级都要坚决和彻底,是工人运动中的中坚力量;无产阶级由人民群众中的先进分子组成,用科学理论指导革命实践,依据社会发展规律推动社会向前发展,能够把一切被压迫、被剥削的劳动人民团结在自己周围。

由富有先进性、纯洁性、组织纪律性的无产阶级打碎旧的国家机器建立无产阶级政权,就其本质而言应该是清正廉洁的政权,其公职人员是从社会中产生并服务于社会的勤务员。但由于新政权无法完全摆脱旧制度的影响与束缚,更有资产阶级思想的侵蚀与诱惑,随着时间的推移,如果不对国家政权及公职人员进行有效制约与监督,"为了追求自己的特殊利益"②,国家政权有可能变成"高高凌驾于社会之上的国家政权"③,公职人员也有可能由"社会公仆"变成"社会主人"④。为了防止无产阶级政权和公职人员发生异化,马克思和恩格斯主要从普选、罢免、监督等方面进行反腐防变的制度设想。首先,"由各公社选举它们的行政的和创制法律的公职人员"⑤,把代表人民利益的人选入国家政权机关,通过参与国家政权管理来保障人民的权益不受侵害;其次,通过"规定选举者可以随时撤换被选举者"⑥的办法,最大限度减少公职人员假公济私、以权谋私等腐败行为;再次,规定公务人员"不论职位高低"都不能为了"追求升官而发财"⑦,通过包括公职人员薪酬在内的公务活动公开的方式,使得国家政权的一切活动置于人民的监督之下,防止"社会公仆"变成"社会主人"。

### (二)永葆共产党人政治本色"没有休止符永远在路上"

共产党人就是要对党忠诚,自觉执行党的路线方针政策,从思想上、政治上、行动上同党中央保持高度一致;就是要对政治热诚,始终牢记政治责任,襟怀坦白、言行一致,自觉维护党的形象;就是要对组织坦诚,相信组织、依靠组

① 《马克思恩格斯选集》第1卷,北京:人民出版社,1995年,第285页。
② 《马克思恩格斯文集》第3卷,北京:人民出版社,2009年,第110页。
③ 《马克思恩格斯选集》第2卷,北京:人民出版社,1995年,第411页。
④ 《马克思恩格斯文集》第3卷,北京:人民出版社,2009年,第110页。
⑤ 《马克思恩格斯选集》第2卷,北京:人民出版社,1995年,第414页。
⑥ 《马克思恩格斯选集》第3卷,北京:人民出版社,1995年,第12页。
⑦ 《马克思恩格斯选集》第3卷,北京:人民出版社,1995年,第13页。

织、服从组织，自觉接受组织安排和纪律约束；就是要对人民竭诚，立志为人民做好事、做实事，安分守己为人民工作。但是，从中央巡视组开展多轮巡视情况来看，一些党员领导干部不仅没有按照党章规定严格要求自己，而且肆意违反政治纪律、组织纪律、廉洁纪律，永葆共产党人政治本色任重而道远。

在违反政治纪律方面，有的对党的路线方针政策阳奉阴违、危害党的领导，有的对四项基本原则口是心非、坚持资产阶级自由化立场，有的拒不执行中央决策部署、在其势力范围搞"独立王国"，有的参加非法组织、旨在反党反社会主义，有的在党内组织秘密团伙、分裂党的活动；在违反组织纪律方面，有的违反民主集中制、拒不执行上级党组织的决定，有的在党内搞非法活动、破坏党的秩序，有的违反干部任用条例、选人用人存在严重问题，有的违反党纪国法、欺骗对抗组织；在违反廉洁纪律方面，有的利用职务便利、非法侵占国家集体财产，有的利用手中权力、为亲属他人谋取私利，有的从事违规经营、获取非法利益，有的挥霍公共财产、损害国家人民利益，有的在涉及个人利益上侵犯国家利益、中饱私囊，有的在婚丧喜庆上借机敛财、大肆进行权钱交易。① 理想信念缺失是另一个要引起重视的问题。有的领导干部视马克思主义为"门面"，修身不真修、信仰不真信；有的要求他人要坚定理想信念，自己却精神空虚、求神拜佛；有的争做"裸官"，把配偶子女移民到国外、钱存在国外，随时准备出境；有的张口廉洁、闭口清正，自己却心为物役，"信奉金钱至上、名利至上、享乐至上，心里没有任何敬畏，行为没有任何底线"②。这些存在问题在党内和社会上造成了恶劣影响，给党的事业造成了严重损害。

### （三）永葆共产党人政治本色是习近平"反腐防变"重要论述的马克思主义政治品质

习近平总书记强调，"政治问题，任何时候都是根本性的大问题"③。永葆共产党人政治本色，就必须讲政治原则。讲政治原则，就是要坚持党的领导不动摇，始终坚持党的基本理论、基本路线、基本纲领、基本经验、基本要求，自觉维护中央权威；就是要牢固树立党章意识，自觉用党章规范自己的一言一行，在任何情况下都要做到政治信仰不变、政治立场不移、政治方向不偏；就是要增强政治意识、大局意识、核心意识、看齐意识，确实做到对党忠诚、为党分忧、为党担责、为党尽责。永葆共产党人政治本色，就必须讲组织原则。讲组织原则，就是党内政治生活和组织生活都要讲规矩，自觉接受党纪国法约束，不做凌驾于党章和党组织之上的特殊党员；就是要正确对待手中权力，无论在什么

① 中共中央党史和文献研究院，《十九大以来重要文献选编（上）》，北京：中央文献出版社，2019年，第596—613页。

② 中共中央纪律检查委员会、中共中央文献研究室，《习近平关于党风廉政建设和反腐败斗争论述摘编》，北京：中央文献出版社、中国方正出版社，2015年，第17页。

③ 中共中央文献研究室，《习近平关于全面从严治党论述摘编》，北京：中央文献出版社，2016年，第87页。

地方、什么岗位，明确自己的第一身份是共产党员，第一职责是为党工作，第一目标是为民谋利，办任何事情都要想到党、想到党的事业和党所代表的群众利益；就是要坚持正确的用人导向，坚持德才兼备原则，把各方面优秀人才吸引凝聚到党的事业中来。

永葆共产党人政治本色，就必须讲组织纪律。讲组织纪律，就是任何时候都与党同心同德，党中央提倡的坚决响应，党中央决定的坚决照办，党中央禁止的坚决杜绝，决不散布违背党的理论和路线方针政策的意见，决不公开发表违背中央决定的言论，决不泄露党和国家秘密，决不参与各种非法组织和非法活动，决不制造、传播政治谣言以及丑化党和国家形象的言论。

永葆共产党人政治本色，就必须讲思想境界。讲思想境界，就是要坚持"四个自信"，坚守共产党人的精神追求，筑牢拒腐防变的思想道德防线；就是要坚定共产主义远大理想，真诚信仰马克思主义，矢志不渝为中国特色社会主义而奋斗；就是要时刻自重、自省、自警、自励，守住党和人民交给自己的政治责任，老老实实做人，踏踏实实干事，清清白白为官。只要我们始终坚持纪在法前、纪严于法，不以权势大而破规、不以问题小而姑息、不以违者众而放任，坚持管党治党不放松、正风肃纪不停步、反腐惩恶不手软，就一定能赢得这场输不起也决不能输的斗争，永葆共产党人清正廉洁的政治本色。

## 四、"民族复兴论"：习近平"反腐防变"重要论述的马克思主义思想引领

"实现中华民族伟大复兴是近代以来中华民族最伟大的梦想"(习近平，2017f)。必须警惕西方敌对势力西化、分化的图谋，坚定不移做好自己的事情；必须打好反西化、反恐爆、反腐败的攻坚战，凝聚起实现中华民族伟大复兴的强大社会力量。

**(一)实现中华民族伟大复兴是中华儿女的共同期盼**

民族复兴始终是一个贯通历史、现实与未来的永恒主题。无论是先秦儒家在《礼记·礼运》中所描述的大同社会，还是习近平总书记提出实现中华民族伟大复兴的中国梦，都承载着不同时期华夏儿女对祖国光明前景的夙愿与期盼，镌刻着无数仁人志士为之魂牵梦萦、上下求索的历史轨迹。回首历史，近代以来，中华民族遭受内忧外患等深重灾难，曾几何时，人民盼望国家能够摆脱被欺凌的局面、民族能够振兴、人民能够过上安宁的日子。但无论是晚清封建地主阶级发动的振兴民族经济的洋务运动，还是孙中山发起的推翻封建王朝统治的辛亥革命，都没有解救民族于水火、拯救人民于苦难。1921年中国共产党成立以后，以毛泽东为首的第一代共产党人，经过艰辛的探索，终于找到了民族独立、人民解放的正确道路，经过28年的浴血奋战，建立了新中

国，从此，中华民族伟大复兴迈进了新征程。

在改革开放时期，以邓小平为核心的第二代共产党人，用马克思主义普遍真理与我国社会主义建设实际相结合，用中国化的马克思主义回答了什么是社会主义、怎样建设社会主义等重大问题，提出了以经济建设为中心、坚持四项基本原则、坚持改革开放，规划了中国特色社会主义"三步走"的伟大战略。以江泽民为核心的第三代共产党人，用"三个代表"重要思想掀开了中国特色社会主义建设的新篇章。以胡锦涛为总书记的党中央，用科学发展观指导中国特色社会主义全面、协调、可持续发展。中华民族伟大复兴在国家富强、民族振兴、人民幸福中展开其波澜壮阔的历史画卷。

经过40多年的快速发展，我国成为仅次于美国拥有完整工业体系的国家，世界制造业大国地位为我国成为世界强国奠定了坚实基础；我国在联合国、二十国集团、亚太经合组织等多边国际场合发挥着举足轻重的作用，推动我国国际地位实现前所未有的提升；经济保持中高速增长，在世界主要国家中名列前茅；我国经济总量稳居世界第二位，对世界经济增长贡献率超过30%。"我们用几十年时间走完了发达国家几百年走过的发展历程，创造了世界发展的奇迹"（习近平，2017g），中华民族迎来了从站起来、富起来到强起来的伟大飞跃。

**（二）警惕西方敌对势力对实现中华民族伟大复兴的图谋**

"我们不怕中国军队现代化"，"怕的是中国军队毛泽东化"，这是朝鲜战争以后美军和美国得出的一个重要结论。在以美国为首的西方话语体系中，"毛泽东化"代表的是中华民族的精神脊梁，毛泽东旗帜的屹立与倒下，在东欧剧变以后就成为中西方意识形态博弈的焦点。在西方某些政治势力看来，毛泽东对中国革命和建设作出的历史贡献而形成的崇高威望，以及用毛泽东思想武装起来的中华民族自强不息的奋斗精神，已经内化为中华民族众志成城的血脉，已经转化成抵御西方文化侵略的基因。从根本上诋毁毛泽东，进而化解"毛泽东化"，从而否定毛泽东领导的新中国、否定中国共产党执政的合法性、否定中国现行的政治经济制度，进而动摇我国社会主义的基石、撕裂中国社会族群、引起中国社会激烈对抗，最终实现阻止中华民族伟大复兴的战略意图，这就是近些年来西方敌对势力极力抹黑毛泽东的险恶政治用心。

如果说西方敌对势力妖魔化毛泽东是为了摧毁中国抵挡西方意识形态进攻的强大屏障，那么，近年来在我国出现的丑化毛泽东现象，却是西方敌对势力实施西化、分化阴谋的又一"战果"。对于毛泽东同志的个人功过，在《关于建国以来党的若干历史问题的决议》中有过正确结论，为此，习近平总书记在新进中央委员会的委员、候补委员学习贯彻党的十八大精神研讨班上就明确指出："全盘否定毛泽东同志，那我们党还能站得住吗？我们国家的社会主义制度还能站得住吗？那就站不住了，站不住就会天下大乱。”[①]经过几代中国人的不懈奋斗，现在没有任何国家可以凭借军事力量瓜分中国，但西方通过思想文化渗透等“巧实力”来肢解中华民族的危险却迫在眉睫。[②]

近年来，我国国际竞争力、国际大国地位、国际话语权不断增强，但价值观、制度模式、发展道路与西方社会所期待的“普世价值”大相径庭，我国势必成为西方发达资本主义国家进行和平演变的首要目标。随着我国“一带一路”倡议与沿线国家成功对接，以及“亚洲基础设施投资银行”成功运行，“不能让中国制定全球贸易规则”的美国更加焦虑。[③] 特别是随着特朗普的“美国优先”战略的全面实施，灭掉中兴，打压华为，打贸易战，通过所谓的“涉港”“涉台”“涉藏”“涉疆”法案，不断搅动南海局势。今年新冠疫情爆发以来不断嫁祸于中国，都是美国把中国视为战略竞争敌人的必然逻辑。

### （三）实现中华民族伟大复兴的中国梦是习近平“反腐防变”重要论述的马克思主义思想引领

习近平总书记指出，“中华民族伟大复兴，绝不是轻轻松松、敲锣打鼓就能实现的”，“全党必须准备付出更为艰巨、更为艰苦的努力”[④]。首先，抵御西方敌对势力西化、分化的图谋，为实现中华民族伟大复兴创造良好的外部环境。面对中国特色社会主义对西方构成的所谓“威胁”，面临在中国搞苏联式“和平演变”希望的彻底破灭，西方敌对势力在强化军事霸权的同时，利用金融、意识形态等“软实力”加快了入侵中国的步伐。金融帝国主义威逼我国全面开放金融、外资、汇率，为国际金融资本血洗我国创造条件；西方敌对势力利用“非政府组织”，在我国培养了一大批凡中必反、凡美必捧的“学者”“官员”和“青年”；以美国为主的外资企业企图全面控制我国的门户网站，以美国计算机为主的硬件设备早已渗透我国电信、金融、交通等战略部门[⑤]；美国通过贸易战，迫使我国进一步开放饮用水、核燃料生产、小麦新品种选育与种子生产等国计民生领域。由美国发起的美中贸易战，表面看是美国对中国贸易出现巨额逆差引起，实质就是美国借贸易摩擦对迅速崛起的中国进行“全面围剿”，破坏中国快速发展的国际与国内环境，从而迫使中国作出全面让步直至“缴械投降”，最终阻止中国重返世界之巅的前进步伐。面对西方敌对势力发起的猖狂进攻，我

---

① 中共中央文献研究室，《十八大以来重要文献选编》，北京：中央文献出版社，2014年，第113页。

② 戴旭，警惕西方敌对势力抹黑毛泽东的险恶图谋，http://www.81.cn/jkhc/2014－01/07/content_5724427_3.htm，2014年7月1日。

③ 陈诗颖、李江，高铁案证明：美国禁止中国挑战自身经济地位，https://wenku.baidu.com/view/96c797fc7cd184254a3535c6.html，2016年7月12日。

④ 中共中央党史和文献研究院，《十九大以来重要文献选编（上）》，北京：中央文献出版社，2019年，第11页。

⑤ 戴旭，警惕西方敌对势力抹黑毛泽东的险恶图谋，http://www.81.cn/jkhc/2014－01/07/content_5724427_3.htm，2014年7月1日。

们没有选择余地，要么坐以待毙，要么绝地反击。

其次，"严密防范和坚决打击各种渗透颠覆破坏活动、暴力恐怖活动、民族分裂活动、宗教极端活动"①，为实现中华民族伟大复兴构建稳定的内部环境。改革开放40多年所积累的深层矛盾和利益冲突导致社会矛盾和诸多问题交织叠加，如发展不平衡不充分的突出问题尚未解决，经济发展质量和效益还不是很高；民生领域还有不少短板，脱贫攻坚任务艰巨；城乡区域发展和收入分配差距依然较大，群众在就业、教育、医疗、居住、养老等方面面临不少难题。在国际垄断资本、既得利益集团和社会极"左"思潮的多重叠加作用下，这些存在问题成为报复社会的暴力恐怖主义、分裂祖国的民族分裂势力、挑起内战的宗教极端势力所利用，给来之不易的安定团结的政治局面造成严重冲击。面对人民群众深恶痛绝的"三股势力"，必须给予毁灭性打击，使各族人民能够在安宁祥和的土地上安心工作和幸福生活。

再次，坚持反腐败"无禁区、全覆盖、零容忍"，"坚决防止党内形成利益集团"②，为实现中华民族伟大复兴创造良好的政治环境。开展反腐败斗争以来，"不敢腐的目标初步实现，不能腐的笼子越扎越牢，不想腐的堤坝正在构筑，反腐败斗争压倒性态势已经形成并巩固发展"③。尽管中央坚定不移反对腐败的决心没有变，坚决遏制腐败现象蔓延势头的目标没有变，但如何通过坚决惩治腐败"保证干部清正、政府清廉、政治清明"，"跳出历史周期律"，"确保党和国家长治久安"④，尤其警惕美国与国内高层腐败分子利益捆绑，出卖我国主权和发展利益，还有很长的路要走。中华民族伟大复兴的历史脚步谁也无法阻挡！只要我们沉着应对前进道路上的各种风险与挑战，凭借五千多年中华民族漫长奋斗积累的文化滋养和治国智慧，拥有十三亿多中国人民聚合的磅礴之力，决胜全面建成小康社会、夺取新时代中国特色社会主义伟大胜利、实现中华民族伟大复兴的中国梦，一定能够迎来前所未有的光明前景。

## 参考文献

[1]顾海良，2013，在根本性问题上不犯颠覆性错误，《人民论坛杂志》，第36期，第24—26页。

[2]列宁，1985a，《列宁全集》第29卷，北京：人民出版社，第486页。

[3]列宁，1985b，《列宁全集》第37卷，北京：人民出版社，第24页。

---

① 中共中央党史和文献研究院，《十九大以来重要文献选编(上)》，北京：中央文献出版社，2019年，第35页。

② 中共中央党史和文献研究院，《十九大以来重要文献选编(上)》，北京：中央文献出版社，2019年，第47页。

③ 中共中央党史和文献研究院，《十九大以来重要文献选编(上)》，北京：中央文献出版社，2019年，第6页。

④ 中共中央党史和文献研究院，《十九大以来重要文献选编(上)》，北京：中央文献出版社，2019年，第47页。

[4]列宁,1986a,《列宁全集》第 39 卷,北京:人民出版社,第 225 页。
[5]列宁,1995a,《列宁选集》第 4 卷,北京:人民出版社,第 590 页。
[6]列宁,1995b,《列宁选集》第 3 卷,北京:人民出版社,第 446 页。
[7]列宁,1995c,《列宁选集》第 4 卷,北京:人民出版社,第 626 页。
[8]毛泽东,1991,《毛泽东选集》第 3 卷,北京:人民出版社,第 1094—1095 页。
[9]习近平,2014a,《习近平谈治国理政》第 1 卷,北京:外文出版社,第 348 页。
[10]习近平,2014b,《习近平谈治国理政》第 1 卷,北京:外文出版社,第 101 页。
[11]习近平,2014c,《习近平谈治国理政》第 1 卷,北京:外文出版社,第 4 页。
[12]习近平,2017a,《决胜全面建成小康社会 夺取新时代中国特色社会主义伟大胜利——中国共产党第十九次全国代表大会上的报告》,北京:人民出版社,第 20 页。
[13]习近平,2017b,《习近平谈治国理政》第 2 卷,北京:外文出版社,第 222 页。
[14]习近平,2017c,《决胜全面小康社会 夺取新时代中国特色社会主义伟大胜利——在中国共产党第十九次全国代表大会上的报告》,北京:人民出版社,第 1 页。
[15]习近平,2017d,《习近平谈治国理政》第 2 卷,北京:外文出版社,第 43 页。
[16]习近平,2017e,《习近平谈治国理政》第 2 卷,北京:外文出版社,第 213—214 页。
[17]习近平,2017f,《决胜全面建成小康社会 夺取新时代中国特色社会主义伟大胜利——在中国共产党第十九次全国代表大会上的报告》,北京:人民出版社,第 13 页。
[18]习近平,2017g,《习近平谈治国理政》第 2 卷,北京:外文出版社,第 247 页。
[19]习近平,2020a,《习近平谈治国理政》第 3 卷,北京:外文出版社,第 73 页。

# Marxist Theoretical Perspective of Xi Jinping's Important Statement on "Anti-Corruption and Preventing Degeneration"

Zhang Zujun Yang Jun

**Abstract** How to deeply carry out the "anti-corruption struggle" is a major issue that Marxist parties have always faced. The current research on the anti-corruption thinking of the Communist Party of China in the new era emphasizes the superficial analysis of a certain aspect and ignores the in-depth perspective of the Marxist theoretical quality of Xi Jinping's important exposition of "anti-corruption and preventing degeneration". Since entering the new era, the Chinese Communists with Comrade Xi Jinping at the core have inherited the spiritual genes of Marxist philosophy of struggle. In terms of strategic positioning, they must not make subversive mistakes on fundamental issues; in terms of value orientation, they propose to adhere to the people; in terms of political quality, it proposes to maintain the political qualities of communists forever; in terms of ideological guidance, it proposes to realize the Chinese dream of the great rejuvenation of the Chinese nation, thus showing Xi Jinping's important exposition of "anti-corruption and preventing degeneration".

**Key words**　Xi Jinping　Anti-corruption and preventing degeneration　Theoretical quality　Deep perspective

海派经济学
第18卷第4期,2020 Journal of Economics of Shanghai School No.18,4,2020

# 社会基本矛盾决定社会主要矛盾的机理

鲁保林 王朝科

**内容提要** 社会基本矛盾,特别是矛盾的主要方面,从总体上规定了社会主要矛盾的性质、内容和走向。对社会主要矛盾的判断必须遵循基本矛盾和主要矛盾运动的规律,必须统筹考虑特定时期一国的生产力水平、生产关系结构以及上层建筑的发展状况。在社会主义初级阶段,我国社会主要矛盾的表现形式及其转化过程受社会主义社会的基本矛盾以及中国特色社会主义基本矛盾的共同制约。它在形式上可以表述为"生产和需要"的矛盾,本质上体现的仍然是生产力发展问题。

**关键词** 社会基本矛盾 社会主要矛盾 生产和需要的矛盾

**中图分类号** D08

## 一、问题的提出

根据主要矛盾确定中心工作是中国共产党在社会主义革命和建设实践中积累的宝贵经验之一。党的十九大报告提出:"中国特色社会主义进入新时代,我国社会主要矛盾已经转化为人民日益增长的美好生活需要和不平衡不充分的发展之间的矛盾。"这是自党的十一届六中全会以来党关于我国社会主要矛盾的又一个新的科学论断。学界在探讨社会主要矛盾新论断的理论来源时,一般都以经典作家的社会基本矛盾和主要矛盾学说作为立论根据。那么,社会基本矛盾和社会主要矛盾有何关系?普遍的看法是,社会主要矛盾是社会基本矛盾在一定历史发展阶段的具体表现,并由社会基本矛盾所规定。

具体讲有以下几种观点:一是"体现说",即"生产力和生产关系、经济基础和上层建筑之间的矛盾作为人类社会的基本矛盾是永恒存在的,这一基本矛盾在社会形态发展演进的不同阶段有不同表现形式和特点,并以社会主要矛盾的形式呈现出来"(同心,2019)。"社会主要矛盾体现着社会基本矛盾的性质,反映了同一社会形态某个发展阶段存在的最突出问题"(秋原,2017a)。二是"规定说",即"基本矛盾规定着主要矛盾的性质和发展方向"(刘同舫,

**收稿日期**:2020—07—18

**作者简介**:鲁保林,贵州财经大学教授;王朝科,上海对外经贸大学马克思主义学院教授。

**基金项目**:本文系国家社科基金青年项目(17CKS010)的阶段性成果。

2017)。“社会基本矛盾规定着社会主要矛盾,主要矛盾的产生、发展、变化要受基本矛盾的规定和影响”(谢富胜,2018)。不过,无论是“体现说”还是“规定说”,其论述基本上都是原则性的,并未具体展开。

事实上,基于马克思的社会基本矛盾理论去解读我国社会主要矛盾的转化,仍然存在几个难题:(1)经典作家既未对社会主要矛盾概念本身进行定义,也没有提出一个关于社会主义社会基本矛盾的特殊表达式;(2)中国是发展中的社会主义国家,社会主要矛盾的表现形态既会体现社会主义制度的普遍性,又带有发展阶段的特殊性;(3)党的文件关于我国主要矛盾的表述方式,易于使其被看作是“需要—生产”的矛盾。

为了从学理上证明社会主要矛盾转化的根据,学者们尝试提出新的社会基本矛盾观。例如,郑志国、危旭芳认为,我国社会主要矛盾的变化,实际上是人类社会普遍存在的需要与生产的矛盾在社会主义初级阶段不同时期的具体化。人类需要与社会生产的矛盾运动,构成人类社会的另一个普遍规律,其在人类社会发展中的地位不亚于生产力与生产关系、经济基础与上层建筑这两个矛盾(郑志国、危旭芳,2019)。也有学者提出,生产力与生产关系、经济基础与上层建筑这一任何社会形态的基本矛盾,是社会生产与人类需要这一根本矛盾的具体化。并且后者是所有社会形态共有的基本矛盾,而不是特定社会形态及其各个不同历史阶段的主要矛盾(李慎明,2018)。关锋(2019)认为,“生产力与生产关系的矛盾在深层次上是社会需要和社会生产之间的矛盾,前者既根源于后者,在特定历史时期(阶级矛盾不再是社会主要矛盾)又表现为后者”。秋原的看法稍有不同,他认为,“社会生产与人民需要、生产力发展与人的发展和社会进步之间的相互促进、良性互动,是贯穿、支配和推动社会主义社会发展全过程的根本动力,反映了社会基本矛盾运动在社会主义社会的特点和形式”(秋原,2017b)。如果向前追溯,早在20世纪50年代就已经有学者提出,社会主义条件下生产和需要间的矛盾是社会主义社会的基本经济矛盾(王惟中,1958)。

显然,对于如何理解社会基本矛盾和社会主要矛盾的关系,以及如何运用马克思的社会基本矛盾学说来解读我国社会主要矛盾转变(化)的逻辑,学界依然存在着一些模糊甚至似是而非的看法。在我们看来,既不能脱离基本矛盾谈主要矛盾,更不能脱离生产关系即根本社会制度去谈生产力,离开生产关系以及由其所决定的分配关系和交换关系去谈生产和需要的矛盾,所得到的结论只可能适用于孤岛上的鲁滨逊经济,“用这些要素不可能理解任何一个现实的历史的生产阶段”①。当前,只有从理论上阐明社会基本矛盾和社会主要矛盾的有机联系,才有可能依据马克思主义的社会基本矛盾理论来正确解析

① 《马克思恩格斯文集》第8卷,北京:人民出版社,2009年,第12页。

我国社会主要矛盾的内涵及其转化的根据。

## 二、社会基本矛盾如何规定社会主要矛盾?

### (一)社会基本矛盾的内涵和表达式

在《〈政治经济学批判〉序言》中,马克思不仅解剖了人类社会的基本结构,而且考察了人类社会演进的内在规律,即"人们在自己生活的社会生产中发生一定的、必然的、不以他们的意志为转移的关系,即同他们的物质生产力的一定发展阶段相适合的生产关系。这些生产关系的总和构成社会的经济结构,既有法律的和政治的上层建筑竖立其上,又有一定的社会意识形式与之相适应的现实基础。……社会的物质生产力发展到一定阶段,便同它们一直在其中运动的现存生产关系或财产关系(这只是生产关系的法律用语)发生矛盾。于是这些关系便由生产力的发展形式变成生产力的桎梏。那时社会革命的时代就到来了"①。马克思透过纷繁芜杂的社会现象,解析了人类社会的四个基本要素:生产力、生产关系、经济基础和上层建筑。其中,生产力与生产关系、经济基础和上层建筑,既对立又统一,相互作用、相互制约,它们的共同作用形成人类社会的基本矛盾,这是把握人类社会基本面貌、发展动力以及发展方向的理论依据。在阶级社会中,统治阶级和被统治阶级之间的阶级矛盾和阶级斗争是社会基本矛盾运动的突出表现形式,由此引发的社会革命是解决这一矛盾的根本出路。

恩格斯运用唯物史观和剩余价值理论揭示了资本主义生产力与生产关系的内在冲突,并且使用了"基本矛盾"这一术语。"生产已经成为社会的活动;而交换以及和它相伴随的占有,仍旧是个体的活动,单个人的活动:社会的产品被个别资本家所占有。这就是产生现代社会的一切矛盾的基本矛盾"②。资本主义社会的基本矛盾一方面表现为"无产阶级和资产阶级的对立"③,另一方面表现为"个别工厂中生产的组织性和整个社会中生产的无政府状态之间的对立"④。

马克思的社会矛盾观是否适用于社会主义社会?毛泽东在《关于正确处理人民内部矛盾的问题》这篇经典著作中,对此问题进行了系统的理论证明,第一次明确地、创造性地提出了社会主义社会基本矛盾学说。他认为,"在社会主义社会中,基本的矛盾仍然是生产关系和生产力之间的矛盾,上层建筑和经济基础之间的矛盾。不过社会主义社会的这些矛盾,同旧社会的生产关系

① 《马克思恩格斯文集》第2卷,北京:人民出版社,2009年,第591—592页。
② 《马克思恩格斯文集》第9卷,北京:人民出版社,2009年,第397页。
③ 《马克思恩格斯文集》第9卷,北京:人民出版社,2009年,第288页。
④ 《马克思恩格斯文集》第9卷,北京:人民出版社,2009年,第290页。

和生产力的矛盾、上层建筑和经济基础的矛盾，具有根本不同的性质和情况罢了"（毛泽东，1999a）。毛泽东关于社会主义社会基本矛盾的论断无疑是正确的，但是该论断没有揭示其个性特征和独特的内涵，因为它在表述形式上没有如资本主义基本矛盾那样获得一个独立的表达式（王朝科，2019a）。改革是社会主义生产关系和上层建筑的自我完善，对社会主义条件下矛盾的存在及其性质的确认，是社会主义社会进行体制改革的理论依据。在改革开放的伟大实践中，邓小平应用并且发展了毛泽东的社会主义基本矛盾理论。在南方谈话中，邓小平指出，"社会主义基本制度确立以后，还要从根本上改变束缚生产力发展的经济体制，建立起充满生机和活力的社会主义经济体制，促进生产力的发展"（邓小平，1994a）。

人类社会的基本矛盾与某一特定社会形态的基本矛盾是共性和个性、普遍和特殊、抽象和具体的关系。毛泽东指出，当"马克思把这一法则（指事物矛盾的法则——笔者注）应用到资本主义社会经济结构的研究的时候，他看出这一社会的基本矛盾在于生产的社会性和占有制的私人性之间的矛盾"。并且，这一矛盾"是所有有资本主义的存在和发展的各国所共有的东西，对于资本主义说来，这是矛盾的普遍性。但是资本主义的这种矛盾是一般阶级社会发展在一定历史阶段上的东西，对于一般阶级社会中的生产力和生产关系的矛盾说来，这是矛盾的特殊性"（毛泽东，1991a）。由此可以看出，社会基本矛盾在不同社会形态事实上有其独特的表现形式。

**（二）主要矛盾的内涵及其在矛盾运动中的地位**

在《矛盾论》中，毛泽东把主要矛盾作为规范的概念予以界定。它是指在复杂的矛盾体系中居于支配地位、对事物性质和发展趋势起决定性作用的那一种矛盾。主要矛盾规定或影响着次要矛盾的存在和发展。"任何过程如果有多数矛盾存在的话，其中必定有一种是主要的，起着领导的、决定的作用，其他则处于次要和服从的地位"（毛泽东，1991b）。并且，"事物的性质，主要地是由取得支配地位的矛盾的主要方面所规定的"（毛泽东，1991c）。

关于基本矛盾和主要矛盾的关系，毛泽东在《矛盾论》中指出，"事物发展过程的根本矛盾及为此根本矛盾所规定的过程的本质，非到过程完结之日，是不会消灭的；但是事物发展的长过程中的各个发展的阶段，情形又往往互相区别。这是因为事物发展过程的根本矛盾的性质和过程的本质虽然没有变化，但是根本矛盾在长过程中的各个发展阶段上采取了逐渐激化的形式。并且，被根本矛盾所规定或影响的许多大小矛盾中，有些是激化了，有些是暂时地或局部地解决了，或者缓和了，又有些是发生了，因此，过程就显出阶段性来"（毛泽东，1991d）。我们需要"研究事物发展过程中的各个发展阶段上的矛盾的特殊性"（毛泽东，1991e）。这里，矛盾的特殊性就是指存在于各个发展阶段的主要矛盾。

主要矛盾是基本矛盾在特定历史发展阶段和历史条件下的具体表现,随着发展阶段的转换和相应发展条件的变化而动态变化。在实际工作中,我们要善于抓住主要矛盾以及主要矛盾的主要方面,以促进和带动其他矛盾的解决。"如果是存在着两个以上矛盾的复杂过程的话,就要用全力找出它的主要矛盾。捉住了这个主要矛盾,一切问题就迎刃而解了"(毛泽东,1991f)。强调抓主要矛盾和矛盾的主要方面,也不能忽视次要矛盾和矛盾的次要方面,因为主要矛盾和次要矛盾,矛盾的主要方面和次要方面是相互联系、相互依赖并在一定条件下可以相互转化的。这是"两点论"。对此,毛泽东指出,"这种具体的矛盾状况,以及矛盾的主要方面和非主要方面在发展过程中的变化,正是表现出新事物代替旧事物的力量。对于矛盾的各种不平衡情况的研究,对于主要的矛盾和非主要的矛盾、主要的矛盾方面和非主要的矛盾方面的研究,成为革命政党正确地决定其政治上和军事上的战略战术方针的重要方法之一"(毛泽东,1991g)。

**(三)社会基本矛盾如何规定社会主要矛盾?**

社会基本矛盾的主要特征包括:其一,贯穿一个社会发展的全过程;其二,决定或影响着一个社会的各个过程和各个方面;其三,规定着一个社会发展的基本性质、基本结构和发展方向;其四,是一个社会发展的根本动力。由于人类社会是一个丰富的总体,社会矛盾无处不在,无时不有,类型非常复杂。在不同历史条件和不同发展阶段,社会主要矛盾都应有其特殊的表达式,其主要特征包括:其一,仅仅在特定历史发展阶段和条件下发挥决定性作用;其二,贯穿于该阶段发展的全过程和社会生活的各个方面;其三,规定或影响着这一时期其他社会矛盾的存在和发展;其四,是一个社会必须集中力量加以解决的战略任务。既然社会基本矛盾贯穿于一个社会发展的长期过程,那么它必然会制约或影响特定历史阶段的社会主要矛盾。这种制约或影响如何体现?体现在哪些方面?我们可以从抽象和具体两个层面进行分析。

第一,在抽象和总体的意义上,社会基本矛盾,特别是其主要的矛盾方面,规定了社会主要矛盾的性质、内容和走向。众所周知,生产关系一定要适应生产力的发展要求是社会基本矛盾运动的规律,但是并非生产力的任何变化都会引发生产关系的根本性变革,至少在短期内如此。因为生产力和生产关系的演进都要经历一个由量变到质变的累积过程,在旧的生产关系所能容纳的全部生产力发挥出来以前,生产力仍然处于量变阶段时,居于主导地位的生产关系与生产力是基本相适应的。那么,生产力的任何暂时或短期变化就不足以引发生产关系产生革命性巨变,但它会促进生产关系发生量变或部分质变,后者也能在一定程度上更适应生产力的发展。在此阶段,生产力就成为基本矛盾的主要方面,该社会面临的主要任务是如何发展生产力。不过,一旦先进的生产力在旧生产关系的胎胞里完全成熟,必须冲破旧的生产关系的束缚时,除非生产关系发生根本性变革，否则生产力就不能继续发展。此时，生产关系就上升为矛盾的主要方面，社会所要解决的主要矛盾就转向社会革命和生产关系变革问题。历史地看，近代中国社会的主要矛盾——“中国人民同帝国主义、封建主义、官僚资本主义的统治的矛盾”，以及“在解决了这种矛盾以后……在国内的主要矛盾是无产阶级同资产阶级之间的矛盾”①，都可归结为生产关系矛盾的具体展开。在当时，如果不解除严重束缚生产力发展的生产关系，生产力的潜能就无法激发出来。我国资产阶级民主革命和社会主义革命的根本任务都是变革以所有制为核心的生产关系。正如党的八大《关于政治报告的决议》所指出的，“我们对农业、手工业和资本主义工商业的社会主义改造，就是要变革资产阶级所有制，变革产生资本主义的根源的小私有制”②（中共中央文献研究室，2011a）。

此外，通过与资本主义制度作比较，我们也可以更加清晰地把握社会主义社会主要矛盾的内涵。在资本主义制度下，生产关系（生产资料私人占有）在总体上已经落后于高度发达的生产力（社会化大生产），资本主义性质的占有关系，因为不适应社会化的生产力而成为基本矛盾的主要方面，就阶级关系来说，“无产阶级和资产阶级这两个矛盾着的力量是主要的矛盾”（毛泽东，1991h）。特别是由于代表资产阶级利益的上层建筑仍然顽固地维护旧的经济基础，无产阶级与资产阶级之间的矛盾是资本主义基本矛盾的集中反映和突出表现。资本主义基本矛盾通常表现为贫富分化扩大、有效需求不足、经济比例失调等。如果内部的能量积累到一定程度，“资本主义的矛盾可以有激烈的爆发，但爆发本身就意味着矛盾将得到暂时的解决，在这个过程中，各种矛盾和矛盾方面的关系也可以得到一定的调整”（李琮，1989）。可以预见的是，在资本主义社会所能容纳的全部生产力发挥出来以前，资本主义就不断交替着危机、萧条、复苏和高涨的景气循环。资本主义生产方式下，生产资料的资本主义占有孕育着手段（社会生产力）无条件的发展与生产目的（资本增殖）之间的尖锐冲突。如果生产关系不发生革命，它就无法解开“手段和目的”相对抗的“死结”（鲁保林、孙雪妍，2017）。相反，在社会主义社会，以生产资料公有制为基础的新型生产关系，克服了资本主义制度的固有矛盾，更能够容纳和促进社会生产力的发展，因此，生产力总体上居于矛盾的主要方面，生产关系的变革退居次要地位。虽然生产力与生产关系也会产生矛盾，但其性质是非对抗性的，因为剥削制度已经消灭，劳动人民是推动社会发展的主体，人们的利益在根本上是一致的。社会主义社会的基本矛盾和主要矛盾可以通过生产力

① 中共中央文献研究室，《建国以来重要文献选编》第9册，北京：中央文献出版社，2011年，第92页。

② 中共中央文献研究室，《建国以来重要文献选编》第9册，北京：中央文献出版社，2011年，第92页。

的发展和社会主义制度的自我完善与自我发展而不断得到解决。所谓发展是解决一切矛盾问题的基础与关键，其根据也在于此。毛泽东曾指出，“所谓社会主义生产关系比较旧时代生产关系更能够适合生产力发展的性质，就是指能够容许生产力以旧社会所没有的速度迅速发展，因而生产不断扩大，因而使人民不断增长的需要能够逐步得到满足的这样一种情况”（毛泽东，1999b）。所以，社会主义社会面临的主要矛盾是如何进一步巩固、保护和发展生产力，以“最大限度地满足人民群众的物质文化需要，实现人的全面发展和社会的共同富裕”（张宇，2014）。

第二，社会主要矛盾的具体样态还要受发展阶段、国内外局势等多种因素的影响，并随着具体历史条件的变化而变化。在同一社会形态的整个发展过程中，虽然社会基本矛盾的性质和过程的本质不发生根本变化，但是由于矛盾斗争的发展，被基本矛盾所规定或影响的其他社会矛盾，有些被激化了，有些被削弱了，或者因为战争、自然灾难等突发因素而产生了新的矛盾组合，此时，表现最突出最尖锐的那对矛盾就上升为主要矛盾。毛泽东以半殖民地的旧中国为例说明了这一点。“当着帝国主义向这种国家举行侵略战争的时候，这种国家的内部各阶级，除开一些叛国分子以外，能够暂时地团结起来举行民族战争去反对帝国主义。这时，帝国主义和这种国家之间的矛盾成为主要的矛盾，而这种国家内部各阶级的一切矛盾（包括封建制度和人民大众之间这个主要矛盾在内），便都暂时地降到次要和服从的地位。……当着帝国主义不是用战争压迫而是用政治、经济、文化等比较温和的形式进行压迫的时候，半殖民地国家的统治阶级就会向帝国主义投降，二者结成同盟，共同压迫人民大众。这种时候，人民大众往往采取国内战争的形式，去反对帝国主义和封建阶级的同盟”（毛泽东，1991i）。例如，在当今金融帝国主义时代，虽然生产社会化与生产资料资本主义占有的矛盾，以及无产阶级与资产阶级之间的矛盾仍然存在，但是存在特点有所不同，因为几十年来的金融自由化导致金融活动不断扩张，金融垄断资本支配了产业资本，虚拟经济主导了实体经济。垄断金融资本家与劳动人民的冲突就上升为社会的主要矛盾。2008 年爆发的金融危机以及 2011 年的“占领华尔街”运动都是这一矛盾激化的表现。

**(四)我国社会主要矛盾的性质、内容和走向受社会主义基本矛盾和中国特色社会主义基本矛盾的共同制约**

中国特色社会主义道路既“坚持了科学社会主义基本原则的原则性，又充分考虑了社会主义初级阶段社会历史条件的具体性”（孙立冰、丁堡骏，2017）。它的基本矛盾可以概括为作为目标的生产资料单一公有制与作为过程的生产资料多种所有制之间的矛盾。这是社会主义的基本矛盾在建设过程中的社会主义社会的特殊表现形式（王朝科，2019b）。社会主义社会的基本矛盾和中国特色社会主义的基本矛盾共同规定了我国社会主要矛盾的性质、内容和走向。前者规定了主要矛盾是人民内部矛盾,保护和发展生产力是矛盾的主要方面,主要矛盾将随着生产力水平的阶段性提高而转化为新的样态。后者规定了以所有制结构为内核的生产关系应随着生产力的变化而动态调整,使之趋向于共同富裕和共享发展目标的实现。需要指出的是,中国特色社会主义条件下生产的手段(社会化大生产)和生产目的(人民群众的需要)是同方向的,主要矛盾在形式上可以表述为"生产和需要"的矛盾,本质上体现的仍然是生产力发展问题。在社会主义初级阶段,以公有制为主体、国有经济为主导的多种生产资料所有制形式并存,是客观存在而且也是必要的,在发展生产力这个大前提下,它们相互促进、共同发展,但是也不能忽视它们之间存在的矛盾。

## 三、我国社会主义主要矛盾探索的三个转折及其分析

社会基本矛盾从总体上规定了社会主要矛盾的性质、内容和走向。鉴于此,对社会主要矛盾的判断就必须遵循基本矛盾和主要矛盾运动的规律,必须统筹考虑特定时期一国的生产力水平、生产关系结构以及上层建筑的发展状况。

**(一)新中国成立后从肯定到否定的曲折探索**

新民主主义革命在全国胜利和土地制度改革完成以后,我国国内的主要矛盾已经转为"工人阶级和资产阶级之间、社会主义道路和资本主义道路之间的矛盾"①。这是我们党制定过渡时期总路线的基本依据。从 1953 年起,社会主义改造以极其广阔的规模和极深刻的程度在全国展开,到 1956 年"三大改造"基本完成,实现了整个社会的深刻变革,为建设社会主义扫清了制度障碍。由于社会主义的中国实践或中国"版本"不同于马克思主义创始人设想的成熟阶段的社会主义,因而当社会主义制度在中国正式确立后,如何把握其社会主要矛盾,就成了中国共产党人面临的新课题。解决这一课题,需要把马克思主义社会矛盾学说同我国的具体实际相结合,进行科学分析。党的八大《关于政治报告的决议》指出,"我们国内的主要矛盾已经是人民对于建立先进的工业国的要求同落后的农业国的现实之间的矛盾,已经是人民对于经济文化迅速发展的需要同当前经济文化不能满足人民需要的状况之间的矛盾"②。这一主要矛盾决定了国家的主要任务是在新的生产关系下保护和发展生产力。党的"八大"关于我国社会主要矛盾的概括是基本正确的,符合社会基本矛盾运动发展的逻辑和我国工业化起点比较低的历史特点。从生产关系来

① 中共中央文献研究室,《建国以来重要文献选编》第 9 册,北京:中央文献出版社,2011 年,第 134 页。

② 中共中央文献研究室,《建国以来重要文献选编》第 9 册,北京:中央文献出版社,2011 年,第 134、293 页。

说,半封建半殖民地的政治制度和经济制度已经被推翻,并且由于社会主义改造已经取得决定性胜利,无产阶级同资产阶级之间的矛盾已经基本上解决,生产力发展的障碍基本上已经扫除了。社会基本矛盾的主要方面就自然转化为生产力发展问题。而且,新社会制度的诞生本身也意味着生产力和生产关系又将开启一个新的量变阶段,此种情势下生产力相对于生产关系也处于优先地位。从生产力水平来看,“我国在近百年间,经济和文化的发展远落在世界先进水平之后”①,再加上几十年的战乱,生产力发展的历史起点与马克思主义创始人设想的情形相差甚远。只有把经济建设放在首位,才能巩固新生的社会主义政权。不过,毛泽东不赞成八大的判断。1957年10月,毛泽东在党的八届三中全会(扩大)上的讲话《做革命的促进派》中明确提出:“无产阶级和资产阶级的矛盾,社会主义道路和资本主义道路的矛盾,毫无疑问,这是当前我国社会的主要矛盾。并且指出八大决议上的“提法是不对的”②。1962年9月召开的八届十中全会进一步提出,在由资本主义过渡到共产主义的整个历史时期,“存在着无产阶级和资产阶级之间的阶级斗争,存在着社会主义和资本主义这两条道路的斗争”③。

### (二)改革开放之初关于社会主要矛盾的新认识

1978年召开的十一届三中全会果断停止使用“以阶级斗争为纲”的口号。1979年,邓小平在党的理论工作务虚会上的讲话初步回答了我国的主要矛盾问题,“我们的生产力发展水平很低,远远不能满足人民和国家的需要,这就是我们目前时期的主要矛盾”(邓小平,1994b)。十一届六中全会通过的《关于建国以来党的若干历史问题的决议》,吸取了前三十年正反两方面的经验和教训,在“八大”认识的基础上对我国社会主要矛盾作了更为规范的界定:“在社会主义改造基本完成以后,我国所要解决的主要矛盾是人民日益增长的物质文化需要同落后的社会生产之间的矛盾”④。党的十二大通过的新的《中国共产党章程》总纲指出:“在剥削阶级作为阶级消灭以后,我国社会存在的矛盾大多数不具有阶级斗争的性质,阶级斗争已经不是主要矛盾。……我国社会的主要矛盾是人民日益增长的物质文化需要同落后的社会生产之间的矛盾。其他矛盾应当在解决这个主要矛盾的同时加以解决”⑤。党的十三大提出并系

① 中共中央文献研究室,《建国以来重要文献选编》第9册,北京:中央文献出版社,2011年,第292—293页。

② 中共中央文献研究室,《建国以来重要文献选编》第10册,北京:中央文献出版社,2011年,第535—536页。

③ 中共中央文献研究室,《建国以来重要文献选编》第15册,北京:中央文献出版社,2011年,第553页。

④ 中共中央文献研究室,《三中全会以来重要文献选编》(下),北京:中央文献出版社,2011年,第168页。

⑤ 中共中央文献研究室,《十二大以来重要文献选编》(上),北京:中央文献出版社,2011年,第54—55页。

统阐释了社会主义初级阶段理论的基本内涵，并且花了相当的篇幅详细论述了初级阶段生产力、生产关系与上层建筑的典型特征。生产力方面，国家经济实力有了巨大增长，但是，人口多、底子薄，人均国民生产总值仍居于世界后列。生产关系方面，以生产资料公有制为基础的社会主义经济制度已经确立，但是发展社会主义公有制所必需的生产社会化程度还很低，商品经济和国内市场很不发达，自然经济和半自然经济占相当比重，社会主义经济制度还不成熟不完善。上层建筑方面，人民民主专政的社会主义政治制度和马克思主义在意识形态领域中的指导地位已经确立，剥削制度和剥削阶级已经消灭。但是，建设高度社会主义民主政治所必需的系列经济文化条件很不充分，封建主义、资本主义腐朽思想和小生产习惯势力在社会上还有广泛影响，并且经常侵袭党的干部和国家公务员队伍。① 正是在全面分析了我国社会基本矛盾的各个方面及其主要特征的基础上，我们才最终明确了基本矛盾的最突出问题，并将其以社会主要矛盾的方式概括出来。

### （三）十九大关于社会主要矛盾的新论断

在整个社会主义初级阶段发展过程之中，虽然社会主要矛盾的性质和过程的本质不会发生根本性变化，但是由于矛盾斗争的发展，主要矛盾也会采取激化的形式，主要矛盾的两个方面也会随着具体的历史条件的变化而变化。党的十九大指出，中国特色社会主义进入新时代，我国社会主要矛盾已经转化为人民日益增长的美好生活需要和不平衡不充分的发展之间的矛盾。这一新表述，是在对新时代经济社会发展总体过程进行全面分析、慎重研判之后而提出的。经过近 70 年，特别是改革开放 40 年来的发展和积累，我国的生产力、生产关系以及上层建筑，都发生了意义深远和深刻的变化。生产力方面，物质财富总量匮乏状况已经得到根本性扭转。新中国刚刚成立时我国属于生产力绝对落后国家行列，但是今天我国已经成长为世界第二大经济体，社会生产能力在很多领域进入了世界前列，广大人民群众最基本的物质文化需求已经能够得到满足，全面建成小康社会的目标在 2020 年即将实现，我国正以前所未有的自信走近世界舞台中央。但是，发展不平衡不充分的一些突出问题尚未解决，比如发展质量和效益还不高，高质量科技供给能力不足，关键核心技术短板问题比较突出，实体经济水平有待提高，生态环境保护任重道远；生产关系方面，我们不断创新公有制的实现形式，混合所有制改革全面铺开，分配制度的“四梁八柱”已经成熟定型。国有企业的活力、控制力和竞争力不断增强。市场有效、党政有为，社会主义制度与市场经济的结合更加紧密。但是，公有制的主体地位还不够彰显，国有经济占经济总量的比重需要进一步优化提升，

① 中共中央文献研究室，《十三大以来重要文献选编》（上），北京：中央文献出版社，2011 年，第 9—10 页。

“让国企从竞争性领域退出”等变相私有化的论调仍然不绝，贫富差距现象还比较突出，人民还不能平等分享经济社会发展的成果；上层建筑方面，十八大以来，党的创造力、凝聚力、战斗力显著增强，党的领导体制机制不断完善，马克思主义在意识形态领域的指导地位更加鲜明，国家治理体系和治理能力现代化水平明显提高。但是，新自由主义思潮垂而不死，意识形态领域的斗争依然复杂，一些党员干部的理想信念仍然比较淡薄，国家治理体系和治理能力有待加强。党的十九大报告明确指出：“经过长期努力，中国特色社会主义进入了新时代，这是我国发展新的历史方位。”中国特色社会主义进入新时代，是我们党对社会主要矛盾作出新的重大判断的主要根据（袁银传、吴桂鸿，2018）。“社会主要矛盾的转化，是中国特色社会主义进入新时代的表现和必然结果”（卫兴华，2018）。尽管十九大报告对社会主要矛盾作出了新判断，但是新表述仍然保留了发展阶段和国际地位“两个不变”的提法。因为社会基本矛盾的内在属性没有发生实质性变化，党和国家的主要任务依然是发展生产力。当然，在新的历史条件下，生产力发展必须以新发展理念为统领，坚持科学发展、可持续发展和包容性发展，不断提高生产力体系的质量和效益。由此，我们可以认为，在整个社会主义初级阶段，我国社会主要矛盾的转化就取决于生产力的发展状况及其对社会需要的影响。

## 四、结　语

对主要矛盾的研判“必须从客观的实际运动所包含的具体的条件，去看出这些现象中的具体的矛盾、矛盾各方面的具体的地位以及矛盾的具体的相互关系”（毛泽东，1991j）。当然，这一过程也离不开马克思社会基本矛盾运动规律学说的指导。实践证明，能否在实践中科学把握社会主要矛盾的转化，按照社会主要矛盾的发展趋势转移工作重心，直接关系到治国理政的成效。如前所述，社会主义社会的基本矛盾和中国特色社会主义的基本矛盾共同制约、影响我国社会主要矛盾的性质和发展走向。因此，强调牢牢抓住社会主要矛盾与解决社会基本矛盾二者在本质上是统一的。一方面，我们要通过大力发展先进生产力来化解社会主要矛盾，同时又要在发展过程中不断优化现实的生产关系和上层建筑，对某些具体的制度关系进行调整，不断巩固和完善社会主义基本经济制度，不断促进生产力和生产关系、经济基础与上层建筑的良性互促和动态平衡。显而易见，如果未能抓住主要矛盾，就不可能抓住问题的基础和关键。但是，如果未能联系基本矛盾来解决主要矛盾，就很可能顾此失彼，抓不住对社会发展有直接影响的要素和环节，甚至还有可能把非对抗性的矛盾引向对抗性。改革开放以来，围绕解放生产力和发展生产力这一根本任务，我们持续调整社会主义生产关系和上层建筑中不适合生产力发展的方面和环节，极大地释放了发展的潜能，而中外新自由主义鼓吹私有化、唯市场化、外资化和贫富分化，势必影响生产力的发展，妨碍社会基本矛盾和主要矛盾的良性演进。

今后还要进一步深入探讨社会主义各个阶段的基本矛盾和主要矛盾变化。一些著名经济学家先后探讨了"社会主义三阶段论"的学术创新思想。1987 年，程恩富率先提出社会主义初级阶段的主要经济特征，"既不同于从资本主义到社会主义过渡时期的特征，也有别于社会主义中级或高级阶段的特征"（程恩富、徐惠平，1987），次年再次从所有制、分配制度和经济运行方式三方面加以详细论证（程恩富、周环，1988）。刘国光（2019）指出："从长远看，社会主义必然会有一个从初级阶段向中高级阶段的转变过程。社会主义初级阶段是打基础的阶段，也是向社会主义中级阶段和高级阶段的过渡阶段。在这一过程中，中国特色社会主义经济制度也会产生相应的质变。这种质变，只能是公有制经济越来越发展壮大、按劳分配越来越成为分配主体的历史过程，只能是社会主义国家力量越来越强大的过程。"卫兴华（2015）指出："社会主义初级阶段特指我国整个社会主义历史时期中一个特定的阶段，它在逐步发展中会依次上升到中级阶段和高级阶段，而各个阶段都有自己的特色。"吴宣恭（2016）指出："社会总要继续前进，社会主义必然从初级阶段向高级阶段过渡。"可见，遵循马克思主义唯物史观和制度分析方法，如何科学表述社会主义制度的各个阶段及与基本矛盾和主要矛盾的动态关系，尚需要继续研究。

## 参考文献

[1]程恩富、徐惠平，1987，社会主义初级阶段的经济特征与改革，《赣江经济》，第 12 期，第 26—28 页。

[2]程恩富、周环，1988，关于划分社会经济形态和社会发展阶段的基本标志——兼论我国社会主义社会初级阶段的经济特征，《复旦学报(社会科学版)》，第 1 期，第 15—20 页。

[3]邓小平，1994a，《邓小平文选》第 3 卷，北京：人民出版社，第 379 页。

[4]邓小平，1994b，《邓小平文选》第 2 卷，北京：人民出版社，第 182 页。

[5]关锋，2019，历史唯物主义社会矛盾理论的双重逻辑——兼论马克思主义中国化理论对矛盾双重逻辑的创新发展，《南京大学学报(哲学·人文科学·社会科学)》，第 4 期，第 35—47、158—159 页。

[6]李琮，1989，对资本主义基本矛盾问题的再认识，《中国社会科学》，第 1 期，第 47—58 页。

[7]李慎明，2018，正确认识中国特色社会主义新时代社会主要矛盾，《红旗文稿》，第 5 期，第 7—12 页。

[8]刘国光，2019，关于中国政治经济学研究的几个基本理论问题，《当代经济研究》，第 8 期，第 5—8 页。

[9]刘同舫，2017，新时代社会主要矛盾背后的必然逻辑，《华南师范大学学报(社会科

学版)》,第 6 期,第 47—52 页。

[10]鲁保林、孙雪妍,2017,为利润率下降规律辩护:方法论与三层涵义,《当代经济研究》,第 11 期,第 65—71 页。

[11]毛泽东,1991a,《毛泽东选集》第 1 卷,北京:人民出版社,第 318 页。

[12]毛泽东,1991b,《毛泽东选集》第 1 卷,北京:人民出版社,第 322 页。

[13]毛泽东,1991c,《毛泽东选集》第 1 卷,北京:人民出版社,第 314 页。

[14]毛泽东,1991d,《毛泽东选集》第 1 卷,北京:人民出版社,第 315 页。

[15]毛泽东,1991e,《毛泽东选集》第 1 卷,北京:人民出版社,第 326 页。

[16]毛泽东,1991f,《毛泽东选集》第 1 卷,北京:人民出版社,第 320 页。

[17]毛泽东,1991g,《毛泽东选集》第 1 卷,北京:人民出版社,第 319 页。

[18]毛泽东,1991h,《毛泽东选集》第 1 卷,北京:人民出版社,第 320 页。

[19]毛泽东,1991i,《毛泽东选集》第 1 卷,北京:人民出版社,第 319 页。

[20]毛泽东,1991j,《毛泽东选集》第 1 卷,北京:人民出版社,第 320 页。

[21]毛泽东,1999l,《毛泽东文集》第 7 卷,北京:人民出版社,第 214 页。

[22]毛泽东,1999a,《毛泽东文集》第 7 卷,北京:人民出版社,第 214 页。

[23]毛泽东,1999b,《毛泽东文集》第 7 卷,北京:人民出版社,第 214 页。

[24]秋原,2017a,深刻领会我国社会主要矛盾的变化,《求是》,第 24 期,第 28—31 页。

[25]秋原,2017b,深刻领会我国社会主要矛盾的变化,《求是》,第 24 期,第 28—31 页。

[26]孙立冰、丁堡骏,2017,论中国特色社会主义及其基本经济原则,《马克思主义研究》,第 5 期,第 77—86 页。

[27]同心,2019,论新时代,《求是》,第 1 期,第 28—38 页。

[28]王朝科,2019a,中国特色社会主义基本矛盾论,《四川大学学报(哲学社会科学版)》,第 4 期,第 67—77 页。

[29]王朝科,2019b,中国特色社会主义基本矛盾论,《四川大学学报(哲学社会科学版)》,第 4 期,第 67—77 页。

[30]王惟中,1958,为什么生产与需要的矛盾是社会主义社会的基本经济矛盾?,《财经研究》,第 2 期,第 39—44 页。

[31]卫兴华,2015,中国特色社会主义经济理论的坚持、发展与创新问题,《马克思主义研究》,第 10 期,第 5—16、159 页。

[32]卫兴华,2018,辨析我国当前社会主要矛盾转化问题解读的理论是非,《人文杂志》,第 4 期,第 1—5 页。

[33]吴宣恭,2016,坚持和完善社会主义初级阶段的基本经济制度,《政治经济学评论》,第 4 期,第 10—14 页。

[34]谢富胜,2018,如何理解中国特色社会主义新时代社会主要矛盾的转化,《教学与研究》,第 9 期,第 5—14 页。

[35]袁银传、吴桂鸿,2018,全面深入理解新时代我国社会主要矛盾的新变化,《思想理论教育》,第 6 期,第 4—10 页。

[36]张宇,2014,市场有效,党政有为,根基牢固——正确认识社会主义市场经济中政府和市场的关系,《红旗文稿》,第 8 期,第 4—8 页。

[37]郑志国、危旭芳，2019，我国社会主要矛盾变化的政治经济学分析——兼论人类需要与社会生产互动规律，《江汉论坛》，第 2 期，第 13—18 页。

# The Mechanism of Social Fundamental Contradiction Determining the Social Principal Contradiction

Lu Baolin　Wang Chaoke

**Abstract**　The basic social contradiction, especially their main aspect, generally stipulate the nature, content and trend of the principal social contradictions. The judgment of the principal social contradiction must follow the law of the basic contradiction and the movement of the principal contradiction. The productivity level, the structure of production relations, and the development of the superstructure of a country in a specific period must be considered as a whole. In the primary stage of socialism, the manifestation and transformation of the principal social contradiction in China are restricted by the basic contradiction of the socialist society and the basic contradiction of socialism with Chinese characteristics. In form, it can be expressed as the contradiction between production and demand. In essence, it still reflects the problem of productivity development.

**Key words**　Basic social contradiction　Principal social contradiction　Contradiction between production and demand

海派经济学
第 18 卷第 4 期,2020　Journal of Economics of Shanghai School　No. 18,4,2020

# 劳动价值论与剥削:马克思与科恩之间

莫小丽

**内容提要**　在政治经济学视阈下,没有科学的劳动价值论为前提,就没有剩余价值理论的合理性,更没有马克思经济学理论大厦的科学性。劳动价值论是求解商品价值问题的一种答案。与其他价值论相区别的是,马克思的劳动价值论是以抽象劳动为价值实体即自然的"物质规定",以劳动的"私人性"与"社会性"(生产关系)为价值的"本质规定"。作为经济范畴的"价值"是一种"形式规定",是以上两个方面的统一。科恩对劳动价值论的否定和劳动价值论不构成资本主义剥削的基础都是不合理的。

**关键词**　价值实体　价值本质　生产关系　科恩　马克思

**中图分类号**　F0—0

## 一、导言:问题提出

资本主义从自由资本主义发展到垄断资本主义,再到当今的全球资本主义,抑或"认知资本主义"(数字资本主义)阶段,不仅国外学者在此种种变化中引入诸如"生产要素"等理论修正马克思的剥削理论,更有国内学者以"服务经济""生产要素价值论""供求价值论""边际效用价值论""知识价值"等对马克思的劳动价值论进行重构。然而,资本主义世界内部运动的实质是否有改变,劳资关系的改善是变革了资本主义剥削的本质,还是以更加隐蔽的形式掩盖了剥削的本质,产业经济和虚拟经济的发展是否冲击了马克思商品"价值实体""价值本质"和"价值关系"的理论体系,上述种种问题根源于对劳动价值论的正确理解。因此,想要厘清当今资本主义世界的变化实质,必须回到《资本论》的分析范式中。

20 世纪西方经济学学者针对马克思《资本论》中的劳动价值论分别进行了 3 次较大规模的讨论,从《资本论》一、三卷是否矛盾,到"价值—生产价格的

**收稿日期**:2020—10—21

**作者简介**:莫小丽,北京理工大学马克思主义学院讲师。

**基金项目**:本文系国家社科基金青年项目"马克思与吉登斯的社会哲学比较研究"(18CZX008)的阶段性研究成果。

转型问题”的求解,继而到劳动价值论是否必要,逐步推动对马克思经济思想向纵深发展。在第三次讨论之后,能否正确解读马克思的劳动价值论、能否坚持劳动价值论等成为所有研究马克思政治经济学的学者所必须面对的问题,也是试图以马克思劳动理论解析当代生产方式和发展模式所必须跨越的理论难点。

对马克思价值理论展开了广泛讨论,所涉范围之广使得“价值理论”的讨论持续不断。卷入这场讨论的学者不仅有经济学家、社会学家,还包括G. A.科恩在内的哲学家。众所周知,人们较多关注科恩以抨击自由主义、捍卫“真正的”社会主义立场,对历史唯物主义进行的辩护,而较少论及他对马克思经济理论的批判。科恩认为马克思的政治经济学批判中存在诸多逻辑破缺,由此对马克思的劳动价值理论和资本主义剥削批判进行了重新解读。本文着力分析科恩在这场论战中的一篇论文《劳动价值论和剥削概念》(以下简称《概念》)(G. A科恩,1979),厘清“否定劳动创造价值”➡“否定劳动价值论是批判资本主义剥削的基础”的逻辑;试以《资本论》中价值的多维本质规定、价值“质”与“量”的决定关系、价值与价格的关系、价值量的决定的多层次以及剩余价值的概念,对科恩的“否定”和“重构”进行反思,说明科恩对马克思《资本论》中“劳动价值论”在方法论和具体观点的论证上都存在误读和曲解。

## 二、价值与剥削:科恩与其他人的论争

以科恩的《概念》为批判和反思对象,因科恩在价值论战中用较为清楚的逻辑表述他所认为的劳动价值论,说明劳动不创造价值,并且劳动价值论也不成其为批判资本主义剥削的合理基础。其逻辑思路与《资本论》第一卷第一章的展开方式基本相同,能够参照马克思的理解,对比说明科恩理解的偏误。进而代表性地说明,论战中强调“价值向生产价格转换问题”的症结在于对基本概念的模糊或替换;坚持劳动价值论无用的学者,部分是源于对“价值”本质和表现形式的误读。

南希·霍尔斯特姆批判了科恩对马克思劳动价值论及其方法论的误读(南希·霍尔斯特姆,1983)。就科恩对马克思劳动价值论不构成剥削概念的基础来说,霍尔斯特姆认为,科恩的通俗学说和严格学说都不是马克思的劳动价值论,劳动价值论仍然是剥削理论的基石;就方法论上的误读而言,霍尔斯特姆指出,科恩批判从劳动价值论开始却转向了方法论批判,而科恩并没有从“总体上”对马克思的劳动价值论进行理解,只是立足于《资本论》第一卷解释马克思的劳动价值论。

国内学界较为关注科恩的“平等与自由”和“真正的社会主义辩护”的研究思想,而针对科恩的“劳动价值论”思想展开研究的著作较少。有人主要批判

科恩混淆马克思的"劳动所有权"和资产阶级自由主义的"自我所有权",继而否定资本家对由购买的劳动力产出的剩余价值"占有权"的非正当性。其指出科恩的误读关键在于"割裂马克思关于'价值实体'和'价值量'规定之间的关系"(姚顺良,2013),但在辨析科恩的"过去劳动创造的价值不能成为现在价值量的标准,所以劳动不创造价值"逻辑时,可能由于不是文章重点,作者仅用"明显的悖论"和"诡辩"等字句为科恩的错误盖棺定论,并没有仔细分析科恩谬误的具体过程。

还有人,首先总结科恩对劳动价值论的否定主要包括以下三个方面:一是马克思的劳动价值论存在悖论,即通俗学说(价值是物化的或凝结的劳动)和严格学说(价值是由社会必要劳动时间决定的)之间存在矛盾;二是马克思把解释价值与创造价值混为一谈;三是劳动价值论不能作为资本主义剥削理论的基础。在此基础上,作者从劳动价值论没有否定过去的社会必要劳动时间与现在实际生产的社会必要劳动时间共同参与决定商品的价值量、商品生产者的个别价值与社会价值的差别不能说明劳动价值论存在缺陷、劳动价值论能科学解释两种极端例子、劳动价值论是分析商品生产得出的科学结论、劳动价值论回答了什么样的劳动创造价值和劳动怎样创造价值的问题、价格与价值的不一致来否定劳动价值论是不成立的这六个方面对科恩的"质疑"和"否定"进行了一一反驳。同时,也反驳了科恩认为劳动价值论与资本主义剥削理论之间不存在本质性的联系(彭必源,2013)。

有人指出科恩从质疑和否定劳动价值论和自我所有原则两条路线对"剥削理论"进行了"清晰论证"和"规范论证"。清晰论证的前提是"只有工人生产了拥有价值的产品",取代了"劳动且只有劳动创造了价值",以此论证马克思对资本家剥削工人的批判是正当的,具体的论证过程不在此赘述。同时,科恩希望"能在其他著作中对清晰论证做出评价"(吕增奎,2008),由此转入"规范论证"(G. A. 科恩,2008b)。他认为这是马克思剥削理论所缺乏的。所以,虽然科恩"误读"了马克思的剥削理论,但其采取用"分析哲学的方法"对剥削理论进行细致分析是值得国内研究"借鉴"的(于萍,2019)。

因此,我们希望厘清科恩关于劳动价值论和马克思剥削理论基础的逻辑,按照科恩分析的模式,回到《资本论》中,对照价值、交换价值、价格、剩余价值、剥削等基本概念,返回到"价值"的多维本质规定、价值"量"的多层次决定、价值和价格的关系以及市场经济的三大规律(价值规律、价格规律和价值决定价格规律)等最基本概念和基本原理的分析和理解上来,逐一解构科恩的误读之处,最终说明劳动价值论核心内容的正确解读,以及劳动价值论与马克思剥削理论之基础的关系。

## 三、科恩的劳动价值论和剥削观

下面我们主要说明科恩论文的显在逻辑,并辅以科恩的分析展开。

首先,科恩开宗明义地说明他的论证是为了达到这样的结论:

总结论:劳动价值论不是马克思主义者批判资本主义剥削的适当基础。

为达到这一结论,科恩的论据分为以下几个层次:

论据A——劳动价值论的核心是:价值量是由社会必要劳动时间决定的。该命题以"劳动创造价值"为前提。

论据B——劳动不创造价值。劳动创造的是拥有价值的产品。

论据C——无偿从某人处获取某种东西就是(不正义的)剥削。

论据D——资本家占有工人劳动创造的产品的一部分价值。

上述论据A和论据B得到小结论(1):劳动价值论的核心内容是不正确的,其实质内容应该为"价值决定均衡价格"(吕增奎,2007a)。

论据C和论据D得到小结论(2):资本家占有工人劳动创造的拥有价值的产品中的一部分价值(吕增奎,2007b),是批判资本主义剥削的正确基础。

根据小结论(1)和小结论(2),科恩得出总结论:马克思的劳动价值论和剥削概念互不相关,劳动价值论不是马克思主义者批判资本主义剥削的适当基础。以下具体展开科恩对各论据的论证。

### (一)劳动价值论的核心(社会必要劳动时间决定价值)是不正确的

科恩认为,根据马克思的《资本论》第一卷,可以认为劳动价值论的核心主张是:价值量是由社会必要劳动时间决定的。这是价值的决定方式。但是劳动价值论以此定义为核心,是不正确的;价值被定义为社会必要劳动时间的时候,价值理论也不能成为劳动价值论的核心理论主张。科恩提出"价值决定均衡价格"来否定价值由社会必要劳动时间决定这个概念,其论证过程如下(吕增奎,2007c):

①社会必要劳动时间决定价值。

②价值决定均衡价格。

③社会必要劳动时间决定均衡价格。

根据《资本论》第二卷、第三卷中许多地方的专门论证,事实说明均衡价格和社会必要劳动时间这个决定因素有偏离,因此推论③为假,那么①或②中至少有一个为假。

科恩认为以下论据说明①为假:价值量受到了与社会必要劳动时间无关的物的影响。比如生产资料所有制模式:垄断条件下的产物很可能要求的均衡价格比本来的更高。根据②对价值的理解,该产物就很可能拥有更高的价值,而根据①则无法推导出。(科恩预设了②的正确性,认为②是劳动价值论所有的实质。关于此点在拙文第三节详述。)

由于①社会必要劳动时间决定价值的前提在于劳动创造价值。科恩否定劳动创造价值,进一步说明①的假,进而说明对价值的定义应该在②中寻找。

**(二)劳动不创造价值,劳动创造的是拥有价值的产品**

科恩在论文中给出命题⑤劳动且只有劳动创造了价值,并力证劳动理论不蕴含着⑤,如果它蕴含着⑤,那么它就是错误的。理由如下:

如果命题①和⑤为真,也就是说只有劳动创造价值,价值由社会必要劳动时间决定。假设过去生产某产品a需要耗费劳动,而当前a不需要耗费人类劳动。根据⑤,过去的劳动物化在a里,a有价值;根据①,产品a现在不需要耗费劳动,当前条件下的a没有价值。前后矛盾,说明作为前提的⑤的不真。

另一例为:现在商品b(比如新鲜空气)不是由劳动制造出来的,但是生产像b一样的东西需要大量的劳动。—b没有劳动物化其中,但仍有价值。说明⑤的不真。

另一反例为:实际花费在某产品上的劳动量,由于实际劳动过程中非标准水平的效率(高于或低于社会的标准),或技术变革而变动。科恩说:按照马克思的理解,在低效率条件下生产的灯泡,因为有更多的劳动耗费其中,(由于⑤)所以拥有更多的价值;但①得不出上述结论。因而①与⑤矛盾。说明作为前提的⑤为假,即劳动不创造价值。而无论工人是否创造了价值,他们生产了拥有价值的产品这个事实则毋庸置疑。至于产品中的价值从何而来,科恩并没有言明。

**(三)资本家占有工人所生产产品的部分价值,是一种剥削**

科恩认为,因为劳动不创造价值,所以无法说明剩余价值和剩余劳动的合理性,也无法从科学的角度批判资本主义剥削。

“剥削”本身确实指的是“互惠性的缺失”,在资本家和工人的相互关系上,资本家因工人得利,而工人因资本家而境地愈加悲惨。马克思不是从规范性的论证出发,并非像他本人宣称的那样是对“剥削制度”的科学分析,而仅仅因为产业工人和过去的封建农奴的境地类似,才说资本家“剥削”了工人。所以马克思对资本主义社会的剥削现象的批判,只是道德评价上的、人本主义式的批判。

**(四)资本家的剥削和封建农奴所受的剥削只有程度差异,没有性质差别**

科恩承认资本家占有工人创造产品的部分价值,但是认为这种占有和封建农奴主对农奴生产产品的占有,从本质上来说是一样的,区别仅在于封建式的占有是明显的,直接占有物;而资本主义式的占有,则更加隐蔽,不是产品在资本家和工人之间进行分配,而是在市场上的流通环节完成间接的占有。因此科恩得出结论,劳动价值论的前提错误,劳动价值论本身所指也值得商榷;劳动价值论无法说明资本主义剥削的实质内容,因此不能作为说明资本主义剥削的合理基础。

## 四、劳动价值论：马克思与科恩之间

以马克思在《资本论》中对“价值”范畴，价值的“质”的规定与“量”的规定以及价格等基本概念和市场经济的三大基本规律（即价值规律、价值决定价格规律以及价格规律）为基础，一一分析科恩的论据，再说明其逻辑的混乱和纰漏。

科恩认为劳动价值论不能成为批判剥削的合理基础，其中心论据在于B.劳动不创造价值。辨明经济范畴的价值作为一种“形式规定”，是价值实体（抽象劳动）即“物质规定”与“本质规定”（生产资料私有制）的辩证统一体，同时厘清价值“质”与“量”是两个层次的不同问题，就能说明A.社会必要劳动时间决定价值（量），以及科恩认为经验正确的“价值决定均衡价格”，从而说明剩余价值/剩余劳动的来源，进而指认资本家占有产品部分价值的事实，是如何在制度层面对工人进行了“合理”的剥削，而非科恩所说的仅仅“人道主义”的非难。

### （一）对“劳动不创造价值”的反驳

如上所述，科恩认为如果劳动创造价值，并且价值由生产商品所需要的社会必要劳动时间决定，则无法说明过去劳动形成的商品a，在今天不需要劳动就可获得的情况下a的价值；也无法说明不是劳动制造出来但生产它需要耗费劳动的商品b的价值。科恩之所以认为①社会必要劳动时间决定价值和⑤劳动创造价值，无法解决例子商品a和b的价值问题，关键在于他对商品“二因素”与劳动“二重性”的理解，没有具体劳动与抽象劳动之区分，没有私人劳动与社会劳动的矛盾，由此混淆了使用价值和价值。私人劳动与社会劳动的关系根源在于生产资料的私人所有制造成的。在理解价值概念时缺乏“社会—生产关系”维度，不能理解马克思主义经济学意义上的“价值”和一般意义“效用性”的“价值”之间存在区别。

回答科恩的疑问，必须回到马克思商品理论“二因素”多层次本质规定上来。接下来说明价值“量”的规定：“使用它所包含的‘形成价值的实体’即劳动的量来计量。劳动本身的量使用劳动的持续时间来计量……如小时、日等作尺度”（马克思，2004a）。马克思说明了商品价值的“实体”与“量”的区分，“实体”在于人类劳动的单纯凝结，“量”的计量以社会劳动时间作为尺度。并且说明这种“人类劳动”不是单个的、孤立的，从质上就是“共有的社会实体的结晶”，“形成价值实体的劳动是相同的人类劳动，是同一的人类劳动力的耗费”（马克思，2004b），是无数单个劳动力的平均，而不是单个商品生产耗费劳动的结算。

首先，科恩混淆了使用价值和价值。科恩没能正确理解商品的价值是“凝结在商品上的人类劳动”即“抽象劳动”，并首先把(具体)“劳动物化在商品上”作为可以被质疑的前提，因此不会得出“劳动创造价值”的结论。认为新鲜空气b或者艺术家创造美的东西、工匠创造了产品等同认为是“有价值”，这是对西方经济学中的“效用理论”的重复，实质上是误把“使用价值”当作“价值”看待。以商品a为例，过去生产商品a需要耗费劳动，a在过去的年代里就有价值，因其以自身物质载体吸收了人类的(具体)劳动；那么现在，a的产生不再需要劳动，a中没有凝结人类的劳动，不存在以此为基础的作为商品a的价值。科恩所谓“尽管劳动物化在其中，a仍然是没有价值的”，没有历史时间的说明，没有说明a在市场的流通情况，且没有区分一般物品的使用价值和作为商品的使用价值，因此不能作为劳动不创造价值的例证。

譬如，过去村落中没有水，需要到很远的地方去运水，运回来的水被人们用来交易，作为商品的水，正是因为吸收了人们在搬运其中的劳动，才具有商品的价值；但是现在河流改道或发现其他水系，不需要专门运水的人，村民就可以获得水，此时水虽然还有使用价值，但不再作为商品交易，因为其中不再凝结原来意义上(搬运水来交易)的劳动力。科恩的逻辑：过去的水中凝结了劳动，但是现在的水没有价值(姑且认为他所指的是商品的价值)，所以劳动不创造价值——就显得尤其荒谬了。

即便科恩承认形成价值的“物化劳动”是抽象劳动，虽然也寻找到所有商品体所包含的“共同的东西”，但能否反过来说，只要是一般的“抽象劳动”的耗费就形成“价值”或者创造“价值”呢？显然不能。因为一般生理学意义上的劳动耗费即“抽象劳动”只是从“实体”(substance)或“载体”层次确认的“价值”的一种规定。因此，科恩混淆了价值实体与价值本质。他错把价值实体当作马克思对“价值”的本质规定。由此就出现两个极端例子的解释。价值实体是“劳动”，马克思在《资本论》第一卷中明确指出“无差别的人类劳动的单纯凝结，即不管以哪种形式进行的人类劳动力耗费的单纯凝结……在它们的生产上耗费了人类劳动力，积累了人类劳动。这些物，作为它们共有的这个社会实体的结晶，就是价值——商品价值”(马克思，2004c)。

再看例子商品b。借用科恩自己的举例说明，新鲜空气b不是劳动创造的，但是生产像b这样的东西需要大量劳动。科恩认为b中没有劳动物化，但仍然拥有价值。

需要辨明的是b和“像b这样的东西”是不同的东西。作为自然状态存在的新鲜空气不是商品，只具有使用价值，没有商品的价值。如果说生产“像b这样的东西”指的是罐装新鲜空气，用以交易的时候，作为商品的罐头b′显然已经区别开了b。生产b′需要耗费的劳动力，比如收集空气的劳力、装罐和运输的劳力等，凝结在了用以交易的商品b′上，使b′有了商品的价值。b′中有物化的劳动，作为自然物的b中则没有。科恩所谓“没有劳动物化其中的b仍有价值”是从西方经济学的“效用”角度，说明的是新鲜空气 b 的使用价值，而不是商品 b′的价值。

因此，科恩混淆了一般物的使用价值和商品的价值，并且孤立地看待单个商品的生产，以“社会”维度衡量孤立的商品（在 a 例中现代 a 甚至算不上是商品），当然无法理解“过去的劳动与一件商品现在拥有多少价值无关”，并且主观推断“过去的劳动如果创造了商品的价值，就不可能是无关的”，并以此为根据企图论证“即使劳动价值理论是正确的，劳动也没有创造价值”（吕增奎，2007d）。

其次，科恩没有正确区别价值“实体”和价值“量”的规定。他认为社会必要劳动时间决定的是价值实体本身，把它和“劳动创造价值”认为是一个定义概念的两种不同表达；但在文中，需要和价格进行比较时，又采用“量”的概念，说明价值量和价格的数量关系。从而进行了“价值”和“价值量”概念的偷换，以此质疑“劳动创造价值”，即价值实体的质的规定性。

再次，科恩否认“价值必须被创造出来”，认为劳动价值论没有确认“价值的创造者”。科恩否认劳动创造价值，也不认为价值必须有一个明确的创造者。科恩文中没有说明价值的来源。

**（二）对“社会必要劳动时间决定价值（量）”①的辩护**

科恩把“社会必要劳动时间决定价值（量）”称为严格学说，把“劳动创造价值”称为通俗学说。科恩认为二者矛盾的一个指认在于，低效率劳动下，生产某商品（如灯泡）耗费更多的劳动，因此有更多的价值。但是“社会必要劳动时间决定价值量”认为高效率生产的灯泡和低效率的灯泡的价值一样。科恩诘问“如果劳动通过凝结在产品中创造了价值，因而如果花费了更多的劳动，难道产品中不应该凝结了更多的劳动，从而具有更多的价值吗？”（吕增奎，2007e）

其实这个问题和上文 a 的例子异曲同工，都在于科恩缺少理解商品价值的“社会”的维度。马克思对此早有解答：“（有人认为既然商品的价值由耗费劳动量决定，那么劳动时间越长，他的商品就越有价值。）但是，形成价值实体的劳动是相同的人类劳动，是同一的人类劳动的耗费……只要它具有社会平均劳动力的性质，起着这种社会平均劳动力的作用”（马克思，2009a）。由此可见，商品的价值量的大小不在于单个商品生产所耗费的劳动时间长度，而在于生产这种商品的社会的、一般条件下的、平均所需要的劳动时间长度。这也是对“社会必要劳动时间”的正解。因此，在同一社会平均条件下，生产效率低的灯泡和效率高的灯泡具有的价值是一样的，都不由它们自身决定，而是该社会

① 原文是“价值”，为方便说明，此处笔者先加上“量”便于理解，下文说明科恩对两个词汇的混用。

生产灯泡的平均的劳动时间决定灯泡的价值量。

另一方面，科恩模糊了商品价值的“质”和“量”的区别。商品价值的“质”在于“无差别的人类劳动”，“量”在于“社会必要劳动时间”。科恩从论文一开始就混用“价值(实体)”和“价值量”，认为由“社会必要劳动时间决定价值”得出价值而非价值量的决定方式，此处又把凝结在商品上的抽象劳动作为衡量价值量大小的尺度。因此科恩才会说“严格学说”和“通俗学说”经常被人混淆，连马克思也将它们并置以招致人们的误解。科恩误读的根源即在于对价值和价值量区别的模糊，却把自己的误读加诸于马克思，借此指认劳动价值论核心内容的错误，显然是错误论据上的错误结论。

**(三)对“价值决定均衡价格”的准确说明**

科恩认为命题②价值决定均衡价格是“根据定义正确的”，并且使劳动价值论真正的实质内容。而“①社会必要劳动时间决定价值”则是不正确的。原因在于“价值量收到了与社会必要劳动时间无关的物的影响”，列举垄断条件下的均衡价格高于生产商品所需要的社会必要劳动时间，按照②则具有更高的价值。

上文已给出科恩对“价值”理解的谬误，此处不再赘述，且认为科恩这里所要表述的是“按照价值量决定均衡价格，价格越高的代表价值量越多”。要说明科恩的错误，必须先引入价值和交换价值、价值量在交换关系中的表现以及价格(科恩所谓均衡价格)的正确含义。

根据《资本论》第一卷第一篇的内容，“一个商品的简单价值形式包含在它与一个不同商品的价值关系或交换关系中……一个商品的价值是通过它表现为‘交换价值’而得到独立的表现的”，“商品的价值形式或价值表现由商品价值的本性产生，而不是相反，价值和价值量由它们的作为交换价值的表现方式产生”(马克思，2009b)。由此可见，交换价值是价值在交换关系中的表现形式。并且，交换价值也有质和量的区分，它在量上的表现即为商品交换的比例关系，也就是表现在价值形式中的数量关系。交换价值在交换关系中的量的关系或比例，是一种相对的量；而与其相对的，是生产商品所耗费的社会必要劳动时间所定量的商品价值量。

那么，交换中的价值量是否一定要和商品本身价值量的变化完全一致呢？商品在交换关系中的价值量，是商品价值量的表象，在实际的交换关系中，会根据交换两端商品彼此相对的价值量(必要劳动量)变化而发生变化，马克思早就做过分析，通过分析得出结论“(交换关系中的)价值量的实际变化不能明确地也不能完全地反映在价值量的相对表现即相对价值量上……商品的价值量和这个价值量的相对表现同时发生的变化，完全不需要一致”(马克思，2009c)，并且这种不一致的变化，丝毫无损价值规律的客观性，反而正是价值规律作用的结果。

接下来看科恩所关注的“价格”的问题。马克思认为,“一个商品(如麻布)在已经执行货币职能的商品(如金)上的简单的相对的价值表现,就是价格形式”(马克思,2009c)。也就是说,价格形式是货币商品充当普遍的一般等价物、与其他一切商品相交换、表现其他商品相对价值的形式,其数量关系的表示即商品内部价值量的外化。

上文论述过,在生产条件或劳动力不变的情况下,商品的价值量表现出一种必然的、商品形成过程内在的同社会劳动时间的关系。但是,商品进入流通环节,表现在交换关系中的交换关系的价值量比例,或者说,在与货币商品交换关系中表现出来的交换比例——“价格”,就可能表现为或高或低的不稳定性。这种或高或低之中的平均数,即科恩所谓的“均衡价格”。

价格的虚拟表示完全可能引起价值量和价格之间的不一致,在良心、名誉等本不是商品但也可以作为商品出售的情况下,“价格可以完全不是价值的表现”,关于这一点,马克思也早已论述过。王峰明教授总结过:“虽然价格作为商品价值量的指数,是商品同货币交换比例的指数,但不能由此反过来说,商品同货币的交换比例的指数必然是商品价值量的指数”(王峰明,2012)。

那么,科恩所谓生产资料所有制模式影响价值量,使价值量不完全受社会必要劳动时间的决定,也是完全可以理解的。譬如他所举例的垄断情况下,生产某商品的社会必要劳动时间没有变化,但是市场的需求和供给情况却改变了商品的价格,而这种变化了的价格却丝毫没有影响该商品的价值量,也没有改变生产它所耗费的社会必要劳动时间。科恩跨越了“社会必要劳动时间—商品本身的价值量—交换关系中的(交换)价值量—价格”中间的必要环节,且没有看到其间不必须一致变化的原因。他以此为论据,说明价值量不完全由社会必要劳动时间决定,是站不住脚的。

## 五、劳动价值论与剥削:马克思与科恩

从上面的论述可以看出科恩误读马克思劳动价值论的根源,这里我们尝试说明为什么劳动价值论是批判资本主义剥削“制度”的合理基础,科恩的理解对认识资本主义剥削实质、批判资本主义制度有什么危害。就前一方面而言,科恩对劳动价值论的误读,其根本原因在于对“价值”概念、价值和价格之间的关系、价值“质”的规定与“量”的规定的差异等的理解与马克思是不一致的。

### (一)科恩错误理解“价值”的概念

首先,科恩混淆了使用价值和价值。科恩没能正确理解商品的价值是“凝结在商品上的人类劳动”的含义,并首先把“劳动物化在商品上”作为可以被质疑的前提,因此不会得出“劳动创造价值”的结论。并且,认为新鲜空气 b 或者

艺术家创造美的东西、工匠创造了产品等同认为是“有价值”，这是对西方经济学中的“效用理论”的重复，实质上是误把使用价值当作价值看待。

其次，科恩错误地把价值的质等于价值的量。科恩指出社会必要劳动时间决定商品的价值，抽象劳动决定商品的价值大小，这与马克思恰恰是相反的。抽象劳动是商品价值的“质”，社会必要劳动决定商品价值“量”。在马克思那里，价值的量的决定是由社会必要劳动时间决定的，并且这个必要劳动时间是通过相关的社会分工体系，通过市场的等价交换规律实现商品的价值后才能确定的。也就是说，社会必要劳动时间是在商品交换的长期过程中形成的一种趋势性存在，是一种事后生成的“时间”。它只是衡量“价值”的一种单位，并不是价值本身。

最后，科恩并没有从生产关系的视角理解马克思的“价值”概念。在分工这种并存劳动存在的情况下，如果没有“私有制”，就不会出现交换。因此，正是因为私有制的出现，才使得劳动的“产品”转化为“商品”。通过共同体外部的偶然性交换比例，再到反复地多次比较的交换，最后发展为某种固定的交换比例，从而确立商品的“价值”量。在外部的交换刺激下，内部的产品也展开交换，成为推动公有制解体的外在因素，在内外的互动过程中，商品交换变得越来越频繁，从而促进商品生产，最后发展到商品经济形态。因此，价值的载体是抽象劳动，而价值的本质却是“生产关系”，是私有制的一种实现形式。站在“生产关系”的高度理解“价值”是科恩所缺失的视角。

**(二)科恩机械地理解价值、价值和价格的关系**

首先，科恩认为，传统劳动价值论的核心是社会必要劳动时间决定价值。但在具体分析价值量的变化时，又陷入孤立考察单个商品上的劳动量这个困局，缺乏社会的和历史的维度。加之没有辨明价值和价值量的关系，才会得出“劳动创造价值是伪命题”的结论。

其次，科恩机械地理解“社会必要劳动时间决定价值(量)”，经验式地认定“价值决定均衡价格”是劳动价值论不可或缺的实质内容。没有看到价格和价值量变化表象背后的本质，忽略变化的原因，引入供需关系影响价格的理论，单向度地认为均衡价格高于(交换)价值量，就是价值(量)和社会必要劳动时间的不吻合，从而得出结论认为后者不正确、继而劳动价值论的核心主张也不正确。

**(三)结论:劳动价值论是批判资本主义剥削制度的合理基础**

按照马克思对价值“质”与“量”的规定，劳动者凝结在劳动产品中的劳动，是商品价值的本质，也是劳动者对劳动产品中由劳动力产生的那一部分价值享有所有权的根据所在。

由劳动价值论推论的“剩余价值理论”，正是基于如上基础，说明劳动产品中去除生产资料(包括原料和工具等)价值和购买劳动力的价值之后，所剩余的价值的本质来源。按照价值量由社会必要劳动时间决定这个量的规定性,确定劳动产品的价值量中生产资料的价值量、维持劳动者生存和再生产的生活资料的价值量以及剩余价值的量的分配。

劳动价值论中对价值"质"的规定,即抽象劳动是价值本质的概念,确定了劳动者对剩余价值所有权的性质,也就是从质上说明资本主义剥削是一种制度性的不合理;对价值"量"的规定,即社会必要劳动时间,确定了劳动者对自己劳动产出价值享有的量的大小,依此计算剩余价值和可变资本的比值,即科恩说的"剥削率",从量上说明了资本主义剥削的程度。

因此,要从制度上对资本主义剥削进行合理的批判,必须确立正确的劳动价值论观点;也只能从科学的劳动价值论出发,说明资本主义剥削不仅是不人性的,更是不合理的,这种批判是科学的而不仅仅是人道主义的价值批判。

科恩对价值的误读,只承认劳动者创造了具有价值的产品,而不承认劳动者创造了产品中的价值,说"劳动创造了价值这一命题对于工人受到剥削这个命题来说并不是必要的……也没有任何理由来提出这一批判"(吕增奎,2007f),企图抹杀劳动者对产品中的价值享有所有权的合理性,本质上否认了"资本家通过对劳动产品剩余价值的占有是对劳动者应该享有的劳动价值的侵害",是一种"质"的否认,当然无法说明由此产生的资本主义剥削的"制度性"。资本主义剥削正是通过"剩余价值"这种隐蔽的侵害和占有,在看似合理的制度框架下,进行着事实上不合理的剥削。

科恩对"劳动创造价值"的否认,直击釜底,抽去了"价值"的实质,仅用"资本家对产品的部分价值占有"这种量性来说明资本主义社会的剥削无异于此前社会的剥削,不仅遮蔽了资本主义剥削不同以往的根本制度上的性质变化,更为当今资本主义社会改善劳资关系、缓和阶级对立、增加社会福利做"消除剥削"的注脚和理论准备。因此,在新的资本主义发展环境和新的劳资关系下,如何看待改头换面了的资本主义"剥削",如何面对发达资本主义对社会主义国家和经济制度的非难,必须坚持以正确的劳动价值论作理论武器,迎面痛击深含在资本主义制度内部的"剥削"的本质。

## 六、结　语

在政治经济学视阈下,没有科学的劳动价值论为前提,就没有剩余价值理论的合理性,更没有马克思经济学理论大厦的科学性。劳动价值论是求解商品价值问题的一种答案。面对不同的答案,我们需要弄清楚"价值问题"究竟是一个什么问题。我们必须追问各种价值理论所面对的价值问题本身,追问价值背后的实践基础和根据。这一过程可称为"元追问"或"元考察"(王峰明,2008)。对"价值是什么"的追问涉及"价值"与"人"的内在关联,是一种"经济哲学”。而时至今日，许多经济学家却是缺乏“透过现象把握本质”这种“认识论”自觉的。

对某种问题的解答是否合理，一是看它对现实的解释力，二是看这种解答的内在逻辑是否自洽。劳动价值论与剥削理论不仅内在逻辑上具有自洽性，它们对当今中国社会发展中的各种现象仍然具有现实的解释力。私有制下的抽象劳动是马克思对价值问题进行“元追问”而做出的一种解答。抽象劳动只不过是一种物质“实体”，而价值的本质规定在于“生产关系”。并不是任何一种“生产关系”作用下都可以形成“价值”，只有小私有制和资本主义私有制作用下才存在“价值”。“形式规定”的价值、价值“量”的规定、交换价值、使用价值、价格等之间既存在区别又存在联系，它们属于不同的经济学范畴，不能混为一谈。

## 参考文献

[1]G. A. Cohen，1979，The Labor Theory of Value and the Concept of Exploitation，*Philosophy & Public Affairs*，8(4)：338－360.

[2]Nancy Holmstrom，1983，Marx and Cohen on Exploitation and the labor theory of value，*Inquiry：An Interdisciplinary Journal of Philosophy*，26(3)：287－307.

[3]科恩，2008a，《卡尔·马克思的历史理论》，北京：高等教育出版社，第 337、348－353 页。

[4]科恩，2008b，《自我所有、自由和平等》，李朝辉译，北京：东方出版社，第 223－224 页。

[5]吕增奎，2007，《马克思与诺齐克之间——G. A. 柯亨文选》，南京：江苏人民出版社，第 23、26、31、33、171 页。

[6]马克思，2004a，《资本论》第 1 卷，北京：人民出版社，第 51 页。

[7]马克思，2004b，《资本论》第 1 卷，北京：人民出版社，第 52 页

[8]马克思，2009a，《马克思恩格斯文集》第 1 卷，北京：人民出版社，第 76－77 页。

[9]马克思，2009b，《马克思恩格斯文集》第 1 卷，北京：人民出版社，第 68－69 页。

[10]马克思，2009c，《马克思恩格斯文集》第 1 卷，北京：人民出版社，第 87 页。

[11]马克思，2009c，《马克思恩格斯文集》第 1 卷，北京：人民出版社，第 84 页。

[12]孟捷，2011，劳动价值论的“新解释”及其相关争论评述，《中国人民大学学报》，第 3 期，第 41－50 页。

[13]莫小丽、王峰明，2016，剥削理论的“缺失”——驳斥吉登斯的泛剥削论，《学术界》，第 4 期，第 116－123 页。

[14]彭必源，2013，对 G. A. 科恩分析马克思劳动价值论的分析，《海派经济学》，第 1 期，第 55－68 页。

[15]斯拉法，1991，《用商品生产商品——经济理论批判绪论》，北京：商务印书馆，第 59－65、82－87 页。

[16]王峰明，2008，商品“价值”问题的“元”考察——以威廉·配第为个案并与亚里士

多德作比较，《学术界》，第 4 期，第 150—159 页。亦可参阅：王峰明，2008，《马克思劳动价值论与当代社会发展》，北京：社会科学文献出版社，第 160—184 页。

[17]王璐，2011，西方学者关于马克思劳动价值论百年论争研究综述，《中国人民大学学报》，第 3 期，第 103—107 页。

[18]王峰明，2012，《资本论》第一卷导读(上册)，北京：中国民主法制出版社，第 65 页。

[19]谢富胜、李安，2010，国外学者对马克思国际价值理论的新探讨，《中国人民大学学报》，第 2 期，第 78—86 页。

[20]姚顺良，2013，《资本论》与"自我所有权"——析柯亨的"马克思批评"和"后马克思转向"，《学习与探索》，第 4 期，第 1—12 页。

[21]于萍，2019，科恩对马克思主义剥削理论的质疑与重构，《理论月刊》，第 3 期，第 33—38 页。

[22]伊恩·斯蒂德曼等，1990，《价值问题的论战》，北京：商务印书馆，第 11—26 页。

# The Theory of Value of Labor and Exploitation: Between Marx and Cohen

Mo Xiaoli

**Abstract**　In the perspective of political economy, without the scientific theory of value of labor as the premise, there will be no rationality of surplus value theory, not to mention the scientificity of Marxist economic theory building. The answer to the problem is the theory of value of labor. Different from other axiology, Marx's theory of value of labor takes abstract labor as the value entity, that is, the "material provision" of nature, and the "private nature" and "sociality" (production relations) of labor are the "essential provisions" of value. As an economic category, "value" is a kind of "formal stipulation", which is the unity of the above two aspects. It is unreasonable that Cohen's negation of labor value theory and that the theory of value of labor does not constitute the basis of capitalist exploitation.

**Key words**　Value substance　Value essence　The relationship of production　Cohen　Marx

# 论新马克思经济学综合学派的“第一创新学说”

杨 俊　陈泓宇

**内容提要**　认清所处的社会发展阶段、基本特征及其未来走向,是马克思主义政党开展一切工作的根本依据,是推动社会主义自我完善并逐步走向共产主义必须要回答的首要问题。改革开放以来,新马克思经济学综合学派的领军人物程恩富教授在国内首创性地提出了他称之为“第一创新学说”的“社会主义三阶段论”,其核心要义和思想精华在于,首先研究划分社会主义发展阶段的基本视角,其次扼要提出社会主义发展的三个阶段,再次重点考察社会主义初级阶段的经济特征,最后概略分析社会主义中级阶段和高级阶段的经济特征。这一学说的学术价值、理论价值与现实价值在中外马克思主义和科学社会主义发展史的谱系与链条中具有基石性,而“社会主义初级阶段无规定论”“社会主义初级阶段永恒论”“社会主义初级阶段非科学论”等思潮都是错误的。

**关键词**　新马克思经济学综合学派　第一创新学说　社会主义三阶段论

**中图分类号**　F120.2

伟人毛泽东说过,认清中国社会的性质国情,“乃是认清一切革命问题的基本的根据”(毛泽东,1991)。同样,今天认清当代中国所处的社会主义发展阶段、基本特征及其未来走向,也是我们开展一切工作的根本依据,是推动社会主义自我完善并逐步走向共产主义必须要回答的首要问题。十八大以来,中国社会主要矛盾的转化标志着中国特色社会主义迈向新时代的历史方位,这种新变化是中国社会历史发展阶段的深刻转折与巨大飞跃,而从社会主义五百年——大的历史尺度看,当代中国所处的社会主义发展阶段没有变——依然处于并将长期处于社会主义初级阶段,我们依然处在全球资本主义向社

**收稿日期**:2020—08—06

**作者简介**:杨俊,中共浙江省委党校马克思主义研究院副教授、哲学博士,浙江省哲学社会科学重点研究基地“文化发展创新与文化浙江建设研究中心”和浙江省首批新型重点专业智库“中共浙江省委党校全面从严治党研究中心”研究员;陈泓宇,中国社会科学院大学管理学院政治学与行政学专业本科生。

**基金项目**:本文系国家社科基金项目“经济权力生成思想的唯物史观解读及其当代意义”(16CKS054)的阶段性研究成果。

会主义过渡的历史大时代。因此，只有把新时代放到整个社会主义发展阶段的全过程矛盾运动中，才能深刻理解新时代、把握新时代从而引领新时代。早在 20 世纪 80 年代初，作为共和国自己培养的第四代经济学家的杰出代表、海派经济学家的主要创始人——程恩富教授，在通过深入耕读大量马克思主义的主要经典和中外经济学说史的基础上，以高超的理论勇气和扎实的学术功底，缜密思考、敢于突破，并结合我国社会主义改革的实际，独树一帜地提出了享誉全国的“社会主义三阶段论”（以下简称“三阶段论”），立刻在当时学术界引起巨大理论反响。“三阶段论”回答了社会主义改革和建设前途命运的重大理论和实践课题，因而被他称为可供百年甚至永久参考的学说，也是新马克思经济学综合学派的“第一创新学说”。今天，中国共产党人对社会主义革命、建设、改革的理论探索与实践创新已走过七十余年辉煌的足迹，我们在此将重温三十年多前“三阶段论”的核心要义和思想精华，并从中发掘出其迸发的学术价值、理论价值与现实价值，进而在现实中回应与澄清对社会主义发展阶段的种种错误思潮，这将有助于我们进一步增强中国特色社会主义的“四个自信”，从而为决胜全面建成小康社会、推动社会主义伟大事业从一个阶段走向另一个新的更高发展阶段提供思想智慧和精神启迪。

## 一、“社会主义三阶段论”的核心要义和思想精华

“三阶段论”如何产生？1987 年 10 月党的十三大首次抛出社会主义初级阶段的概念及其理论。就在大会闭幕不到两个月的时间，程恩富教授率先在国内发表学术论文指出，社会主义初级阶段的主要经济特征“既不同于从资本主义到社会主义过渡时期的特征，也有别于社会主义中级或高级阶段的特征”（程恩富、徐惠平，1987），这预示着“三阶段论”思想的萌芽与开端。1988 年新春前夕，程恩富教授的新作《关于划分社会经济形态和社会发展阶段的基本标志》一文在《复旦学报》发表，这标志着“三阶段论”的孕育而生；又经过三年多的刻苦钻研和调查研究，程恩富教授的个人学术专著《社会主义三阶段论》纳入当代社会主义丛书，由广东高等教育出版社于 1991 年公开出版，这项研究成果率先在全国学术界全面详细地展示了“三阶段论”的核心要义和思想精华：“首先研究划分社会主义发展阶段的基本视角，然后扼要提出社会主义发展的三个阶段，接着重点考察社会主义初级阶段的经济特征，最后概略分析社会主义中级阶段和高级阶段的经济特征”（程恩富，1991a）。随后，程恩富教授对“三阶段论”再阐发、再深化：1992 年学术论文《社会主义发展三阶段新论》、1998 年学术论文《重构和完善社会主义初级阶段的基本经济形态》、2008 年学术论文《落实科学发展观要深刻认识社会主义初级阶段的理论》、2018 年学术论文《学好用好中国特色社会主义政治经济学明确国企改革方向》和《改革开

放以来新马克思经济学综合学派的若干理论创新》等相继发表，由此“三阶段论”伴随着我国社会主义市场经济改革的进程一步步走向完善与成熟。总的来看，程恩富教授的“三阶段论”通篇贯彻着马克思主义最可贵的精神品质——“批判精神”[①]，也就是马克思在《资本论》中反复强调的分析方法：“对现存的事物的肯定的理解中同时包含对现存事物的否定的理解”[②]，至今还没有人在经济问题上运用过。具体来说，“三阶段论”的各个部分在正面阐述科学观点前，都要对学术界的各种观点进行梳理、研究，并在此基础上进行综合创新与全面超越，进而提出和论证新的看法。下面我们就将“三阶段论”的核心要义和思想精华浓缩如下：

**(一)划分社会主义发展阶段的基本视角**

社会主义发展阶段确立什么样的划分标准，决定着从资本主义社会到共产主义社会到底应该分几个时期以及具体的特征表现。程恩富教授首先是站在学术研究的前沿阵地，对我国学术界在相关问题上的理论资源进行了认真梳理和总结。在肯定和吸收这些成果的积极性质之后，他还各个击破了五种划分社会主义发展阶段标准的问题所在：一是针对“以生产力发展的水平为标志”的观点，程恩富教授指出，单一地直接把生产力发展水平看成划分社会主义发展阶段的主要标志，这并不能科学地揭示其实质所在；二是针对“现代化的实现和相应的生活水平为标志”的观点，程恩富教授指出，一切纯生产力标志和纯消费力标志是难以透彻说明社会主义发展阶段问题的；三是针对“以生产关系和生产资料所有制为标志”的观点，程恩富教授指出，想从否定生产力的质变过程来完全否定生产力在划分社会主义发展阶段上的标志作用，是说不通的；四是针对“以社会经济运行机制为标志”的观点，程恩富教授指出，单是经济运行机制的选择，远不足以全面显示社会主义社会不同发展阶段，只有经济运行机制与生产力、产权、分配采用不同的有机组合，才能表明互相有区别的社会主义发展阶段；五是针对“以生产力和生产关系的两把‘尺子’为标志”的观点，程恩富教授指出，把生产力和生产关系作为划分社会主义发展阶段的“两把尺子”是正确的，但还需要进一步明确它们各自在具体衡量阶段问题上的不同功能，否则就会陷入折中主义的二元论(程恩富，1992a；程恩富，1991b)。

在正本清源之后，程恩富教授进一步认为，按照马克思主义关于社会经济形态和发展阶段的一般理论，无论是划分历史上的不同社会经济形态，还是划分同一社会经济形态中的不同发展阶段，其基本标志都应该从生产力和生产关系各自作用的统一体中去进行全面综合考察。从整体上看，既要看到生产

① 习近平，在哲学社会科学工作座谈会上的讲话，《人民日报》，2016年5月19日，第2版。
② 《马克思恩格斯文集》第5卷，北京：人民出版社，2009年，第22页。

力是观察社会经济形态和社会发展阶段的“指示器”，具有本体意义上的终极作用，又要看到生产关系是衡量社会经济形态和社会发展阶段的“尺子”。那么，在具体划分社会主义发展阶段的标准上，作为“尺子”的生产关系比作为“指示器”的生产力更具有直接的意义，因为生产力的变化只是基础，只有以此作为基础推动社会主义关系发生部分质变时，才能显示出社会主义社会发展的阶段性特征(程恩富，1992b；程恩富，1991c)。生产力的变化最终要通过生产关系的变化，才能显示整个社会经济形态的变化，因而，生产关系在划分社会经济形态中的作用比生产力更具有明确性和实质性；如果“撇开生产关系，单纯地从生产形式、技术变革、经济重要部门的更替进行考察”，是无法揭示社会经济形态的本质变化的(程恩富、周环，1988)。从这个意义上说，生产力是间接标志或终极标志，生产关系是直接标志(这里暂且舍弃分析上层建筑因素)。

**(二)社会主义社会发展的三个阶段**

既然有了科学划分社会主义发展阶段的标准，就可以将资本主义到共产主义的过渡时代进行科学分期。程恩富教授还是首先对我国学术界关于社会主义分期问题的三种代表性观点进行回顾与梳理，并指出各个观点的缺陷与不足。一是针对“小过渡的二段论”(主张第一阶段是从资本主义到社会主义的过渡时期，从无产阶级夺取政权起，到生产资料私有制改造基本完成为止；第二阶段是社会主义社会阶段，它又细分为不发达的社会主义和发达的社会主义两个阶段)，程恩富教授认为，这在理论上承认了斯大林对马克思和列宁关于过渡时期学说的不正确解释。二是针对“中过渡的两段论”(主张将“小过渡”的“第一阶段”与“第二阶段”的“不发达的社会主义”都划归“从资本主义到社会主义的过渡时期”)，程恩富教授认为，这种分期，有其积极意义，因为它批评了斯大林降低建成社会主义的客观标准的错误，恢复了马克思、恩格斯关于过渡时期和共产主义社会第一阶段的本来面貌，但是，并未回答实践热切期望回答的关键问题，即产权、分配和运行机制等生产关系诸方面，在不同的社会主义发展阶段到底有何重要区别。三是“小过渡的三段论”(主张由资本主义到社会主义制度初步确立，而后到完全建成社会主义社会，再到为过渡到共产主义作物质技术准备的完成阶段)，程恩富教授认为“小过渡三段论”的问题在于，把向共产主义过渡单纯看作是作物质技术准备，实际上社会主义还应包含社会主义生产关系及整个经济运行方式的变化(程恩富，1992)。从逻辑的一致性上看，绝不能划分前两个阶段采用生产关系为标志，后一个阶段则采用生产力为标志。

除了这三种较有影响的观点外，程恩富教授还特别提到过去曾在我国理论界占主导地位的两种十分明显而极端片面的观点：一种是“大过渡的一段论”，即认为从资本主义社会到共产主义社会之间的过渡时期都属于社会主义社会，其间不再划分阶段；另一种是“经济运行机制四段论”，即认为社会主义将经历高度集中统一的计划经济阶段、统一经济计划与市场机制相结合的阶段、国家计划经济阶段和全社会计划经济阶段，等等。

为了弥补以上各种观点的“欠缺”，程恩富教授进一步指出，“新三阶段论”的分期表现为，从新中国成立起一直到进入共产主义社会以前这一历史时期，都属于广义的社会主义社会。以生产力变化为间接标志或终极的标志，以生产关系变化为直接标志，从而以生产力、产权制度、分配制度、调节制度与对外开放制度的部分质变从而显示出社会主义的三个阶段性：初级阶段、中级阶段和高级阶段（这与主要直接从GDP和生活水平来划分社会主义发展阶段的观点可以并存）。

**（三）社会主义初级阶段的经济特征**

在社会主义初级、中级、高级三个发展阶段中，程恩富教授扎根于当下我国的实际国情，重点是研究和关注社会主义初级阶段。他认为，初级阶段分为一般含义与特殊含义两种。所谓一般含义，是指社会主义社会发展的开始阶段，所有已经实行和将要实行社会主义制度的国家都要经历这个初级阶段。而特殊含义根据每个国家的具体国情而具有各不相同的表现形式。就我国而言，社会主义初级阶段主要是指我国在生产力落后、商品经济不发达条件下建设社会主义必然要经历的特定阶段。那么，这个特定阶段从什么时候算起？程恩富教授主张把历史上曾经出现过的“过渡时期”划归社会主义初级阶段，这样，以1949年新中国成立为广义社会主义的开端，整个社会主义初级阶段划分为四小阶段：一是生产资料所有制的社会主义改造阶段（1949—1956年）。该阶段包括没收官僚资本及对农业、手工业和资本主义工商业的社会主义改造，这主要是从生产关系的角度。二是体现旧经济体制的生产关系完善阶段（1957—1978年）。比如，实行国有国营的全民所有制、准全民所有制即城市集体所有制、政社合一的人民公社集体所有制，基本消灭一切私有制；实行高度集权型的计划经济，否定商品经济和市场调节；在全民所有制经济实行社会统一工资标准的按劳分配方式，在农村集体实行评工记分的按劳分配方式。三是体现新经济体制的生产关系重建阶段（从1979年开始，估计到20世纪20年代结束）。该阶段的具体任务就是按照前述社会主义初级阶段的总体特征，重新构建适应生产力发展的、以新经济体制为内容的生产关系。四是体现新经济体制的生产关系巩固发展阶段（21世纪20年代直至社会主义中级阶段），这标志着中国特色社会主义经济制度走向完善与成熟。

经过新中国70余年的艰辛探索，我国社会主义初级阶段经济特征的基本框架已经呈现：第一，在产权制度上，实行公有主体型的多种类产权制度，既要坚持公有制的主体地位，又要推动非公经济的良性发展，这是中国特色社会主义的基本乃至根本经济制度，是坚持社会主义性质与方向的经济标准。第二，在分配制度上，实行劳动主体型的多要素分配制度，这是实行公有主体型的多种类产权制度的必然结果，有利于消除两极分化实现共同富裕，从而让改革发展成果惠及全体人民。第三，在调节制度上，实行国家主导型的多结构市场制度。既要发挥市场对一般资源配置的基础性或决定性作用，同时加强政府的宏观和微观调节作用。第四，在对外经济制度上，实行全面对外开放，同时加强自力更生和国家经济安全，处于国际分工和国际竞争的中低端。在此经济基础上，社会主义初级阶段的上层建筑表现为民主制度不健全，实行以工人阶级领导的、以工农联盟为基础的人民民主专政(即无产阶级专政)。

程恩富教授还指出，要深刻认识到社会主义初级阶段是万里长征的第一步，具有长期性、艰巨性和复杂性的特点。从规范意义上看，初级阶段又可划分为初步建设与巩固发展两个小阶段，前一阶段，从社会主义建立政权算起，一直到初步建立以公有制、按劳分配和有计划商品经济体制为止;而后一阶段要比前一阶段的具体时间漫长得多，因为需要较长时间的探索，才能全面完善初级阶段生产关系与上层建筑方面的特征。更重要的是，一种新的生产关系从基本适应生产力发展到逐渐不适应生产力发展，从而被更高发展阶段的生产关系所取代，这必然需要经历非常漫长的时间。就我国而言，虽然新中国70多年实现了从站起来、富起来到强起来的伟大飞跃，但我国的社会主义初级阶段还不可能在短期内结束，要在我国基本实现西方发达国家二三百年才完成的工业化和经济社会化、市场化、现代化的任务，大约还需要几十年的时间。这就是说，我国社会主义初级阶段可能要延续到21世纪末以后。

### (四)社会主义中级、高级阶段的经济特征

至于社会主义社会中级阶段、高级阶段将来是什么样子，程恩富教授认为，现在不可能讲得很具体。但是有一点可以肯定，中级阶段和高级阶段的社会主义性质一定比初级阶段更多，非社会主义东西(包括旧社会痕迹)一定比初级阶段更少。当生产力的发展引起财产制度、分配制度、调节制度、对外开放制度等方面朝共产主义方向发生部分质变时，我国社会主义初级阶段必将先后进入中级阶段和高级阶段。其中社会主义中级阶段的部分质变表现在：一是在产权制度上，生产资料公有制较成熟，实行多种形式的生产资料公有制;二是在分配制度上，按劳分配较充分，实行多种形式的按劳分配;三是在调节制度上，计划经济较完全，实行含计划主体性的产品经济;四是在对外开放制度上，开放层次较高，处于国际分工和国际竞争力的高端。在此经济基础上，社会主义中级阶段的上层建筑表现为民主制度较健全，专政只在防御外国侵略的意义上存在，国家要维护按劳分配等权利，还没有完全消亡。

而以马克思主义创始人的预见为理论依据的社会主义高级阶段的部分质变则表现在：一是在产权制度上，是生产资料公有制成熟，实行全社会统一的生产资料公有制;二是在分配制度上，按劳分配充分，实行全社会统一的按劳

分配；三是在调节制度上，计划经济完全，实行纯粹的产品经济；四是在对外开放制度上，开放层次高，处于国际分工和国际竞争力的最高端。

最后，程恩富教授总结了社会主义初级、中级和高级阶段的共同特征是生产资料的公有制形式，然而它的成熟和完善程度是不同的，在社会主义高级阶段，公有制形式将走向成熟和完善，而它与共产主义经济制度的主要区别，在于是否实现按需分配，以最高经济公平为特征的共产主义制度，是人类社会发展的大方向，但其实现需要一系列的条件和相当长的时间，必须具备五大基本条件：一是物质条件——生产力的高度发展；二是经济条件——单一的生产资料共产主义全民所有制、计划经济和按需分配；三是社会条件——教育的高度发展及彻底消灭脑力劳动和体力劳动的差别；四是精神条件——思想觉悟和道德品质的极大提高；五是政治条件——消灭阶级和国家自行消亡是实现共产主义必需的政治条件（程恩富、冯金华、马艳，2017）。

**表1 现代资本主义、社会主义（初级、中级与高级）、共产主义经济制度的核心特征**

| | 产权制度 | 分配制度 | 调节制度 |
|---|---|---|---|
| 现代资本主义 | 私有制为主体 | 按资分配主体 | 国家指导型市场经济 |
| 社会主义初级阶段 | 多种公有制主体（私有制辅体） | 市场型按劳分配主体（按资分配辅体） | 国家（计划）主导型市场经济 |
| 社会主义中级阶段 | 多种公有制 | 多种商品型按劳分配 | 国家主体型计划经济（市场调节为辅体） |
| 社会主义高级阶段 | 单一全民公有制 | 产品型按劳分配 | 完全计划经济 |
| 共产主义 | 单一全民公有制 | 产品型按需分配主体（个别供不应求的新消费品） | 完全计划经济 |

资料来源：程恩富，改革开放以来新马克思经济学综合学派的若干理论创新，《政治经济学评论》，2018年，第6期，第48页。

## 二、"社会主义三阶段论"的学术价值、理论价值与现实价值

"三阶段论"之所以能够提出并走向丰富与完善乃至具有原创性、首创性、独创性，这绝不是思想领域的一次偶然事件，这是程恩富教授以前人学术研究作为思想资源、以马列经典作为思想基础、以中国现实作为思想活水，进行综合创新的必然结果。它既科学回答了在社会主义发展阶段的一些重大学术问题、理论问题与现实问题，又对今后的学术生长、理论创新与现实发展提供了基础性、原则性、根本性的方向与指南。因此，既然我们正处于并长期处在社会主义初级阶段从而最终将走向共产主义的"大同世界"，那么"三阶段论"学

说的学术价值、理论价值与现实价值在中外马克思主义和科学社会主义发展史的谱系与链条中就始终具有基石性。由于“三阶段论”是对整个社会主义发展阶段的全过程研究，涉及时间跨度巨大，其科学性、真理性、前瞻性还需要通过社会主义初级阶段向中级、高级阶段过渡并最终实现共产主义的实践过程进一步得到检验和释放。

**(一)“三阶段论”的学术价值**

在“三阶段论”提出之前，学术界围绕我国社会主义发展阶段问题的讨论，从改革开放初，即1979年叶剑英在国庆30周年讲话中初步表露社会主义初级阶段的思想开始，曾出现过两次研讨高潮。第一次，大约发生在1979年至1981年，由于理论上拨乱反正而对马克思关于过渡时期和社会主义标准的认识出现新的观点所引起的，到十一届六中全会作了《关于建国以来党的若干历史问题的决议》以后告一段落。当时有两位经济学家认为中国还处于不发达阶段的社会主义社会，还处在社会主义的过渡时期(苏绍智、冯兰瑞，1979)，这提出了一个很重要的问题——研究我国社会主义的发展阶段问题(于光远，2008)。第二次大约发生在1986年至1989年，这次讨论围绕“社会主义初级阶段”这一主题，展开了颇有深度和广度的理论探索，包括社会主义初级阶段提出的基础、客观依据、重要特征(包括经济特征、政治特征和思想文化方面的特点)、主要矛盾、基本任务等(陆云彬，1987；施国光，1987)，这些探索为我们在社会主义初级阶段实现现代化提供了基本思路，但是初级阶段以后是什么阶段，它和中级、高级阶段之间的划分标准和具体特征是什么，这都需要研究说明。程恩富教授“三阶段论”坚持了马克思的劳动二重性学说，把“物与物之间的关系”与“人与人之间的关系”结合起来，既看到GDP在划分社会发展阶段中的作用，更看到生产关系在划分发展阶段中的作用，根据私有制逐步被消灭的状况揭示了社会主义初级、中级和高级三个发展阶段的具体特征。

现在，学术界众多老一辈马克思主义经济学资深学者已多次撰写文章支持和认同程恩富教授的“三阶段论”。如中国社科院原副院长、著名经济学家刘国光明确指出，“从长远看，社会主义必然会有一个从初级阶段向中高级阶段的转变过程。社会主义初级阶段是打基础的阶段，也是向社会主义中级阶段和高级阶段的过渡阶段。在这一过程中，中国特色社会主义经济制度也会产生相应的质变。这种质变，只能是公有制经济越来越发展壮大、按劳分配越来越成为分配主体的历史过程，只能是社会主义国家力量越来越强大的过程”(刘国光，2019)；中国人民大学经济学系原主任、已故著名经济学家卫兴华指出：“社会主义初级阶段特指我国整个社会主义历史时期中一个特定的阶段，它在逐步发展中会依次上升到中级阶段和高级阶段，而各个阶段都有自己的特色”(卫兴华，2016)；厦门大学原党委书记、著名经济学家吴宣恭指出：“社会总要继续前进，社会主义必然从初级阶段向高级阶段过渡”(吴宣恭，2014)。

展望未来,程恩富教授的"三阶段论"也为下一步全面深化社会主义发展阶段理论提供了新的学术生长点:一是,随着国家治理现代化的推进,在纵向维度上,从研究社会主义三阶段论的经济特征转向研究经济、政治、文化、社会、生态相结合的"五位一体"的总体性特征;二是,随着全球化浪潮的到来,在横向维度上,从研究中国社会主义初级阶段理论转向研究中国社会主义发展阶段与全球资本主义发展阶段之间的互动关系;三是随着人民对美好生活的向往日益迫切,在主体维度上,从研究什么是社会主义三阶段转向研究怎么创造主体条件更好更快实现社会主义三阶段。

**(二)"三阶段论"的理论价值**

一部马克思主义经典理论的发展史就是对社会主义发展阶段理论不断艰辛探索的历史。回到170多年前,马克思、恩格斯毕生的真正使命就是不断领导无产阶级革命运动,批判资本主义的各种矛盾,进而建立科学社会主义,实现共产主义。那么,什么是共产主义,怎么建设共产主义,能不能在推翻资本主义之后,用很短的时间迅速让社会主义直接过渡到共产主义社会,特别对于生产力比较落后、商品经济不发达的国家而言,能不能一个筋斗"不仅越过自己本身的障碍,而且同时越过现代各国面临的障碍呢"①?由于马克思和恩格斯生活在资本主义社会,没有全面领导社会主义建设的实际经验,他们对这一问题的认识只能是根据资本主义内在矛盾发展的必然规律进行总体性的科学预判。在《哥达纲领批判》中,马克思认为,资本主义社会不可能直接走向共产主义社会,在两者之间,必然存在一个由前者转变为后者的过渡阶段,这个阶段就是共产主义社会的第一阶段或低级阶段,即社会主义社会,由于它刚刚从资本主义社会中产生,不可避免地在各个方面带有旧社会的种种痕迹与遗留。② 在这个阶段上,生产资料已归全社会所有,生产者并不交换自己的产品,每个生产者按照他提供的劳动量领取一份消费品。在此基础上,马克思认为,才能进入共产主义社会的第二阶段或高级阶段。在高级阶段,强加于人的种种束缚的"旧式分工"彻底消失,城乡差别、工农差别、脑体差别也随之消失,并且劳动从谋生手段变为第一需要,而劳动能力得到最大限度的创造性发展,整个社会集体财富将极大丰富、充分涌流,社会在自己的旗帜上写着:各尽所能,按需分配。③

马克思进一步认为,对于生产力比较落后、商品经济不发达的国家而言,由于它们"不仅苦于资本主义生产的发展,而且苦于资本主义生产的不发展"(马克思、恩格斯,2009a),所以,这个共产主义社会的第一阶段,即过渡阶段时间会更长。作为20世纪的马克思主义——列宁主义继承了马克思关于未来

① 《马克思恩格斯文集》第1卷,北京:人民出版社,2009年,第13页。
② 《马克思恩格斯文集》第3卷,北京:人民出版社,2009年,第434页。
③ 《马克思恩格斯文集》第3卷,北京:人民出版社,2009年,第435—436页。

社会发展阶段的学说，将“过渡时期”的特征和社会属性作了进一步的探索，认为过渡时期是走向衰亡的资本主义与不断生长的共产主义彼此之间长期斗争的时期，因而它必然同时具有两种社会经济结构的特点和特征。在将“共产主义第一阶段”称为“社会主义”、“共产主义高级阶段”称为“共产主义”之后，列宁认为“社会主义”也会分阶段发展，并提出“初级形式的社会主义”“完全的社会主义”“发达的社会主义”等概念。遗憾的是，十月革命后不久列宁就去世了，对社会主义分阶段发展的深入探索并没有来得及。而作为他的继任者——斯大林既在这个问题上取得了一些实践经验，也犯下了严重错误。同样，中国的社会主义过渡阶段时间也会更长，针对社会主义社会的阶段发展和向共产主义社会过渡的问题，毛泽东提出社会主义划分为“不发达的社会主义”与“比较发达的社会主义”，并预计前者比后者需要更长的时间（程恩富，1991d）。这个“不发达的社会主义”在改革开放后被邓小平同志明确表述为“社会主义初级阶段”这一科学概念。

那么，社会主义初级阶段与共产主义远大制度目标到底具有怎样的本质联系呢？除了党的领袖和党的文件进行先行探索之外，作为后继主体的马克思主义学者对这一问题的回答也不应当“缺场”，而程恩富教授的“三阶段论”的理论价值正是体现了学术话语与政治话语的良性互动关系：一方面对经典作家社会主义发展阶段理论进行科学的历史定位，将它们划分为“三种科学社会主义及其经济制度观”，即邓小平的社会主义经济制度观——“公有制主体＋按劳分配＋调控型市场经济”是社会主义经济的初级形态；斯大林和毛泽东的社会主义经济制度观——“两种公有制＋货币型按劳分配＋商品型计划经济”是社会主义经济的中级形态；马克思、恩格斯和列宁的社会主义经济制度观——“完全社会所有制＋完全社会按劳分配＋完全计划经济”是社会主义经济的高级形态（程恩富，2018）。另一方面，程恩富“三阶段论”则指出，社会主义在时间上要经过若干发展阶段（初级、中级和高级，而每个阶段又要经历若干个小的发展阶段），在空间上要具备若干具体特征：生产力状况、产权制度、分配制度、调节制度等，这就沿着经典作家的方法论路径，把他们关于社会主义社会（共产主义第一阶段）发展阶段的原则规定进一步从抽象走向具体、从宏大走向细分、从单一走向丰富，从而开辟了马克思主义理论发展的新境界。今天，作为社会主义初级阶段发展历程中的一个重要组成部分——社会主义现代化的美好蓝图越来越清晰地展现在我们面前：从“三步走”战略到新“三步走”战略，再到习近平新时代“分两步走”新战略。

### （三）“三阶段论”的现实价值

马克思指出：“问题在于改变世界”（马克思、恩格斯，2009b）。以中国现实作为思想活水的“三阶段论”必然也对中国当下和未来的社会主义改革具有重大而深远的现实价值，这主要表现在“根本之道”和“具体之术”两个方面。

在“根本之道”上,“三阶段论”的提出有助于我们以建设性的姿态走出“左右之争的泥潭”。中国共产党领导中国革命、建设与改革的伟大事业从来都不是一帆风顺的,这其中走过不少弯路,这些错误给党和国家事业带来严重损失,而这其中的核心问题就是没有处理好阶段论与发展论之间的关系。程恩富教授“三阶段论”在深化社会主义经济体制改革中,坚持了阶段论与发展论的统一、最低纲领与最高纲领的统一,既立足于眼前的建设和改革实践,又着眼于长远的奋斗目标,是反对“左”和“右”两种错误的批判利器。一方面,“三阶段论”是我们在新时代避免超越阶段,反对“左”倾错误的批判武器。程恩教授认为,从社会主义国家实际出发,社会主义将要经历很长的时期。这个历史时期不是用两位数来计量,而是要用三位数来计量。因而,“中国特色社会主义关于初级社会主义经济观的真正贡献,在于共产党执政后不是急于消灭市场经济和私有制,而是有效地利用它们去为社会主义服务”(程恩富,2008b);另一方面,“三阶段论”是我们在新时代避免迷失方向,反对“右”倾错误的批判利器。程恩富教授认为,纯生产力划分社会阶段做法一旦占据上风,就会“无意中淡化马克思主义关于社会主义和共产主义的理想,使人们模糊了现阶段社会主义建设和改革的方向”(程恩富,1992c)。他进一步指出,正是生产力变化引起生产关系三方面的部分质变导致了社会主义呈现出阶段性经济特征,最后产生根本质变——共产主义社会。

那么,在“具体之术”上,“三阶段论”在国内较早提出了“有计划调控的市场经济体制”:“社会经济活动的方式是有计划的商品经济,经济运行机制是国家调节市场,市场引导企业。当市场体系和市场机制真正发育成熟和完善的时候,这种经济体制实质上是一种新型的计划调控下的市场经济体制”(程恩富、周环,1988),此创新性的实践观点比吴敬琏先生使用的“市场经济体制”概念足足早了4年半的时间。之后,程恩富教授又在《社会主义三阶段论》一书的下篇(程恩富,1991e)中将“三阶段论”宏观理论具体运用于微观的经济理论与政策层面,构建了适应现阶段实际要求的经济运行机制,这包括,在企业运行理论中,他创新地提出要重塑现代商品生产者,强调企业改革必须实行长期利润极大化的经营目标,并提出了企业运行轨迹的六点思路;对于市场体系问题,他创新地提出要重造社会主义市场体系,即“市场四重规定性”和“市场体系四大要素说”;在社会主义国家宏观调控方面,他创新性地提出要重置现代调控机器,即“宏观调控五大目标说”和“以市场调节为基础、以国家调节为主导的‘四维空间型结合态’”的独特模式。这些宝贵思想对我们今天培育具有全球竞争力的世界一流企业、加快完善社会主义市场经济体制、正确处理好市场与政府的关系依然具有鲜活的启发意义。

在此基础上,我们还认为程恩富教授的“三阶段论”具有深远的世界历史意义。因为世界上一切民族最终都必然走向社会主义和共产主义,这是不可避免的。那么，科学认识社会主义发展的不同阶段，这是世界上那些即将走社会主义和正在走社会主义的国家面临的共同任务，只要全世界还没有实现社会主义和共产主义，“三阶段论”就会不断为这一问题的解答提供中国智慧。

## 三、“社会主义三阶段论”对三大错误思潮的回应与澄清

任何事物都是在应对各种矛盾的运动过程中开辟道路的，有矛盾就有斗争，只有敢于斗争才能敢于胜利。在当代中国社会主义的改革事业中，始终面临着社会主义经济与资本主义经济的斗争以及内部衍生的公有制经济与私有制经济的斗争、外部衍生的民族经济与外国经济的斗争，这些经济斗争反映到人们头脑中，就表现为意识形态斗争的尖锐性、长期性和复杂性。就社会主义发展阶段的认识而言，存在着三种错误思潮：“社会主义初级阶段无规定论”“社会主义初级阶段永恒论”和“社会主义初级阶段非科学社会主义论”。对此，“三阶段论”必须对三大错误思潮予以回应和澄清，这样，它的真理性才能在“严刑拷打”的实践中得到充分检验。

### （一）回应与澄清“社会主义初级阶段无规定性”的错误思潮

初级阶段作为中国特色的基本国情，有没有普遍的规定性？如果有，那又究竟是什么呢？这是关系到当代中国改革与发展前途命运的根本性问题。习近平指出：“中国是一个大国，决不能在根本性问题上出现颠覆性错误，一旦出现就无法挽回、无法弥补”（习近平，2014a）。而所谓“社会主义初级阶段无规定性”的错误思潮则认为，只要在“初级阶段”的框架下，不管怎么解释社会主义，不管用什么方法发展生产，都是被允许的。有一句俗话“初级阶段是个筐，什么东西都往里面装”，这非常形象地反映“社会主义初级阶段无规定性”的典型说法。社会上甚至出现这样一种极端化思想，任何问题、任何矛盾、任何弊端都可以用初级阶段去解释和掩盖，贴上“初级阶段”的政治标签，从而初级阶段理论成为一切不正之风乃至一切腐败、丑陋事物的挡箭牌、避风所。我们试想，假如初级阶段没有质的规定性，没有社会主义道路与资本主义道路之分，不该发展、不能发展的乱发展，甚至为了盲目发展生产力来大力发展资本主义，那中国就真的有可能走向全盘西化、改旗易帜的邪路，甚至陷入万劫不复的历史深渊和陷阱。以史为鉴，才能面向未来，与中国改革开放事业同步的苏联戈尔巴乔夫改革就是一次无方向、无原则、无底线的改革，在经济上，全盘私有化、自由化、资本化，政治上否定苏联共产党的领导，搞多党制和议会政治，精神上搞指导思想的多元化，最后直接导致苏联这样一个超级大国，在既没有外部战争，又没有内部动乱的情况下，一夜之间以迅雷不及掩耳之势亡党亡国。以至于，戈尔巴乔夫成为20世纪对人类历史和文明进步起负面影响最大的人物（程恩富，2012）。对此，程恩富教授“三阶段论”认为社会主义初级阶段

包括两层含义:一方面是表明程度,即当代中国特殊的初级阶段由于生产力和商品经济不发达,我国在生产关系方面还有待完善,人民生活还没有达到极大富裕,社会主义生产力还需要更大的发展,这样就不可避免地需要运用大量的资本主义手段和因素,但不能把资本主义"什么东西都往里面装"。相反,只有积极吸收资本主义生产方式中那些有利于先进生产力的发展,有利于生产商品化、社会化、现代化的东西并成为社会主义制度自我完善与发展的组成部分,才能成为初级阶段的规定性内容;另一方面,表明性质,即初级阶段的规定性从来都不是笼统的,而是有着十分明确的内容,这就是社会主义性质的规定性。正如习近平指出:"不实行改革开放死路一条,搞否定社会主义方向的'改革开放'也是死路一条"(习近平,2014b)。经过新中国70余年的发展,社会主义性质的初级阶段规定性具体表现在:经济上,坚持公有制为主体,多种经济所有制共同发展的基本经济制度;政治上,坚持把13亿多人民组织成统一力量的中国共产党领导;思想上,坚持从实际出发并经受实践检验证明正确的马克思主义理论为指导;国际关系上,坚持自力主导型的对外开放原则并持续推动构建人类命运共同体。

### (二)回应与澄清"社会主义初级阶段永恒论"的错误思潮

社会主义初级阶段是当代中国建设社会主义的最大国情,是一代又一代中国人正在进行而没有完成的长期发展阶段,但绝不是历史终结的永恒阶段。有人认为,社会主义初级阶段等同于整个社会主义社会,因而整个社会主义发展阶段都应该市场决定一切,大力发展私有制和搞按资分配,社会主义就是不要政府调节、公有制为主体和按劳分配的所谓"社会公正+市场经济"①。这种错误思潮表面是高扬社会主义的旗帜,但其实质却是披着社会主义"外衣"的西方资产阶级的"民主社会主义"观点。在西方国家,"冰岛破产"和"欧债危机"已充分证明,作为启蒙思想与空想社会主义混合物的"民主社会主义"思潮根本不是社会主义,而是"改良资本主义"或"福利资本主义",因为它在经济基础和政治上层建筑的本质方面仍然是资本主义制度,只不过吸收了社会主义某些因素加以改良。在当代中国,"民主社会主义"更是走不通的"乌托邦空想",因为作为拥有近14亿人口的大国,一旦因为过重福利而沦为债务国家,必将成为国际资本主义体系的附庸。正因如此,程恩富教授"三阶段论"认为,把市场经济、私有制与按资分配视为永恒存在的观点,是违背马克思主义的唯物辩证法。马克思主义认为,凡是现存的,都是要灭亡的;凡是合理的,都是要实现的。在社会主义初级阶段,存在和保留作为非主体的私有制和按资分配,有一定合理性。而随着生产力与生产关系之间不断展开的矛盾运动则必然导致市场经济、私有制与按资分配逐步地丧失其存在合理性,它们将让位于更合

① 吴敬琏,社会主义基本特征是社会公正+市场经济,《中国经济时报》,1997年8月5日。

理的现实：公有制、计划经济与按劳分配。这样，“我国社会主义社会生产资料所有制将经历以多种公有制形式为主体的多元所有制结构、以多种公有制形式为特征的所有制结构、以单一的全社会所有制为特征的所有制结构这三个部分性质的变化，依次显示着我国社会主义社会的初级阶段、中级阶段和高级阶段。现阶段我国处于社会主义初级阶段，所有制结构相应的是以多种公有制形式为主体的多元所有制结构”(程恩富，1992d)。与此对应，初级阶段的经济运行机制以市场调节为基础或某种决定作用，以国家调节为主导；在中级阶段，市场机制的作用明显递减；到了高级阶段则为单一计划调节。分配方式，在初级阶段呈现为以多种按劳分配形式为主体的多元分配结构；中级阶段呈现为以多种按劳分配形式为特征的分配结构；高级阶段呈现为单一的一级按劳分配结构。总之，我国所处的社会主义初级阶段，虽然是一个相当漫长的历史过程，但它绝非一个永恒状态，也不是我们的终极目标。而随着生产力的全面变革，未来社会必然从初级阶段走向中级、高级阶段并最终实现共产主义。正如习近平所指出的：“实现共产主义是由一个一个阶段性目标逐步达成的历史过程。”①

### (三)回应与澄清“社会主义初级阶段非科学社会主义论”的错误思潮

社会主义初级阶段是科学社会主义在当代中国的创造性运用。有人就认为社会主义初级阶段不是科学社会主义，没有以科学社会主义为指导。没有以科学社会主义为指导。这种观点首先把中国特色社会主义从世界社会主义五百年发展的历程中提取出来，与科学社会主义、民主社会主义、生态社会主义与民族社会主义并称当代世界五大社会主义思潮与流派，接着从理论上把作为后发展中国家的社会主义——中国特色社会主义与马克思所说的由发达资本主义脱胎而来的科学社会主义区别来开，因为二者不仅有量的差别，而且也有质的不同，是两种不同形态的社会主义；最后，他们认为，在现阶段条件下，不可能产生马克思主义创始人所说的科学社会主义——共产主义，因而得出“中国特色社会主义不是‘中国版’的科学社会主义”(陈文通，2012)的谬论。

总的看来，这种“‘标新立异’观点，或许有着给予中国特色社会主义一个准确历史定位的主观愿望，但结果适得其反”(杜奋根、程恩富，2017)。一旦否定科学社会主义，实际上却是从根基深处把对中国特色社会主义的充分肯定推向了彻底否定，具体来说：第一，这种错误思潮认为社会主义初级阶段具有特殊性，各方面不发达、不成熟，达不到科学社会主义的标准，所以不是“真正”的社会主义，如果按照这一歪理逻辑，必然得出社会主义初级阶段是“空想社会主义”的荒唐怪论；第二，这种错误思潮强行把“民主社会主义”拉入社会主义行列之中，而“民主社会主义”的本质如前所述是资本主义，这势必会玷污社

① 习近平，在纪念马克思诞辰 200 周年大会上的讲话，《人民日报》，2018 年 5 月 5 日，第 2 版。

会主义的真谛，从而误导社会主义初级阶段滑向民主社会主义；第三，这种错误思潮过分强调社会主义的特殊性，必然导致社会主义初级阶段没有科学社会主义基本原则作为标准，那样，它就有可能变成不分青红皂白的“大杂烩”，甚至祸国殃民的新自由主义、新帝国主义也混入其中。

对此，程恩富教授“三阶段论”认为“在近现代政治经济学和科学社会主义发展史上，邓小平创立的中国特色社会主义理论关于初级阶段社会主义的经济观具有独创性和新颖性”，“是可以成立的”（程恩富，2008c）。一方面，初级阶段是社会主义的，因为它浸润了科学社会主义的“底色”；初级阶段不是另起炉灶的“另外讲”，而是继续与发展的“接着讲”与“接着干”。无论它如何发展与完善，追本溯源、归根结底都没有丢“老祖宗”。比如，在所有制上，以公有制为主体，这在本质上坚持了科学社会主义经济制度的产权原则；在分配制度上，以按劳分配为主体，这在本质上坚持了科学社会主义经济制度的分配原则；在经济体制上，以国家调节为主导，这在本质上坚持了科学社会主义经济制度的调节原则。另一方面，社会主义又是初级阶段的，因为它彰显出中国具体国情的“特色”。一切资本主义都必然向社会主义，这是不可避免的，但是在具体形式与方式上每个国家与民族都会有自己的特点，绝不能僵化教条地对待科学社会主义。正是因为独特的文化传统、独特的历史命运、独特的基本国情决定着我们的社会主义植根中国大地、反映中国人民意愿、适应中国和时代发展进步，具有别开生面的“中国元素”。

综上所述，认清所处的社会发展阶段、基本特征及其未来走向，是马克思主义政党开展一切工作的基本依据，是推动社会主义自我完善并逐步走向共产主义必须要回答的首要问题。在新中国70年的发展历程中，新马克思经济学综合学派的领军人物程恩富教授在国内首创性地提出了他称之为“第一创新学说”的“社会主义三阶段论”，其核心要义和思想精华在于，首先研究划分社会主义发展阶段的基本视角，然后扼要提出社会主义发展的三个阶段，接着重点考察社会主义初级阶段的经济特征，最后概略分析社会主义中级阶段和高级阶段的经济特征。这一学说的学术价值、理论价值与现实价值在中外马克思主义和科学社会主义发展史的谱系与链条中具有基石性，而“社会主义初级阶段无规定论”“社会主义初级阶段永恒论”“社会主义初级阶段非科学论”等思潮都是错误的。

## 参考文献

[1]陈文通，2012，对中国特色社会主义经济制度的理论思考，《中国特色社会主义研究》，第4期，第14页。

[2]程恩富，1991a，《社会主义三阶段论》，广州，广东高等教育出版社，第45—51页。

[3]程恩富，1991a，《社会主义三阶段论》，广州，广东高等教育出版社，第95—207页。

[4]程恩富,1991b,《社会主义三阶段论》,广州,广东高等教育出版社,第 39—41 页。

[5]程恩富,1992,社会主义发展三阶段新论,《江西社会科学》,第 3 期,第 21—25 页。

[6]程恩富,2008,落实科学发展观要深刻认识社会主义初级阶段理论,《河南社会科学》,第 3 期,第 4 页。

[7]程恩富,2012,世界社会主义的未来取决于国际无产阶级有效联合行动,《国外社会科学》,第 9 期,第 15 页。

[8]程恩富,2018a,改革开放以来新马克思经济学综合学派的若干理论创新,《政治经济学评论》,第 6 期,第 48 页。

[9]程恩富,2018b,学好用好中国特色社会主义政治经济学 明确国企改革方向,《领导科学论坛》,第 8 期,第 28 页。

[10]程恩富、冯金华、马艳,2017,《现代政治经济学新编》(通用版第五版),上海,上海财经大学出版社,第 372—374 页。

[11]程恩富、徐惠平,1987,社会主义初级阶段的经济特征与改革,《赣江经济》,第 12 期,第 26 页。

[12]程恩富、周环,1988,关于划分社会经济形态和社会发展阶段的基本标志——兼论我国社会主义社会初级阶段的经济特征,《复旦学报(社会科学版)》,第 1 期,第 19—20 页。

[13]杜奋根、程恩富,2017,,中国特色社会主义经济制度是科学社会主义继承性发展——兼评三种流行的误论,《马克思主义研究》,第 11 期,第 54 页。

[14]刘国光,2019,关于中国政治经济学研究的几个基本理论问题,《当代经济研究》,第 8 期,第 8 页。

[15]陆云彬,1987,社会主义初级阶段研究述评,《广西党校学报》,第 4 期,第 16—22 页。

[16]毛泽东,1991,《毛泽东选集》第 2 卷,北京:人民出版社,第 633 页。

[17]施国光,1987,关于社会主义初级阶段问题讨论的述评,《探索》,第 4 期,第 10—11 页。

[18]苏绍智、冯兰瑞,1979,无产阶级取得政权后的社会主义发展阶段问题,《经济研究》,第 5 期,第 14—19 页。

[19]卫兴华,2016,有关整个特色社会主义经济理论体系的十三个理论是非问题,《经济纵横》,第 1 期,第 4 页。

[20]吴宣恭,2014,坚持和完善社会主义初级阶段的基本经济制度,《政治经济学评论》,第 4 期,第 13 页。

[21]习近平,2014a,《习近平谈治国理政》,北京:外文出版社,第 348 页。

[22]习近平,2014b,《习近平关于全面深化改革论述摘编》,北京:中央文献出版社,第 15 页。

[23]于光远,2008,背景与论题:对改革开放初期若干经济理论问题讨论的回顾,《经济科学》,第 6 期,第 11—12 页。

# On The First Innovation Theory of New Integrated School of Marxian Economics

Yang Jun Chen Hongyu

**Abstract** A clear understanding about the stage of social development, its basic characteristics and its future direction, which provide a fundamental basis for the Marxist political parties to carry out all work, and that is the primary question that must be answered to promote self-improvement of socialism and to gradually move towards communism. Since the reform and opening-up, the professor Cheng Enfu—the leading figures of the New Integrated School of Marxian Economics, first proposed the Three Stages of Socialism at home which he called The First Innovation Theory, and its core principles and the thought essence is in the fact that: first, the study about the basic perspectives to divided the development stage of socialism; second, briefly puts forward the three stages of socialist development; third, focuses on the economic characteristics of the primary stage of socialism; the final analysis of the economic characteristics of the intermediate stage and advanced stage of socialism. The academic value, the theoretical value and realistic value of this theory become a cornerstone in the chain of history in sino-foreign marxism and scientific socialism, and oppose some wrong trend of thought, for instance, no rules in the primary stage of socialism, the eternal of primary stage of socialism, and the unscientific of primary stage of socialism.

**Key words** New integrated school of Marxian economics First innovation theory Three stages of socialism

# 中国经济学的中国传统文化基因简论：宏观视角

李冬莲　谢元态

**内容提要**　习近平同志要求构建中国经济学需要融入中国传统文化基因。本文将对中国传统文化基因中的"以民为本""天人合一""世界大同"和"宏观治理"四大方面的传统思想进行分析。对于"以民为本""天人合一"和"世界大同"思想,首先研究各个思想的提出与传承,其次分析各个思想中蕴含的经济学意义,接着探讨各思想的政治学意义,最后再寻找其思想的当代意义。"宏观治理"是对包括国家治理、轻税薄赋、富民强国、货币流通和开源节流四个主要方面的传统思想进行简要论述,从而为中国经济学的宏观调控理论提供中国传统文化基因性支持。

**关键词**　中国经济学　中国传统文化基因　以民为本　天人合一　"世界大同"

**中图分类号**　F120－2

习近平同志要求构建中国经济学需要融入中国传统文化基因。传统文化是我们民族之根,建设中国经济学,要充分吸取传统文化的优秀基因,以固其根本、厚其土壤。

1941 年,王亚南先生率先提出"中国经济学"一词(卢江、钱书法,2012),但并未明确提出要构建这样一门学科,当时的中国也不存在构建这门学科的基本条件。唐庆增指出,"中国之上古经济思想,流入西土,殆为必然之事实"(唐庆增,1936)。中国拥有较为发达的传统经济思想,但却未形成朝学科化方向发展的中国经济学。马寅初指出,"惜汉后儒者以言利为讳,经济思想遂少系统的发展"(马寅初,1999)。中国经济学思想之所以没有得到系统的发展,是因为我国自古就主张"以农立国"。先哲们虽有丰富的经济思想却很少得到运用,汉朝年轻一代的学者甚至以利益之谈为避讳。管子具有极为丰富的经济及管理思想,但后人并未很好地继承和发展且系统化。关于如何发展中国经济学、如何从中国传统文化基因角度研究中国经济学,唐庆增先生认为,我

**收稿日期**:2020－09－28

**作者简介**:李冬莲,江西农业大学 2019 级政治经济学专业硕士研究生;谢元态,江西农业大学经济学教授。

国经济问题很特殊，要想形成适合中国国情的经济思想，就要从我国传统经济思想的历史角度入手——这是很有历史深度的真知灼见。程恩富和何干强则概括为二十四字方针："世情为鉴、国情为据，马学为体、西学为用、国学为根，综合创新"（程恩富、何干强，2009），并且提出要立足中国传统文化、以马克思主义为根本，吸纳主流经济学的数理分析法——这是国内最为系统、最为科学的学术主张。综合众多学者观点，中国传统文化事实上蕴含着无可替代的丰富的经济理论渊源，因而，挖掘和传承中国传统文化基因中的经济学思想，对构建中国经济学有着深远的意义。

## 一、中国传统文化基因的"以民为本"思想

中国传统文化基因中的"以民为本"思想，不但富含众多政治统治思想精华而对社会建设有着积极的意义，而且强调了以人民为核心的治国思想，昭示着国家要将人民视为根本，管理者要将人民放在中心和首要位置，以利人民为己任。当然，这一思想不仅有政治警示作用，而且在经济发展方面也具有重要的指导作用。"以民为本"思想还倡导兼顾"教民"和"富民"，人民的利益不只是局限于经济层面。因此，将"以民为本"思想运用在中国经济学建设上，就是要确立"人民"在政治上和经济上的主体地位；同时要以史为鉴，认真反思改革开放以来较长时期片面追求"富民"而忽视"教民"的倾向。

### （一）"以民为本"思想的提出与传承

早在商周时期，鉴于商纣王暴虐、残酷无情统治而丧失管理国家行政大权的案例教训，周公为周朝取得政权提供合理性、合法性的理论解释，提出"民惟邦本，本固邦宁"（《尚书·五子之歌》）的思想主张，认为人民就是国家的根本，只有巩固根本才能实现国泰民安。春秋时期，统治者逐渐意识到人民的重要性，管子就提出"夫霸王之所始也，以人为本"（《管子·霸言》）。这是中国先贤在人类发展史上最早提出的"以人为本"伟大思想，体现出古代统治阶级的民本思想智慧，将重视百姓程度视为当时的统治开明程度和手段。到先秦时期，"以人为本"思想已发展到理论归纳期，诸子百家将其融入自家理念中。晏子进一步演绎了管子的"以民为本"思想，认为如果要让平民百姓"卑而不失尊"，甚至"曲而不失正"，国家就要"以民为本"。在他看来，一国以民为本、安定人民，自然不会出现违背社会道德的行为和现象，晏子不仅直接使用"以民为本"一词，还全面地阐释了"以民为本"的思想。虽然我国自古众多学者都论述了"以民为本"，并表现出将黎民百姓视为国家的"地基"性作用的思想，但无需忌讳的是，古代学者和统治者更多是将"以民为本"视为建立和稳固霸权的根本性原则。

马克思在《共产党宣言》和《资本论》中都强调"人的全面自由发展"。毛泽

东同志对“以民为本”也有着深刻的见解，从其作品中便可看出他无时无刻不心系人民。在《毛泽东选集》中，“人民”一词出现的频率不断增加，从第一卷的 345 处到第二卷的 556 处，再到第三卷的 845 处，甚至在第四卷中增加到 1 440 处，无不体现着毛泽东同志对“人民”的重视程度。毛泽东同志在会议讲话中也常号召大家要以民为本，他在 1948 年 9 月 8 日的中央政治局会议上强调指出，中华人民共和国是“人民”当家作主的共和国，是实行人民民主专政的国家，各级政府的权力都是“人民”赋予的，各种政权机关和事业单位都是为“人民”服务的。可见，毛泽东同志一直将“人民”放在党和国家权力之上，认为人民便是国之根本，国家的一切都属于人民。江泽民同志认为人民是“社会主义建设者”，国家建设要“以民为本”。胡锦涛同志则扩展了“人民”的外延，提出“以人为本”“人民主体地位”等思想。习近平总书记在传承前人“以民为本”“以人为本”思想的同时，进一步将其上升到“马克思主义政治经济学根本立场”的新高度。在 2015 年 10 月 12 日中央政治局会议上，习近平同志首次提出“坚持以人民为中心的发展思想”，强调“要始终把人民放在心中最高的位置”。在党的十九大报告中，从照顾“老弱病残”、涵盖“学劳住养”等各个角度全面凸显“以人民为中心”的思想，“人民”一词使用次数高达 203 次。十三届全国人大三次会议表决通过的《中华人民共和国民法典》从人格、继承、婚姻家庭等各个方面体现出我国法律保障民权的宗旨，彰显出“以民为本”“以人为本”的思想和时代特色。

**（二）“以民为本”思想的经济学意义**

在经济学层面，“以民为本”发展离不开人，发展问题归根结底是为了人的问题，经济发展在离开人的前提下是无法实现的。经济活动之所以能发生并顺利进行，皆源于人对物质等的需求。发展就是以人为本的综合发展和可持续的发展战略过程。在以经济建设为中心的同时，注重“以民为本”，从根本上解放和发展生产力，改善人民生活，国家富强，共同富裕，满足人民现实的物质文化需要和人的素质提高，促进其全面发展。在注重经济发展的同时重视人的发展，既不能一味追求经济总量而忽视对主体的重视，“见物不见人”，也不可脱离对物质利益的需求而只“见人不见物”。因而“以民为本”需要：(1) 以人民的全面且自由发展为经济建设和发展的目标，将促进人的各方面条件改善作为经济发展的宗旨；(2) 充分尊重“人民”的主体地位，以服从于“人”的发展模式与方式来促进经济发展，促进人的发展和经济发展和谐协调。

**（三）“以民为本”思想的政治学意义**

为“以人民为中心”治国理念蕴含着中国传统优秀的文化基因。“民”作为一个政治学范畴，暗含着“治民”“重民”“亲民”思想。因而，中国古代的“以民为本”是站在“官”的角度，是统治阶级为巩固霸权、维护自己的利益对“民”所给的“恩赐”。同时，“以民为本”还是将“人民”视为“子民”，通过减少战争、减轻赋税等来表达“以民为本”的理念，由此统治者便能安定民心、平定天下，得到全天下的拥护和爱戴。新中国建立后，我们党成为长期执政党，“以民为本”则代表着否定和抛弃“以官为本”理念，摒弃按出身高低贵贱将群众分为“三六九等”的等级观，反对根据人所拥有的金钱、财富多少确定个体社会地位的价值观。中国共产党人的“以民为本”，意味着从维护统治阶级利益转变为维护人民群众的根本利益；意味着完全跳出人剥削人、人压迫人的阶级社会圈；意味着把人作为最高价值取向，建立并坚持社会主义制度，营造人人平等、人人受尊重的社会政治环境；意味着既强调国家和社会对个体的基本需求、合法权益、独立人格和创造个性等内容的尊重，又努力为个体提供展现才能、实现自由全面发展提供平台和条件；意味着在维护人民权益、保障权利的同时，也不忽略个体对国家和社会所作出的贡献。因此，中国共产党人的“以民为本”，是以依靠人民为基础，从而形成人民不能脱离国家、国家也离不开人民的政治价值观。

**(四)“以民为本”思想的当代意义**

“以民为本”是“以人民为中心”的中国传统优秀文化基因。虽说古代统治阶层以巩固统治为目标采取了众多“顺应”民心、安民利民的政策，但作为优秀的传统文化基因，对于当前党的建设和经济文化建设仍然具有重要的现实意义。坚持“以人民为中心”是中国共产党人一直遵循的治国理念和价值追求。“两个一百年”的奋斗目标近在咫尺，我们应坚持“以民为本”的初心，继续牢固“以民为本”这一执政理念。当今贯彻“以人民为中心”，必须明确执政党的价值归属，坚持“以民为本”的初心：(1)必须强化新时代的党建工作，坚持民主集中制，就需要与人民群众构建良好、和谐、互助的关系；(2)要加大反腐倡廉力度和实施强度，坚决打击部分干部危害人民群众利益的行为。

## 二、中国传统文化基因的“天人合一”思想

放眼世界，经济快速发展的同时，人与自然的矛盾也相伴而生。近观中国，资源的有限性与人类欲望的无限性相冲突，环境恶化、生态破坏等问题接踵而至。究其原因之一，是由于缺乏“天人合一”思想，以牺牲自然环境为代价而盲目追求经济发展速度。因此，构建中国经济学必须发掘中国传统文化基因中的“天人合一”思想，才能真正实现人与自然的和谐健康发展，中国经济学才能成为指导经济社会生态有机协调可持续发展的学术典范。

**(一)“天人合一”思想的提出与传承**

中国是以农业文明著称的文明古国，自古以来高度重视农业生产，从而既要适应“天时”，换言之便是靠天吃饭，只有风调雨顺才能丰衣足食；还要“地利”，换言之便是要有地域优势，才可能有好的收成。由于人与自然的关系如

此密切,众多思想家高度重视天、地、人三者的关系,“天人合一”思想便逐渐产生,并不断发展丰富。

在人类发展史上,又是中国先贤早在殷商时期就提出了“天人合一”的伟大思想,即“殷人尊神”,并且要“率民以事神”(《礼记·表记》)。殷人尊奉天神,将其视为万物的主宰,通过占卜来对重大事件作出决定,这也反映出当时的天人关系实质上是神人之交,只是一种原始的人崇拜神的表现。到西周时期,天人关系虽仍未脱离神人之说,但也有了一定的升华。《尚书·蔡仲之命》中讲到:“皇天无亲,惟德是辅。”认为“天”是为保“民”而存在的,天人合一思想的重点是敬德保民,于是将道德观与“天人合一”思想关联在一起,在中国传统“天人合一”文化基因中添加了道德因素。

春秋时期,诸子进一步发展和丰富了“天人合一”思想。孔子认为“天人合一”应当“天”与“仁”结合,由于“我”之“德”是“天生”而来的,因而“天生德于予,桓魋其如予何?”孟子在孔子思想的基础上,提出对于“天人合一”的认识着重于人性,认为人性以天为根本,将人的道德与天相连,道德之天便是人伦、人性道德之基础。孟子认为人本性从善,一方面是“天之所与我者”,另一方面则是“我固有之”,以先天秉性与后天道德坚守相结合,从而达到天人合一的境界(《孟子·告子上》)。道家“天人合一”思想则将重点放在天、地与人三者的统一之中。老子认为,人要顺应自然,“人法地,地法天,天法道,道法自然”。庄子表示“天地与我并生,而万物与我为一”(《庄子·齐物论》)。他以蝴蝶梦对“天人合一”进行完美的阐释,通过人与自然合为一体强调人精神境界的升华,应该注重人与自然的相互融合与尊重,而不可以“人”灭“天”来寻求生存之道。佛教强调的是“天”会超越“人”,而“人”却生而痛苦,需经历“八十一难”才能成佛,达到涅槃,才能进入清净极乐世界以实现“天人合一”。佛家的这一思想从根本上对现实生活、对生存的积极价值进行了否定,“天人合一”的境界与现实相对立,认为一切皆成空便是“天人合一”的功德圆满境界。

阴阳五行学说认为,“天”具有意志,可主宰人世间的吉凶赏罚,因此人类的言行举止都要遵循“天意”,若有违背,必然会受到“天出灾害以遣告之”(《春秋繁露·必仁且智》)。董仲舒认为,正因为天人相辅,天和人之间可实现相互感应,天对人的道德和不道德行为会进行赏赐和惩罚,还因为天之大,从而对君臣、父子和夫妻之间的关系增添了不平等的主从色彩。

宋明时期将儒家的“天人合一”思想发展到巅峰。宋明道学将人与天地万物视为一体并向博爱方向发展。《易经》中乾为天,坤为地。张载将其推演为“乾称父,坤称母”,意即父母养育子女,缺一不可;而天地养育人类,同样缺一不可。因而如果做到了既尊“天道”又爱“地道”,“予兹藐焉,乃浑然中处”(《正蒙·乾称》)。表明人与天地万物本就浑为一体,这就是张载所谓人与人、与物都息息相通的“共体论”。程颢继承了孔子的“仁爱”思想,认为“仁者以天地万物为一体，莫非己也”(《二程遗书》卷二上)。认为“仁”和“天地万物”之间存在密切联系，只要具备“仁”的天性，便能与万物形成一体，也能做到爱人爱物如爱已。同时，程颢和朱熹具有相同的观点，认为“理”是万物的根本，因此“理”和“人”也是相通相关的，因此“天人合一”也表现为“与理合一”。在程朱理学的基础上，王阳明提出天地万物“原是一体”，而其“发窍之最精处”便为“人心一点灵明”(《传习录》下)。认为天地万物存在的意义是天地万物之心与人心相辅相成，心心相融，人若能对自然产生恻隐之心，便能实现“天人合一”的互为交融，形成博爱社会。到了明清时期，“天人合一”思想逐渐式微，王夫之的“天人合一”思想已具有浓厚的形如“主客两分”的思想。

**(二)“天人合一”思想的经济学意义**

人与自然的和谐观为现代化建设进程提供了规律性启示，从而走生态平衡、可持续发展的生态文明之路。“天人合一”思想指出，天地万物都可从阴阳两面去寻找事物根源，只有阴阳两面兼顾，达到二气和谐交融，世界万物才可得以顺利生长发展，也即道家的“道法自然”与儒家的“辅相天地之宜”的理念。因此，在不断推动现代化进程的同时，我们应遵循“天人合一”思想，实现人与自然和谐相处。针对目前存在的生态环境问题，以“天人合一”智慧合理有效施策，保护自然、维持生态系统的良好循环和平衡，以实现工农业的绿色发展目标。

资源有限，对自然资源的开发需以合理适度为原则，为经济社会谋长远发展。中国经济学融入“天人合一”思想，必须贯彻绿色发展理念。践行绿色发展观，既要“适度”推进经济增长，经济发展不能只看 GDP，而要采用绿色 GDP 指标体系；又要倡导人们生活开支有度，走“适度”消费之路，形成理性消费观。通过生产方式和生活方式的转变，形成人与自然和谐相处的“天人”关系，确保经济社会生态有机协调可持续发展。

**(三)“天人合一”思想的政治学意义**

“天人合一”思想为生态环境制度建设提供理论支撑，同时也为设立政绩指标提供思想渊源。党的十八大以来，强调生态文明制度化，提出要建立生态文明的“制度体系”。以“天人合一”的整体观制定政策法规，摒弃人与自然相悖而行的逐利观，以“天人合一”思想指导生态文明制度建设，通过立法引导民众保护环境、保护人类的家园，形成并落实环境保护与经济建设相协调的立法体系，建立生态与经济相协调的发展机制。根据“天人合一”思想制定和调整政府工作人员的工作绩效考核指标，从政治层面贯彻“天人合一”思想，进而带动全社会的思想转变，让人们在追求个人利益的同时，能够重视全球所有生物的生命价值，形成自然与人类共生同灭的“天人合一”命运观。

**(四)“天人合一”思想的当代意义**

“天人合一”思想具有强烈的理性价值观特点，它可以为当代人提供高度自然和谐的精神栖息所，有利于促进精神文明建设。伴随着我国经济以及物质文明快速发展，社会关系即人与人之间的关系出现了不同程度的"物化"和"异化"，从而导致社会物欲横流，人的主体性和精神价值观不断被淡化，人们物质生活与精神生活严重不协调。因此，如何给予人们更多的精神补偿和慰藉成为时代重要的关注点，这就需要理解和领悟我国传统文化基因之一的"天人合一"思想，从而得到深层次的启发。"天人合一"思想重在以理智的头脑，以人的精神动态为核心，善待自然万物。如借用儒家的"天人合一"讲究"天人合德说"，通过以"仁"处世的德行去陶冶情操、实现自我价值；又如借用道家的"天人合一"重"以人合天"观，以乐观豁达之心应对人生所遇到的困难，越过荆棘，摆脱"拜物教""拜金主义"等的桎梏。通过对"天人合一"的深刻体悟，以"大人""高人"的理想人格去净化心灵，顺应并享受自然万物，以生态文明观善待环境和资源；以自然而然的态度面对生活，不过分追寻稀有之物，不崇尚奢靡与浪费之风；以"从简""从朴""从真"为美，从而看淡政治权利和物欲，达到平和人伦关系、凸显精神地位以及安定人心的效果。

这次全球爆发蔓延的新冠疫情，警醒人类认识到"天人合一"思想的厚重历史价值和当代现实意义；同时也启示我们，融入中国优秀的传统文化基因"天人合一"思想构建的中国经济学，将具有独特的文化传统基因优势和鲜明的中国文化基因特色。

## 三、中国传统文化基因的"世界大同"思想

中国传统文化基因中的"世界大同"思想既反映出我国古代人民对美好生活和社会的理想与期待，也是"中国梦"的题中之义——既有中国传统文化的深厚渊源，也给中国经济学所追求的终极价值和目标提供了全球视野的高品质营养。构建人类共同幸福终极价值和目标的中国经济学，将确立博大胸怀的"世界大同"经济发展观，以推动人类命运共同体形成。作为世界第二大经济体的中国经济学，无疑要揭示中国经济发展规律，同时还要放眼世界经济大势并尽可能地为实现"世界大同"贡献中国经济学智慧。

### （一）"世界大同"思想的提出与传承

"世界大同"作为中国传统文化基因的核心理念之一，不仅是古人不懈追求的理想社会，也是当今中国共产党人"人类命运共同体"理念的理论渊源之一。

早在先秦时期，诸子就描绘了一幅和谐友爱、平均公正、和平富有"世界大同"的美好前景。老子所期许的"世界大同"能够"甘其食，美其服，安其居，乐其俗"（《道德经》）。孔子所崇尚的是"老者安之，朋友信之，少者怀之"（《论语·公冶长》）的理想社会。墨子心中的"世界大同"是以"兼爱""非攻"为标

尺，以最初平等和互利互爱为基础，认为天底下没有大国小国之分，也不存在富国贫国之别，天下的国家"皆天之邑也"(《法仪》)。战国末年，《礼记·礼运篇》在系统地概括和归纳诸子百家的"世界大同"观点的基础上，提出"天下为公"思想，认为大家要互助互爱，生活才能井然有序，社会才能公平安宁。

西汉之后，"世界大同"思想常表现在文人笔下，陶渊明《桃花源记》中与世隔绝的"烟火气"十足，施耐庵的《水浒传》则充满平民百姓对均等公平社会的强烈愿望。

洪秀全领导发动"太平天国运动"的目的就是实现淳朴而平均的"世界大同"，大家互相体恤帮助，能够"患难相救"，社会太平，大家即使"夜不闭户"也不用担心(《原道醒世训》)。康有为在《大同书》描绘的"大同世界"："至平也，至公也，至仁也，治之治也。"(康有为，2007)

孙中山认为，跨越国界，社会公平且极富仁义之道，这便是世界大同。认为我国是热爱向往和平、重视人道主义的民族，"若能扩充其自由、平等、博爱之主义于世界人类"，世界大同便不难实现(尚明轩，2015)。于他而言，世界大同就是国家人人共享幸福，世界以和平、人道为原则，以自由、平等和博爱为追求的共产、均平主义。

1925年，毛泽东同志将中国革命的成功归为"找到一条到达大同的路"(毛泽东，1964)。邓小平则认为，要想实现"世界大同"，需要先奠定"小康"基础。如果贫富差距小到几乎平均，人人皆可受益，这难道不是简单的"大同"？

**(二)"世界大同"思想的经济学意义**

"世界大同"思想既为建立富强、富裕的国家补充催化剂，也为早日实现公平、幸福中国梦指明道路，为我国制定和实行经济公平分配制度提供文化基因支持。经济基础决定上层建筑，经济发展是国家繁荣富强的重要物质基础，也是人民幸福生活的物质基础。"世界大同"包含着全面小康、共同富裕等思想，要求国家富强、百姓富裕；同时，"世界大同"思想包含着人们所期待的社会公平景象。中国自古"不患寡而患不均"，因而公平分配又是"天下为公"思想在经济上的重要体现。当前我国实行以按劳分配为主体、多种分配方式并存的个人收入分配制度，可是仍存在着比较严重的两极分化。贯彻"世界大同"思想，中国经济学需要对分配制度作出理论规范，应当在保持较高效率的同时，不断提升公平度，营造公平、平等又极具活力的经济社会，而人们的幸福感也因此得到提升。

**(三)"世界大同"思想的政治学意义**

"世界大同"思想有助于提升全民族道德文明水平，丰富和提升中华民族的精神家园；有助于向世界展现中国和平主义的国际形象，为世界和平发展输入强劲的中国传统文化力量。和平发展原则以反霸权、反欺凌，谋和平、谋合作为目标，而中国传统文化基因之一的"世界大同"思想清晰地向世界展示出中华民族热爱和平、协和万邦、重视合作的民族特性。在 2008 年的北京奥运会上，以“同一个世界，同一个梦想”向世界传播中国的“世界大同”心声。在 2020 年抗击新冠疫情阻击战中，中国向世界各国分享抗疫经验、提供抗疫物资等行为，更是“世界大同”思想对世界人民付诸的大爱行动。因此，中国反对专权、反对霸权主义，寻求的是与世界各国的共识与合作。中国渴望和平，世界也需要和平。世界和谐发展，必须以“人类共同体”理念来制定国际规则和秩序，既要以“大同”的理想来消除各国文化间的冲突和差异，也要以“大同”为目标形成和谐、和平、和气的世界大家庭。可见，中国经济学融入“世界大同”思想，将为国际经济政治新秩序理论提供中国传统文化的优秀基因。

**（四）“世界大同”思想的当代意义**

“世界大同”思想以当代语言来表达可以称之为“世界梦”。“世界大同”思想有利于形成国内公平互助、国际合作共赢的共享、共建社会，客观上推动着人类逐步朝着共产主义社会目标前进。“世界大同”体现的是“天下为公”伟大理想，以“世界大同”思想指导国家现代化建设进程，可引领国家朝着益于公平公正的目标发展，形成公平互助、和谐幸福的“大家庭”；以“世界大同”思想引领世界发展，将在不断优化国内人文环境的同时，不断改进人类行为，使“人类命运共同体理念”逐步成为全人类的共识。在“世界大同”思想指导下，各个国家在保证领土完整、维护主权独立的前提下，共同谋求世界和平：首先要摘掉“有色”眼镜，不歧视任何种族和国家，扶贫济弱，为落后国家提供资金和技术支持；其次要继续加强“一带一路”等项目的建设；再次要保护优良的人居环境，坚持可持续发展战略，为世界增添一抹绿色。可见，中国传统文化基因中的“世界大同”思想的当代意义体现在，它是“人类命运共同体”理论渊源，向世界展现“世界大同”思想，是为早日实现“世界梦”贡献中国力量，也是推动人类逐步走向共产主义社会的马克思主义中国化力量。

## 四、中国传统文化基因的“国家治理”思想

中国传统文化博大精深，在不同历史背景和经济发展水平的影响下显现出明晰的时代性。通过对中国传统文化基因中“国家治理”思想的研究，不仅能体会到传统文化基因深远的影响力，而且能感受到其中所蕴含的“治国安邦、经世致用”的“国家治理”先贤智慧。更重大的现实意义还在于，既能够为当今国家治理体系和治理能力建设实践起到重要的启迪作用，也是为中国经济学的宏观治理理论与政策注入深刻的传统文化基因。

**（一）“务农为本”与“兴工利国”思想**

“农”是“工”的商品原料产区，“工”则是“农”的成品出道和加工区。在古代以“食”为首要目标的时期，“农”便是人民生存之本，国家强盛也当以“农”为

基础。法家代表人物商鞅便认为农业是富国的根本，一国要想富国强兵就必须大力发展农业。管子主张“王道”而非“霸道”治国，其“王道”思想非常精辟，“俱王天下者，何也？必国富而粟多也。夫富国多粟生于农，故先王贵之”。因为务农使得国家富有而强大，因而加强农事便可统治天下。在古代，“仓廪实”“衣食足”就是(自然人和家庭)个体最大的愿望，因而农业也受到广大民众的重视。

管子是我国古代最早提出“兴工利国”主张的。他说“有山海之货而民不足于财者，商工不备也”(《盐铁论·本议》)。管子认为，自然资源要转变为国民财富，发展工商业是必经之路。因此在管子看来，“农”为本，“工”为末，但农工是一样重要的，要致力于国家繁荣富强，必须本末并重。

**(二)“轻税薄赋”与“富民强国”思想**

荀况认为，“富民强国”须“轻税薄赋”，“轻田野之赋，平关市之征……如是则国富矣”，决不可“苛关市之征以难其事”是“国富”的必要条件之一，所以收纳商业税应以利于商品交换、促进商品经济发展为目的(《荀子·富国篇》)。孔子认为，生产与财政关系密切，百姓富足是国家财政的基础。因此，孔子支持敛从其“薄”(《左传·哀公十一年》)，收缴税赋应从轻计量，这样方能富裕子民、收得人心，从而实现“富民强国”。

由此可以看出，“轻税薄赋”是“富民强国”重要基础之一，通过减轻商业的税赋，可以为商业的发展提供生机；而通过减轻劳动力所得的税赋，便能为生产力的提高注入动力能源。因而，“富民强国”应当制定合理税赋标准，只有“轻税薄赋”放水养鱼，才能增加人民富裕的经济来源，才有国家富强之基(税赋)的源头活水。

**(三)“货币流通”与“开源节流”思想**

中国的货币产生时期早于世界各国。中国古代形成的货币思想独特而又极富创造性，其中的货币流通思想是我国传统文化基因的重要内容。“造铜钱以翼钞法”(《古今治平略》卷一)。郑介夫采取钱钞同行制度的主张非常先进。他主张，将铜钱作为辅助货币来使货币流通适应商品交易的要求；通过商业交易、国家财政以及百姓简单交易可根据需求使用不同形式的货币，以便利货币流通；国家对货币的不同处理方式会影响物价，通过调节市场上的货币流通量可以调节商品价格。因此，“开源节流”思想在此就发挥出巨大的调节和平衡人民心理作用。《礼记·大学》篇说“生之者甚少而靡之者甚多”就会导致坐吃山空、债台高筑的严重后果。因此要“富国”就必须“开源节流”。“开源节流”首次提出者是荀况，他遵从管子的“治国如治家”思想，主张要善于“节其流”“开其源”，于是“天下必有余”，而皇上也就自然“不忧不足”了(《荀子·富国》)。荀况还表示，“开源节流”是人民和国家“上下俱富”的通道，治理国家须以节约财政支出为要求，理财要遵照“开源节流、量入为出”的原则，鼓励农林畜牧渔等产业的发展,减少财政支出,通过发展生产和经济来富国富民。

在社会主义现代化建设过程中,要实现富强、民主、文明的目标就要践行勤俭奋斗的方针,应平衡好生产与生活、发展与消费之间的关系,既要大力发展社会生产力,广拓财源,增加财富;又要开源节流和勤俭节约,缩减浪费型开支,杜绝奢靡之风,严厉打击奢侈浪费行为。中国经济学应当以史为鉴,传承中国优良的"货币流通"和"开源节流"传统文化,才能形成具有中国特色的货币流通理论和现代公共财税理论。

**(四)"收益分配"与"国家调控"思想**

分配作为生产和消费的中间环节,对社会的和谐与稳定起着重要的作用。中国古代众多思想家曾提出过许多关于财富、收益分配的很有价值的主张和观点。荀子从人的本性出发,认为该群则群、该分则分,因为"群而无分则争,争则乱,乱则穷矣"(《荀子·富国》)。荀子的"群分观"又引申为"分配观",认为分配对于国家和社会极其重要,没有分配,国家动乱且贫穷;有分配,国家就能从中获利。因此,管理者对收益分配要制定合理的分配政策和制度进行国家调控,执政者要参与贫富的调节和均平,对不足者要通过财政转移政策予以弥补,这样才能维持国家、社会的稳定。荀子进一步认为,收益分配要体现公平原则,而国家领导者就是这个原则的执行者。因此,在国家调控收入分配工作中,要做到尽可能均衡,从而缩小人民收入间的差异和减轻心理上的不平衡程度,以达到社会公平稳定的目的。儒家治国理念高度重视公平公正,正所谓"不患寡而患不均,不患贫而患不安"《论语·季氏》。分配不公会引发社会动荡,而只有安定才能创造财富以国强民富,"均贫富"思想便由此而产生。管子认识到,作为人君者,治国需要把握"管分之枢要也"《管子·国蓄篇》。也就是说,国家统治阶层是收益和财富分配的枢要,在收益分配中,国家调控必不可少,他们承担着通过财政手段进行收益分配的重任。从以上论述中可以看出,国家调控的存在对于收入分配有着极大的调节和安定民心与社会的作用。

"国家调控"不仅对调节收入分配起作用,在自然资源和生产销售方面也意义深远。"工不出,则农用乏。商不出,则宝货绝。农用乏,则谷不殖;宝货绝,则财用匮"(《盐铁论·本议》)。这是桑弘羊对工—农—商—财富关系的精辟论述,值得当今的中国经济学借鉴。国家调控应择业而行,不能过于放任,也不能完全垄断,而对于工商业国家则可以实行垄断政策。正如司马迁所说,对于人民赖以生存的衣食住等产业,"此宁有政教发征期会哉?人各任其能,竭其力,以得所欲"(《史记·货殖列传》),国家此时就不能采取垄断的调控措施,而应当全面放开,实行自由发展。

因此,中国经济学可以吸收中国优秀传统文化中的"收益分配"与"国家调控"思想:在收入分配上,要以公平分配为原则,以维持社会稳定为宗旨,通过国家调控去实现;对于商品产销,国家调控要适度,要择业而行,该放开时不严抓,该垄断控制时不犹豫。中国传统文化中的经济思想和观点意蕴极为丰富。通过对中国传统文化基因的研究和分析,加深领悟中国传统文化思想的历史价值和当代价值,既认识到我国传统文化基因不断随时代传承、发展的总体过程,也"取其精华,去其糟粕",对传统文化基因进行创造性、创新性的转化和发展,并将传统文化基因融入中国经济学,让中国经济学释放传统文化魅力,让中国传统优秀文化在中国经济学中焕发出生机与活力。

## 参考文献

[1]程恩富、何干强,2009,论推进中国经济学现代化的学术原则——主析"马学"、"西学"与"国学"之关系,《马克思主义研究》,第 4 期,第 5—16、159 页。

[2]康有为,2007,《康有为全集》,北京:中国人民大学出版社,第 6—7 页。

[3]卢江、钱书法,2012,王亚南对中国经济学研究的理论与实践贡献,《经济学家》,第 8 期,第 5—10 页。

[4]马寅初,1999,《通货新论》,北京:商务印书馆。

[5]毛泽东,1964,《毛泽东选集》第 4 卷,北京:人民出版社,第 1360 页。

[6]尚明轩,2015,《孙中山全集》第 7 卷,北京:人民出版社,第 265 页。

[7]唐庆增,1936,《中国经济思想史》,北京:商务印书馆,第 361 页。

# A Brief Study of Chinese Traditional Culture Genes in Chinese Economics: A Macro Perspective

Li Donglian Xie Yuantai

**Abstract** Comrade Xi Jinping demands that the construction of Chinese economics should be integrated into the genes of traditional Chinese culture. This paper will analyze the traditional thoughts of "people-oriented", "nature and humanity ", "world unity" and "macro-governance" in the genes of Chinese traditional culture. For the thoughts of "people-oriented", "nature and humanity" and "world unity", first study the ideas put forward and inherited, and then analyze the economic significance contained in each thought, then explore the political significance of each thought, and finally look for the contemporary significance of their ideas. "Macro-governance" includes four main aspects of national governance, light tax, rich and powerful, currency circulation and open source savings and other four major aspects of the traditional thought of brief discussion, so as to provide the macro-control theory of Chinese economic science to provide the genetic support of Chinese traditional culture.

**Key words**　Chinese economics　Chinese traditional culture genes　People-oriented Nature and humanity　"World unity"

# 中国特色社会主义制度的抗疫优势
## ——基于历史与现实的解析

罗玉辉　廖敏伶　陈东琼

**内容提要**　新中国成立以来,党和政府始终关心人民群众的卫生健康问题。新中国成立之初的抗击鼠疫,展现出新生人民政权的力量;全民抗击"血吸虫病"的战役,创造了"送瘟神"的奇迹;世纪之初的抗击"非典",展现出众志成城、迎难而上的民族精神;2020年的"新冠肺炎"疫情,再现中国特色社会主义制度的强大优势。回顾70余年来中国抗击重大疫情的历史,我们在实践中积累了宝贵的抗疫经验:一是坚持搞好经济建设,增强防范风险能力;二是积极响应疫情,从上至下科学部署;三是联防联控多措并举,切断疫情传播途径;四是坚持生产发展,保障经济平稳运行;五是加强政府公信力,提升民众战胜疫情的信心。以上成功经验的背后体现了我们的制度优势:一是中国共产党始终是最先进生产力的代表;二是中国特色社会主义制度具有无可比拟的优越性;三是坚持人民群众的主体地位,发挥人民群众"历史创造者"的作用。同时,"新冠肺炎"疫情也为我们敲响了警钟,我们应反思我们的缺陷和不足,为我们未来深化改革发展提出新要求。这些要求包括以下几方面:一要补短板,加快健全发展城乡一体化的公共卫生事业;二要强根本,积极推动经济领域的供给侧结构性改革;三要固优势,保障公立医疗机构在国家卫生安全中的主体地位;四要不放松,继续完善并严格执行《野生动物保护法》;五要谋未来,抓紧构建国家生物安全制度体系。在以上多策并举之下,夯实中国特色社会主义的医疗卫生安全保障。

**关键词**　新中国　重大疫情　公共应急管理　经验总结
**中图分类号**　G633.23

瘟疫是人类生存发展的最大敌人,曾无情地夺去了许多无辜人民的生命。历史上,我们遭受过许多可怕的瘟疫。我们人类从来没有战胜过自然,在医疗

---

**收稿日期**:2020—09—18

**作者简介**:罗玉辉,中国证监会资本市场学院应用研究专员;廖敏伶,中国农业大学马克思主义学院硕士研究生;陈东琼,中国农业大学马克思主义学院教授。

**基金项目**:本文系北京市习近平新时代中国特色社会主义思想研究中心项目"新时代中国国家形象塑造与国家影响力提升研究"(19LLZD15)的阶段性成果;北京语言大学院级项目(中央高校基本科研业务费专项资金)"汉语言文化的跨文化传播策略研究"(20YJ030003)的阶段性成果。

健康领域我们人类依然处于"朦胧期"。在马克思主义理论指导下,党和政府十分关注人民群众的生命健康。① 1952年,毛泽东同志发出"动员起来,讲究卫生,减少疾病,提高健康水平"②的号召,在1958年江西余江县取得抗战"血吸虫病"的胜利后,毛泽东欣喜地写下七律《送瘟神》,表达了主席同志对长年遭受"血吸虫病"折磨的广大农民的深切同情,也显示出主席同志对新生革命政权消灭了2 000多年来一直折磨劳动人民疾病的欣悦之情。在毛泽东时代,我国开展了一场轰轰烈烈"以卫生为光荣,以不卫生为耻辱"的全民健康卫生运动。此后,历任国家领导人都非常关心人民群众的卫生健康安全,20世纪80年代,邓小平同志曾强调,"思想文化教育卫生部门,都要以社会效益为一切活动的唯一准则,它们所属的企业也要以社会效益为最高准则"(邓小平,1993),确保我们的医疗卫生体系全心全意为人民服务。党的十八大以来,习近平总书记在不同场合多次强调要关心人民群众的生命健康,并提出著名的"两康理论",即"没有全民健康,就没有全面小康"③,将卫生健康事业作为各级地方政府的重要任务。当下,"新冠肺炎"暴发以来,习近平总书记亲自指挥,动员全国力量支援湖北疫区。习近平总书记多次强调:"各级党委和政府及有关部门要把人民群众生命安全和身体健康放在第一位。"④为我们战胜"新冠肺炎"提供了有力的政治保障。党和国家领导人非常关心人民群众生命健康,这是我们中国共产党的根本宗旨要求的,也是我们社会主义制度优越性的集中体现。下面,本文先回顾新中国成立以来的几次重大抗击疫情事件,以此引出我们的思考,并提出我们未来的改革方向。

## 一、新中国成立以来的几次重大疫情防控

新中国成立70余年,我们经历了"鼠疫""血吸虫病""天花""霍乱""非典""新冠肺炎"等重大疫情。每一次疫情面前,党和政府高度重视,积极采取有效防控措施,及时阻止了疫情的大规模扩散与传播,保卫了人民群众的生命安全。现将几次具有代表性的重大疫情防控梳理如下:

**(一)科学施策抗击鼠疫**

新中国成立之时,鼠疫像幽灵一样考验着年轻的人民政府。⑤ 从1949年

① 马克思、恩格斯非常关注人的全面发展,曾提出"任何人的职责、使命、任务就是全面地发展自己的一切能力",其中就包括保持人的身体健康。参见:马克思、恩格斯,《马克思恩格斯全集》第3卷,北京:人民出版社,1995年,第514页。

② 中共中央文献研究室,《建国以来重要文献选编》第1册,北京:中央文献出版社,1992年,第11页。

③ 中共中央文献研究室,《习近平关于协调推进"四个全面"战略布局论述摘编》,北京:中央文献出版社,2015年,第43页。

④ 研究新型冠状病毒感染的肺炎疫情防控工作,《人民日报》,2020年1月26日。

⑤ 日本投降时,日军731部队为消灭细菌战证据,炸毁了细菌工厂,使得染疫的老鼠和跳蚤外逃,进而感染了当地的野鼠,使得该地区十年内陆续发生鼠疫灾害。

到1958年，东北地区多次暴发鼠疫，如何采取有效措施控制疫情传播，成为党和政府的重要任务。疫情发生后，人民政府在东北地区设置了体系完善的省、市、县级鼠疫防治站和鼠疫防治所，领导和组织人民群众开展卫生防疫工作。一旦出现患病人员，防疫工作人员在第一时间赶到现场，对疫区进行封锁和隔离，同时进行大规模消毒工作，有效阻止疫情的蔓延和传播。同时，我国政府积极与国际社会进行合作，如在苏联的协助下成功研发出免疫效果较好的鼠疫疫苗，并对鼠疫疫区的居民进行了全面的鼠疫疫苗接种工作，仅1950年就有133万人接种，超过了接种区人数的一半（武衡，1998）。为彻底消灭鼠疫，人民政府在东北地区开展了声势浩大的全民灭鼠运动。仅1950年，东北各地区捕杀老鼠近3 349万只，超额完成原定捕鼠任务11.6%[①]，这一举措成为新中国日后开展“除四害”运动的重要借鉴，即在七年内基本消灭老鼠、麻雀、苍蝇和蚊子，减少对人民群众的威胁。

在这场抗击鼠疫的战争中，我们党和政府科学应对，以高度的政治责任感和使命感，与人民群众紧密联系，并发动人民群众参加抗疫。最终在党和政府的科学领导下，我们取得抗击鼠疫的伟大胜利，此后鼠疫发生率大大降低。

**(二)全民动员防治“血吸虫病”**

在封建社会两千多年的历史长河中，“血吸虫病”一直威胁着人民群众的生命安全。“血吸虫病”是一种慢性的寄生虫病，该病一旦感染，持续期可长达10年甚至20年，患者会因为反复感染或者多次治疗不彻底而导致腹水，俗称“大肚子病”。人民群众防治“血吸虫病”的历史虽然悠久，但由于缺乏官方的统一组织和安排，都是民间自发的、分散的及一些原始的做法，因此防治“血吸虫病”并没有取得重大成效。在新中国成立初期，全国范围内累计“血吸虫病”感染者人数达到1 100余万人次。疫情分布在长江以南12个省、市、自治区的300余个县城，全国有1亿以上的人民群众受到威胁，不少村庄甚至因此毁村灭寨。

面对这种恐怖的传染病，党和政府高度重视。1955年，毛泽东同志提出：“一定要消灭血吸虫病。”[②]在中央血防九人小组的领导下，饱经新民主主义革命淬炼的中国共产党组织体系高效地运转起来，并采取了如下措施。第一，将治病救人作为永远的头等大事。全国各地的医务人员积极响应毛泽东同志的号召，来到防治“血吸虫病”战役的前线，为患者提供免费的治疗。后方还有科研人员不断研制、生产更有效的治疗“血吸虫病”的药物，为前线提供保障。第二，及时切断疫情传播途径。医务人员专门划分了生活用水以及牲口用水的

① 中央人民政府卫生部宣传处，《新中国人民卫生事业的成就》，北京：卫生宣教器材制造所内部印行，1951年，第30—31页。

② 《光辉的成就：庆祝中华人民共和国成立三十五周年文集（下册）》，北京：人民出版社，1984年，第421页。

区域，并进行了血吸虫的排查和消毒；在下田劳动时，人民群众都会穿上特制的防护用具，并涂抹药物，防止“血吸虫病”的感染。第三，科学寻找疫情源头。经过研究发现钉螺是血吸虫的寄宿源头，从源头消灭钉螺就能彻底地消灭血吸虫，于是政府组织人民群众在疫区开展了轰轰烈烈的灭螺行动。在这场运动中，人民群众充分发挥聪明才智，将土埋灭螺和兴修水利、发展农业生产结合起来，创造了沟心土埋、双边抽沟土埋等灭螺方法，在病害流行地区各省（市）已经有一亿五千多万平方公尺的钉螺地区进行了灭螺工作，钉螺死亡率达到95%。① 截至1958年底，我国多个县市宣布已消灭“血吸虫病”。

在中国共产党的坚强领导下，人民群众积极参与、社会力量全面动员，进行了一场轰轰烈烈的群众抗疫战争，取得了中华民族历史上第一次抗击“血吸虫病”的伟大胜利。通过这次战疫，新中国最早的专项疫情控制体系建立起来，各地血防所、血防站林立而起，一批专业的血防人员得到培训，为未来重大疫情的防控建设提供了宝贵经验。

**（三）建章立制抗击“非典”**

2003年春，我国遭遇了一场“非典型肺炎”（以下简称“非典”）重大疫情，人民群众生命安全受到严重威胁。“非典”传播能力强、致死率高，在短时间内感染了大量患者，并且出现“超级传播者”，一时间社会恐慌情绪上升。在疫情发生前期，医务人员对“非典”病毒的认识不足，严重缺乏防备，将“非典”患者作为普通感冒或者典型肺炎进行救治，导致广东多家医院医护人员被感染。同时，广东省政府也对疫情缺乏科学评估，导致管控措施不力，错失了防控疫情的最佳时期。从2月下旬起，伴随着春运，疫情从广州传播到中国各省市，北京和广东成为疫情“重灾区”。

两会召开后，党中央和国务院高度重视“非典”疫情，主动出击，迅速制定和颁布《突发公共卫生事件应急条例》和《传染性非典防治管理办法》，将“非典”纳入法定传染病管理，坚持“四早”原则，并对疫情重点区域进行隔离控制，防止疫情出现增量，至此我国抗击“非典”的战役转为主动出击阶段。为了战胜疫情，各地设置定点医院，中西医结合全力救治“非典”病人，医护人员极力抢救每一位病患，努力减少病患存量，使得我国“非典”死亡率远低于世界平均水平。随后，由于医院成为重要传染源，北京成为“非典”的“重灾区”。为集中收治病人，北京市政府修建起了“小汤山医院”，耗时7个昼夜，占地2.5万平方米，收治病例占全国总量的1/7，被WHO专家称为“世界医疗史上的奇迹”②。在政府的积极应战下，“非典”疫情得到有效控制，进入5月份以来，“非典”疫情传播速度明显放缓，到6月15日，中国内地实现了存量病例清零，

① 周恩来，国务院关于消灭血吸虫病的指示，《中华人民共和国国务院公报》，1957年，第18期。

② 小汤山医院非典建筑将拆除，人民网，http://pic.people.com.cn/GB/165652/165654/11285882.html，2010年4月2日。

抗击"非典"疫情取得了胜利。

"非典"疫情对我国经济社会正常运行产生了巨大影响，中国内地累计病例5 327人，死亡349人，死亡率6.5%。[①] 工厂停工、娱乐场所关闭，可能使全年经济增长放缓0.5～1.2个百分点。[②] 多所学校停课，正常教学进度被打乱。医护人员为了抗击"非典"做出了巨大的牺牲，调查显示，"非典"期间医护人员感染人数占总感染人数的20%，约1/3的死亡病例都是医护人员，其中，北京大学人民医院全院93名医护人员被感染。"非典"疫情结束后，我国政府将应对突发公共卫生事件以规章制度固定下来，出台了《国家突发公共事件总体应急预案》，同时在各地医院开设发热门诊以应对传染病带来的威胁。面对"非典"中信息没有及时传递的情况，我国新闻发言人制度加速成型，在传递重大信息、维护社会稳定等方面发挥了重要作用。这些改进措施，在制度层面对科学处理疫情进行了完善，也对未来预防疫情提供了宝贵经验。

**(四)全国一级响应共抗"新冠肺炎"**

2019年底，在武汉市开始出现一种新型冠状病毒感染导致的肺炎(以下简称"新冠肺炎")。最早的患者大多有华南海鲜市场暴露史，这种未知病毒期初被怀疑来自野生动物，其人传人现象并没有被证实和预防。到了2020年1月份，武汉市"新冠肺炎"感染者数量呈几何式增长，并迅速在全国各地蔓延开来。面对不断蔓延的疫情，武汉市在1月23日实施封城，此后湖北省多市相继宣布封城，全国30个省市自治区均宣布启动重大突发卫生公共事件一级响应，全国上下进入抗击"新冠肺炎"的疫情中。3月初时，全国累计确诊8万余例。习近平总书记对此作出重要指示："必须引起高度重视，全力做好防控工作。"[③]同时，孙春兰副总理率中央指导组赴武汉开展督查指导工作，为治病救人提供了组织保障和督促指导。

全党全军全国人民同心同德，共面困难。党中央对疫情高度重视、多次部署，成立中央应对疫情工作领导小组，将疫情防控作为重中之重。各省市医疗精锐力量向湖北集结，以钟南山院士为代表的来自全国各地3.2万余名医护人员主动请缨，驰援湖北，向疫区逆行。为了缓解病患床位紧张的问题，11天内武汉火神山医院拔地而起，12天内雷神山医院建成，能够提供2 600余张床位，一座座方舱医院迅速整备，上万名轻症患者得到了救治。李克强总理要求："湖北和武汉要尽最大努力把病亡率降下来，这不仅是人民生命至上的根

---

① 世卫最新数据：累计非典病例8 422例 病死率11%，新华网，http://www.people.com.cn/GB/guoji/1031/2020296.html。

② 国务院发展研究中心：非典不改经济增长内在趋势，中广网，http://www.cnr.cn/caijing/cjkx/200306/t20030602_124865.html，2003年6月2日。

③ 要把人民群众生命安全和身体健康放在第一位 坚决遏制疫情蔓延势头，《人民日报》，2020年1月21日。

本体现，这样也可以大大缓解群众的紧张和恐慌情绪。”[①]为保证武汉人民封城之后的正常生活，全国人民万众一心，成千上万的疫情防控物资和生产生活资料都在向武汉输送。

在这次疫情“大考”中，我国政府经受住了考验，但也存在一些问题。习近平总书记指出，针对这次疫情暴露出来的不足，抓紧补短板、堵漏洞、强弱项，该坚持的坚持，该完善的完善，该建立的建立，该落实的落实，完善重大疫情防控体制机制，健全国家公共卫生应急管理体系。[②] 在当前中国实现全面脱贫之际，“新冠肺炎”疫情给我们敲响了警钟，让我们更加认识到习近平总书记“两康”理论的正确性，必须抓紧夯实全民健康的软硬件设施。

## 二、新中国成立以来抗击重大疫情的经验总结

回顾新中国成立以来抗击疫情的历史，我们党以高度的历史责任感与人民群众同呼吸共命运，各级党政部门充分整合人力物力、医疗卫生等多方面的资源，制订了一套行之有效的打法，构建了一套抗击重大疫情的战术体系。

**(一)坚持搞好工业建设，增强防范风险能力**

新中国成立以来，我们党带领和团结全国各族人民在实体经济和工业建设方面取得了一个又一个伟大成就，这些为我们能够战胜历次疫情提供了最重要的物质基础。俗话说，“巧妇难为无米之炊”，如果我们的经济建设落后，我们还能够取得这些巨大成就吗？我们拥有世界上最齐全的工业生产门类、最完整的产业链，这些都为我们党和国家在疫情最严重的情况下确保医疗物资的生产供应创造了条件。如果在平时，这可能算不上特别困难的事情，但是在春节期间，全国人民充分享受阖家团圆的幸福时光，工业生产基本上处于半停滞状态，再叠加上疫情的影响，举国禁足，如果我们国家的制造业基础不够雄厚，我们能够在短期内迅速组织紧急医疗物质的生产供应吗？而事实证明，在医疗物资生产供应方面，我们不但迅速恢复了常态产能，还扩充了产能，这有力地确保了疫情防控的顺利实现。

再来看西方发达国家，虽然他们整体的医疗技术水平优于中国，但是他们在疫情大暴发面前束手无策。其中有一个根本性问题，就是医疗物资未能够有效供给，但我们做到了医疗物资的充足供给，因而我们可以迅速控制疫情、战胜疫情。但我们不能将战胜疫情完全归因于我们的经济建设成就，医疗物资只是一个物质条件，更重要的是，我们能够迅速动员全国上下各种力量参与

① 中央应对疫情工作领导小组视频听取湖北前方汇报，李克强提出5点要求，中国政府网，http://www.gov.cn/xinwen/2020－02/25/content_5482792.htm，2020年2月25日。

② 完善重大疫情防控体制机制 健全国家公共卫生应急管理体系，《人民日报》，2020年2月15日。

到疫情防控中来，这才是中国特色社会主义的优势所在。如果我们也像发达国家那样放任自流，在疫情暴发初期，忽视人民健康问题，未能采取积极的应对措施，我们也将会面对挤兑医疗资源的窘境而束手无策。

**(二)积极响应疫情警报，从上至下科学部署**

防疫情，要有一个科学合理的部署方案。新中国从抗击察北鼠疫开始，便成立了中央防疫委员会，领导防控抗疫工作，对疫区各级党委和部门层层部署。抗击"血吸虫病"时，防疫工作层次更加明确，中央建立了防治血吸虫病九人小组，各级党委挂帅成立对应的领导机构，将党中央决策落到实处。2020年"新冠肺炎"疫情暴发后，党中央积极响应，迅速成立了中央应对疫情工作领导小组，习近平总书记亲自指挥、亲自部署，国务院总理李克强担任小组组长，不到一个月的时间内便召开10次会议，有史以来第一次将划归为乙类传染病的疫情按照甲类的标准进行管理，一边狠抓疫情防控，一边推动复工复产。各级党委部门和地方政府高度重视，短短三天时间，全国范围内迅速启动重大突发公共卫生事件一级响应，并按照党中央部署，根据本地疫情实施差异化防控策略。

事在四方，要在中央。马克思曾指出："一个单独的提琴手是自己指挥自己，一个乐队就需要一个乐队指挥。"[①]每当发生重大疫情时，党和国家领导人高度重视，第一时间建立应急预案部署，统一指挥、统一协调、统一调度。各级党委部门将部署分解成一项项防疫工作、一个个抗疫目标，并落实为具体行动。通过这种从上至下的科学部署，党中央决策层层分解、责任层层落实、压力层层传导，应急预案得到了有效的部署和落实。

**(三)联防联控多措并举，切断疫情传播途径**

防疫情，必须第一时间切断传播路径。2003年，北京是"非典"重灾区，中国大陆近一半的确诊病例都在北京。从4月24日起，北京市政府陆续对西城区人民医院、北方交大、中财大学生宿舍楼等疫区进行隔离。截至5月26日，北京对120所医院、综合医院"非典"病区以及医院发热门诊进行了隔离管制。到5月下旬时，北京"非典"日新增病例已经降至个位数。防控"非典"的成功经验为今后抗击疫情提供了借鉴。2020年"新冠肺炎"疫情暴发，面对这种凶猛的未知病毒，党和国家果断地采取了比"非典"时期更加严格的防控政策：一是武汉"封城"、湖北"封省"，先是关闭离汉通道，机场、火车站、部门高速公路等暂时关闭，接着湖北各地级市陆续关闭了外出通道。二是湖北省各市以及部分疫情严重的城市停运市内公交、地铁、长途客运、轮渡等公共交通，建议居民不要外出，在抗疫关键阶段实行村、小区封闭式管理，任何人未经审批不得进出村和小区。三是在疫情非常严重的武汉市建设"两山"医院、"方舱医院"

① 《马克思恩格斯全集》第23卷，北京：人民出版社，1972年，第367页。

分别集中收治重症患者和轻症患者，防止病毒在武汉市的进一步蔓延和传播。从2月9日起武汉市对全城医院、市场、小区等重点场所开展一日两次的集中消毒，为消灭病毒传播做出最大努力。四是全国各地高度戒备，对有疫区旅居史的居民进行为期两周的安全隔离，防止病毒的跨区域传播。

对疫区实行严格人员流动的交通管制措施，切断疫情的传播途径，是党和政府在疫情源头不清、传染性极强、病死率极高的重大疫情面前不得不采取的措施。为了减少或者限制人员流动，党和政府多措并举，从疫区隔离、交通管控到"封城""封省"、关停学校和娱乐场所等人口密集的地方，有效遏制住了病毒蔓延的势头，阻止疫情从疫区向非疫区传播，遏制了疫情增量，在特效药和疫苗研制出来之前，将感染人数尽力控制到最小，并尽可能地减少疫情影响的区域，为部分地区复工复产提供了条件。

**(四)疫情期间不停产，保障经济平稳运行**

防疫情，必须坚持两手抓，生产发展不能停。新中国成立以来，我们在每一次疫情防控中都坚持生产观点，生产发展不能停止。在防治"血吸虫病"时，毛泽东同志强调，要"把血防工作和发展生产相结合，一定要消灭血吸虫病"①。党领导人民群众继续进行农业生产，在抗击"血吸虫病"的同时促进了农村地区水利设施的修建与完善。2020年，在"新冠肺炎"面前，我们面临的防控难度和发展任务比以往任何一个时期都更加艰巨，但我们始终没有忘记生产发展。2月21日以来，随着疫情逐步得到控制，多个省份先后下调应急响应机制级，支持企业在疫情中恢复生产。2月23日，中共中央政治局会议再次强调："要统筹做好疫情防控和经济社会发展工作。"②中央部委结合当前经济形势出台了若干惠企政策，如对受疫情影响的企业和个人减免税费，帮助其减少损失；对企业提供金融支持和便利化服务，通过延长贷款追偿时限，简化放贷审批流程增强企业的资金流动性。这些措施有效地保障了企业复产复工，在疫情防控的同时坚持生产发展。

在不同疫情面前，党和国家领导人始终采取与疫情紧急程度相适应的防治措施，始终坚持发展观点，取得抗击疫情和经济建设之间的平衡。一方面，抗击疫情是当下最直接、最紧要的任务，根据战时需要必须加足马力首先保障防疫物资供应；另一方面，发展是解决中国所有问题的"总钥匙"和"总开关"，生产发展不能"隔离"，经济建设不能"停步"，农业耕作不能"推后"，各级党委和政府必须急企业之所急，在科学防疫的基础上，为企业复工、农业生产、商业运营创造有利条件。如果采取的措施不当，那么带来的影响可能比疫情本身的影响还要大。

---

① 中共中央文献研究室，《缅怀毛泽东》，北京：中央文献出版社，1993年，第517—545页。
② 有序推动复工复产，《人民日报》，2020年2月23日。

### (五)增强政府公信力,提升全国人民信心

防疫情,“信心比黄金更重要”,必须提高社会信息透明度,筑牢民众必胜信心。1959年,毛泽东同志考察湖北途中,在谈到有地方官员对他瞒报信息时指出:“不向我反映情况,我才最累。你把湖北的真实情况告诉我,我就不累了。”[①]抗击“非典”时,为了缓解群众的焦虑,引起各级政府对防疫工作的重视,国务院将防治“非典”相关情况由五天公布一次改成每天公布一次,逐渐消除民众的焦虑情绪。在疫情发生之初,湖北省以及武汉市相关领导人在疫情信息的透明度上受到了人民群众的质疑。2020年1月25日召开的中共中央政治局常委会会议强调,要及时准确、公开透明发布疫情,回应境内外关切。[②]在抗击“新冠肺炎”战役中,我国疫情防控信息透明度上升到了一个新的高度,一方面,通过电视、报纸以及互联网等媒体,政府召开新冠肺炎疫情防控新闻发布会、发布疫情防控实时数据以及病毒基因序列等活动能够第一时间让社会各界知晓疫情防控动态;另一方面,通过基层党组织、村委居委入户宣传、张贴通告等形式,向基层群众及时传递疫情相关信息。

政府及时公布准确无误的信息,是增强政府公信力,凝聚民心,缓解民众焦虑情绪的重要武器。古今中外,每当重大疫情发生时,总会有铺天盖地的流言纷至沓来,真假难辨,人民群众无所适从。只有透明、可靠、及时的官方信息,才能打败这些流言,帮助人民群众稳定情绪,让人民群众了解防控疾病的科学知识,通过正确的方式加强自身防范,发动人民群众进行抗疫战争,并在人民群众的全力支持下取得抗疫的最终胜利。

## 三、新中国成立以来抗击重大疫情取得成功的制度保障分析

经济基础和上层建筑关系的原理告诉我们,科学完善的制度体系也是一种生产力。邓小平强调,“我们的制度将一天天完善起来,它将吸收我们可以从世界各国吸收的进步因素,成为世界上最好的制度”(邓小平,1994)。诚然,新中国成立以来,中国特色社会主义制度,在党的坚强领导下,在马克思主义的科学指导下,在对历史和现实的学习借鉴中,不断完善和发展。新中国成立70年,中国的政治、经济、文化、社会各方面的成绩证明了我们制度的先进性;在历次抗击重大疫情的磨难中,我们取得一次又一次的胜利,也彰显了我们制度体系的优越性。基于疫情防控的经验总结,谈谈我们政治制度的几大主要优势。

---

① 中共中央文献研究室,《毛泽东年谱(1949—1976)》第4卷,北京:中央文献出版社,2013年,第78页。

② 研究新型冠状病毒感染的肺炎疫情防控工作,《人民日报》,2020年1月26日。

**(一)中国共产党始终发挥先进生产力的代表作用**

2020年抗击“新冠肺炎”疫情,中国共产党领导中国人民为世界各国树立了防控疫情的典范,赢得了世界赞誉,根本原因在于我们党代表中国先进生产力的发展要求。中国共产党始终坚持“物质文明”和“精神文明”两手抓,不仅仅将经济发展程度作为衡量生产力水平的标准,更充分认识到了人民健康和公共卫生事业在生产力中的地位和作用。我们党立足疫情谋篇布局,建立与之相适应的经济社会运行机制。一方面,中国共产党领导政府调节社会总供求。生产的目的是为了消费,疫情使得人民群众的需求发生了变化,我国社会生产就必须随着变化实现供需平衡,以保障经济社会的稳定运行。另一方面,中国共产党保障人民群众身体健康。人是生产力中的最活跃的因素,只有实现人的全面发展,才能够使社会生产的效率最大化。因此,在疫情中保护人民群众的身体健康和发展生产力有着一致性,正如马克思所言:“人们奋斗所争取的一切,都同他们的利益有关。”①中国共产党始终践行全心全意为人民服务的宗旨,将群众的身体健康和生命安全放在第一位。在任何一场重大疫情面前,我们党始终坚持治病救人,积极调动一切救援力量,不放弃任何一名患者,不放弃任何一个疫区,这是独一无二且世界各国难以复制的优势。②

**(二)中国特色社会主义制度具有无比的优越性**

中国特色社会主义制度作为一种全新的社会形态,相比于封建社会和资本主义制度,在保障人民身体健康、应对重大疫情面前具有无比的优越性。新中国成立时,我国底子差、基础薄,却仍然在一穷二白的条件下消灭了天花,比世界提前16年。70余年来,中国特色社会主义制度不断完善,优势不断体现,增强了新中国抗击疫情的能力,我们陆续取得了防控80年代上海甲肝疫情、新世纪初的防控“非典”疫情的胜利,并在历次疫情战争中我们不断地完善卫生健康体系。

中国特色社会主义制度的优越性体现在政治、经济的各个方面(程恩富、徐文斌,2020)。在政治上,中国特色社会主义制度可以集中力量办大事、办好事、办急事。习近平总书记强调,“我们最大的优势就是我国社会主义制度能够集中力量办大事”(习近平,2016)。在抗击“新冠肺炎”疫情时,社会主义制度能充分调动人力、物力和财力,在疫区迅速修建“两山医院”“方舱医院”等,充分体现了社会主义集中力量办大事、办急事、办好事的优越性。在经济上,

---

① 《马克思恩格斯选集》第1卷,北京:中央文献出版社,1957年,第82页。

② 2009年4月美国暴发H1N1流感,4月25日,WHO宣布H1N1疫情为公共卫生事件,但直到10月,奥巴马政府才宣布全国进入紧急状态。为了稳定民众情绪,促进经济发展,美国政府刻意控制疫情等级,比WHO始终慢半拍。疫情持续了1年才结束,根据CDC估算,疫情共造成美国6 000万例感染、27.4万例住院、1.2万例死亡。数据来源自美国CDC网站:https://www.cdc.gov/flu/pandemic-resources/2009-h1n1-pandemic.html。2020年“新冠肺炎”蔓延到美国,引起民众恐慌,但美国政府竟然呼吁民众不用戴口罩,https://user.guancha.cn/main/content? id=251770。

中国特色社会主义制度坚持公有制为主体，发展依靠人民并由人民共享发展成果。在抗击“新冠肺炎”中，国有企业和公立医院始终走在抗疫的最前线，无论是抗击疫情的物资供应还是捐款捐物，国有企业一直不讲条件，只谈责任。公立医院在抗疫战争中扮演主力军的重要角色，而且坚持“全国一盘棋”的原则，其他省市公立医院的医护人员自愿前往湖北疫区，成为抗击“新冠肺炎”的最美逆行者。中国的做法赢得了世界的赞誉，世界卫生组织总干事谭德塞多次称赞中国在抗击“新冠肺炎”疫情中的优秀表现，他表示：“中方行动之快、规模之大，世所罕见……这是中国制度的优势，有关经验值得其他国家借鉴。”①

**（三）党和政府始终坚持发挥人民群众“历史创造者”的巨大作用**

人民群众是创造历史的根本力量，这是历史唯物主义的真理。毛泽东同志指出，“动员了全国老百姓，就会造成陷敌于灭顶之灾的汪洋大海，造成弥补武器等等缺陷的补救条件，造成克服一切战争困难的前提”（毛泽东，1991）。疫情是一场没有硝烟的战争，毛泽东同志的这些论断仍然有重要的指导意义。人民群众是消灭疫情的生力军，新中国成立初期捕杀老鼠、消灭钉螺离不开人民群众。在《送瘟神》诗歌后记，毛泽东指出了战胜“瘟神”的根本原因，“主要是党抓起来了，群众大规模发动起来了”（周振甫，2013）。人民群众具有无限的创造力。在消灭血吸虫时，人民群众发明了“开新沟填旧沟”的土办法，灭螺效率远超使用药物。在抗击“新冠肺炎”时，习近平总书记强调：“要广泛发动和依靠群众，同心同德、众志成城，坚决打赢疫情防控的人民战争。”②人民群众发扬了老祖宗的传统，他们自发捐款捐物，为湖北疫区送去宝贵的医疗和生活资源；他们响应国家号召，严格执行隔离政策，防止疫情蔓延；他们发挥中医民族瑰宝，积极参与病患救治工作，为抗疫中增添力量。同时，人民群众也是民主监督的重要主体，群众的眼睛是雪亮的，对疫情面前推诿不前、失职渎职的领导干部，人民群众能及时揭发，督促其改正，为打赢疫情防控阻击战清除障碍。

## 四、未来中国应对突发性重大疫情的思考与建议

在探索未知世界的过程中，人类要走的路还很漫长，我们只是这个星球的一分子，并不是这个星球的主宰。回顾历史，人类社会就是一部与瘟疫抗争和较量的历史，有些疾病甚至使得某个地区的人类灭绝。迄今为止，我们除了天花以外，好多瘟疫与疾病我们并没有攻克和消灭，病毒随时有可能卷土重来，

---

① 世卫组织评价中国抗击疫情行动：速度之快、规模之大，世所罕见，《光明网》，http://m.gmw.cn/baijia/2020—01/30/1300908279.html，2020年1月30日。

② 以更坚定的信心更顽强的意志更果断的措施 坚决打赢疫情防控的人民战争总体战阻击战，《人民日报》，2020年2月11日。

我们不能盲目自信。因此,我们要在以上疫情中反思,我们社会发展中存在哪些短板,在未来未知的突发性疫情面前我们是否做好了准备。

### (一)补短板,加快健全发展城乡一体化的公共卫生事业

我国公共卫生事业发展不平衡、不充分,是影响人民身体健康和生命安全的短板。第一,不平衡表现在城乡之间公共卫生事业差距巨大。一旦疫情蔓延到农村,在几乎不设防的卫生防御体系下,后果不堪设想。农村公共卫生事业底子差、基础薄,是当前中国卫生体系中最大的短板,表现在以下三个方面:一是农村医疗服务基础薄弱,农村每千人口医师数不到城市的 50%;二是乡村医生普遍老龄化,年轻医生不愿来农村;三是农村卫生服务质量偏低,误诊率高、过度用药(赵黎,2019)。第二,不充分体现在我国公共卫生事业整体投入不足。在 2018 年我国卫生总费用占 GDP 总量的比重仅为 6.6%①,远低于世界 10%左右的平均水平。人均每万人疾控中心人数仅为 1.35,低于国家 1.75 人的核定值,疾控人员总数不到 19 万人,较“非典”时期降低 2 万人(王绍光,2020)。这些问题使得我国应对重大疫情的预防能力大大下降。

改革由问题倒逼而产生,我国必须深化公共卫生事业的供给侧结构性改革,来解决该领域所暴露的不平衡、不充分的问题。第一,政府要加大对公共卫生事业的财政投入。一方面帮助各地医院在医疗设施上增强医疗设施配置,特别是社区医院和农村医院,减小与城市医院的差距;另一方面将医护人员纳入编制内管理,加强工资待遇保障来吸引补足医护人员的数量。第二,要加大公共卫生事业的人才培养和科学研究工作。一方面可以在高水平大学内设置相关专业,提高公共卫生事业管理人才的培养规模与培养质量;另一方面可以效仿欧美设置一批国家重点建设的公共卫生学院,集教学与科研于一体,以人类命运共同体的理念加强国际交流、引进高端人才,让公共卫生学院成为全中国乃至全世界的医疗卫生事业研究前沿机构。

### (二)强根本,积极推动经济领域的供给侧结构性改革

虽然我们国家强大的制造业体系为赢得抗疫胜利提供了坚实的物质基础,但是仍旧暴露出一些严峻问题。例如,虽然我们国家能够生产呼吸机,但是有一部分上游核心元器件严重依赖进口,在国外疫情严重时,元器件供应暂停,这导致我们也没办法扩大产能,既不能通过供应呼吸机为全世界人民抗击疫情做贡献,又不能助推我国产品出口,进而拉动经济,凸显出我国产业链的缺陷性。在核心技术上被外国人“锁喉”将威胁我国产业链的安全,如果我国的产业布局能够克服这一难题,就不存在这一问题了。在全球化程度高度发达的今天,虽然我们与世界同呼吸、共命运,但是威胁到产业安全、经济停摆的

---

① 去年我国卫生总费用占 GDP 比重达到 6.6%,新华网,http://www.xinhuanet.com/fortune/2019—09/27/c_1210294535.htm,2019 年 9 月 27 日。

元器件,我们有必要、有义务、有能力破解外国人"锁喉"。为了化解这一难题,我们必须要坚定不移地推行供给侧结构性改革,以开放促改革,积极引进、消化吸收再创新,只有从源头上化解这一难题,才能够更好地确保我们国家的经济安全、产业安全,乃至人民群众生命安全。

**(三)固优势,保障公立医疗卫生机构的主体地位**

公立医院是政府举办的、纳入财政预算管理的医院,不以营利为目的,体现了为人民服务的宗旨和原则,是我国医疗卫生事业的中坚力量。在重大疫情面前,公立医院的医生昼夜驰援,不计报酬、不顾生死,始终抗击在疫情第一线,截至2月11日,全国共1 716名医护人员感染"新冠肺炎",6人因公牺牲。① 进入21世纪以来,我国公立医院数量持续下降,而民营医院数量却快速增长②,到2018年时,民营医院数量更是公立医院数量1.75倍。③ 更加令人费解的是,我国医疗改革提出要压缩公立医院规模,在2019年6月十部委出台的《关于促进社会办医持续健康规范发展的意见》中,要求"各地要严格控制公立医院数量和规模,为社会办医留足发展空间"④。社会办医虽是我国目前医疗卫生事业公共投入不足时的有益补充,但不应当成为我国医疗卫生事业的主流。作为一个社会主义国家,我们应当坚决扩大公立医院的数量和规模,否则在下一次重大疫情发生时,我们还有这么多"最美逆行者"吗?人民健康还能得到可靠的保障吗?同时,美国的医改政策已经告诉了我们答案,在2019年美国暴发流感中,有一部分人士死于"新冠肺炎",美国政府竟然没有发现,原因在于许多穷人看不起病,美国政府也不愿意在这方面投入太多财力。更有甚者,美国政府投资私企研制"新型冠状病毒"疫苗,却拒绝保证让所有美国人都能够负担得起。⑤

在我国的"新冠肺炎"疫情中,患者的治疗费用全部由中国政府财政买单,这是我们社会主义制度优势的有力展现。未来改革中我们必须坚持制度自信、理论自信、道路自信,毫不动摇地坚持公立医疗机构在我国卫生体系中的主体地位。全国人大代表钟南山院士建言:"恢复公立医院的公益性定位,则是医改的上游问题。"⑥在未来医改革中,政府必须加强对公立医院的扶持力

① 国家卫健委:全国共报告医务人员确诊病例1 716例,死亡6例,观察者网,https://www.guancha.cn/politics/2020_02_14_536299.shtml,2020年2月14日。

② 2018年中国医院行业发展现状及行业发展趋势分析,中国产业信息网,http://www.chyxx.com/industry/201806/650854.html,2018年6月20日。

③ 2018年我国卫生健康事业发展统计公报,中国政府网,http://www.nhc.gov.cn/guihuaxxs/s10748/201905/9b8d52727cf346049de8acce25ffcbd0.shtml,2019年5月22日。

④ 多部门关于印发促进社会办医持续健康规范发展意见的通知,中国政府网,http://www.gov.cn/xinwen/2019-06/12/content_5399587.htm,2019年6月12日。

⑤ 美国1.4万人死于流感,部分是新冠肺炎患者?,观察者网,https://www.guancha.cn/internation/2020_02_22_537834.shtml? s=zwyzxw,2020年2月22日。

⑥ 钟南山:医改关键是恢复公立医院的公益性 医护人员却成医改"阻力军",观察者网,https://www.guancha.cn/politics/2016_03_08_353278.shtml,2016年3月8日。

度和财政供养，让医院不以营业额高低论英雄，让医务人员收入不和医院利润挂钩，缓解“看病贵”的问题。另外，必须打击私立医院医疗竞价排名等不正当、不道德的行为，重新构建起医生和人民之间的信任。

**（四）不放松，继续完善并严格执行《野生动物保护法》**

马克思指出：“但是我们不要过分陶醉于我们人类对自然界的胜利。对于每一次这样的胜利，自然界都对我们进行报复。”①人类在征服自然的同时，自然界也将触发自身的“免疫机制”，让人类陷入灾难之中。“非典”病毒、埃博拉病毒、“新冠肺炎”病毒都与野生动物有关，这些病毒对动物影响甚微，但对人却有极强的致死率。要想从源头防控疫情，就必须改变以往对待野生动物的理念，将《野生动物保护法》继续完善并严格执行，实现人和自然和谐相处。

“非典”的教训本应该让我们更加敬畏自然、保护野生动物，但我们还没有做到更好。2004 年，规范的野生动物养殖和利用制度开始逐步推行，但禁止食用野生动物等修改意见没有得到通过。2016 年，该法删除了把野生动物作为资源加以利用的表述，但保护范围仍然受限于名贵珍稀的野生动物。直至此次武汉“新冠肺炎”暴发，专家怀疑病毒来自华南海鲜市场中的野生动物，我们才开始进一步的痛思。2020 年 2 月 24 日，全国人大常委会决定叫停交易、驯养、繁殖野生动物的行为，对违法行为加重刑事处罚。疫情过后，我们必须要继续地实时地完善《野生动物保护法》，一方面要扩大野生动物的保护范围，允许科研人员、环境保护人士提出野生动物保护的增补名单，另一方面要改变老百姓食用野生动物的陋习，让人民群众自觉抵制非法交易。我们应该加强对野生动物栖息地的保护，让人类和野生动物互不打扰、各行其道，实现人与野生动物的和谐共生，并将野生动物保护执行情况纳入各级政府的考核指标体系中。法律的生命力在于执行，在完善《野生动物保护法》之后，各级公检法系统必须严格承担起执行职能，做到有法必依、执法必严。

**（五）谋未来，抓紧构建国家生物安全制度保障体系**

生物安全，即生物有关的各种因素对经济社会民生产生的危害或潜在威胁。我国生物安全既面临短期威胁，又面临长期威胁，短期威胁就是我们面临的重大疫情。短短两年时间内，我国便发生了非洲猪瘟、草地贪夜蛾入侵等多起生物安全事件。这次“新冠肺炎”疫情的到来，让我们意识到构建国家生物安全制度体系必须尽快提上日程。从长期来看，转基因、基因编辑、生化武器都是影响我国生物安全的因素。当前，我国一直处于生物安全欠防卫状态，不仅对转基因物种不加控制，而且是世界上唯一一个对主粮进行转基因商业化探索国家。反观世界大国，都建立了国家生物安全防御计划，并投入了巨额经费。作为佼佼者的美国，在国家跨部门生防园区的统筹安排下，已经拥有了一

① 《马克思恩格斯选集》第 4 卷，北京：中央文献出版社、人民出版社，1995 年，第 383 页。

整套生物安全科技计划和上千个生物安全实验室。

"新冠肺炎"暴发以后,习近平总书记主持召开重要全面深化改革委员会第十二次会议中强调,要"从体制机制上创新和完善重大疫情防控举措,健全国家公共卫生应急管理体系"①。会议将重大疫情上升到国家安全的高度,为维护国家生物安全指明了改革方向。我国首先要建立国家生物安全委员会,统筹生物安全立法、机构设置以及生物战略决策,将发展生物安全作为一项国家战略,其次要优化生物安全防御机构的整体布局,在高水平院校及科研机构建立高标准生物技术实验室,并设计一整套各级生物防御机构与政府部门协同联动的工作机制,将生物技术研究与国家需求相结合。同时形成科研院所、医疗机构和各级疾控中心的联络机制,面对下一次国家生物安全紧急事件时,由被动应战转为主动预防,在保卫中华民族健康发展方面做长远谋划。

## 五、结　语

回顾新中国成立70年来应对重大疫情的历史,中华民族始终历经磨难而屹立不倒,在每一次疫情过后越挫越勇、越挫越强,呈现出顽强的生命力。世界上没有哪一个国家能像中国一样,党中央一声令下,国家机器便高速运转抗战疫情,五十六个民族拧成一股绳,上亿的中华儿女齐心协力共克时艰。随着中国经济的发展,人民群众的生活水平有了极大的提升,但我们仍要清楚地看到,经济上的脱贫并不代表我们的人民群众就幸福安康,公共卫生安全保障建设永远在路上,并且每一位中国公民都有责任和义务保护我们唯一的生存环境。新冠肺炎的疫情过后,我们要汲取经验和教训:我们过去的步伐走得很快,但是不是走得很稳,在实现人民幸福美好生活的道路上,我们是不是存在短板?同时,全体中国人民一定要坚持理论自信、道路自信、制度自信和文化自信,这次"新冠肺炎"疫情是对我国治理能力和治理体系的一次大考,我们在社会主义制度保障下,在中国共产党和中国政府的领导下,我们已经取得了这场抗疫战争的阶段性胜利。"寸风难撼万丈林",这次疫情不能阻挡中国发展的步伐,未来我们要继续在中国共产党的正确领导下,用马克思主义理论指导中国特色社会主义的实践,一定能够实现中华民族的伟大复兴,并为人类社会的可持续健康发展做出应有的贡献。

## 参考文献

[1]程恩富、徐文斌,2020,抗击疫情彰显中国特色社会主义制度优势,《唯实》,第3期。

① 完善重大疫情防控体制机制 健全国家公共卫生应急管理体系,《人民日报》,2020年2月15日。

[2]邓小平,1993,《邓小平文选》第3卷,北京:人民出版社,第135页。

[3]邓小平,1994,《邓小平文选》第2卷,北京:人民出版社,第337页。

[4]毛泽东,1991,《毛泽东选集》第1卷,北京:人民出版社,第136页。

[5]王绍光,预防必须为主——中国疾控体系的四次危机及其教训,清华大学国情研究院,https://mp. weixin. qq. com/s/x9Fm_8qZlPmCLta32674ew,2020年2月17日。

[6]武衡,1988,《东北区科学技术发展史资料:医药卫生卷》,北京:中国学术出版社,第206页。

[7]习近平,为建设世界科技强国而奋斗——在全国科技创新大会、两院院士大会、中国科协第九次全国代表大会上的讲话,《人民日报》,2016年6月1日。

[8]赵黎,2019,新医改与中国农村医疗卫生事业的发展——十年经验、现实困境及善治推动,《中国农村经济》,第9期。

[9]周振甫,2013,《毛泽东诗词欣赏》,北京:中华书局,第219页。

# Anti-Epidemic Advantages of the Socialist System with Chinese Characteristics: Understanding based on History and Reality

Luo Yuhui　Liao Minling　Chen Dongqiong

**Abstract**　Since the founding of new China, the party and the government have always been concerned about the health of the people. China's novel coronavirus pneumonia our wills unite like a fortress. The fight against plague at the beginning of the founding of new China reveals the power of the new people's regime. The national campaign against schistosomiasis has created a miracle of "delivering the plague". The fight against SARS at the beginning of the century showed the national spirit of unremising the difficulties and the national spirit of the 2020. It reproduced the strong superiority of the socialist system with Chinese characteristics. Looking back on the history of fighting against major epidemics in China over the past 70 years, we have accumulated valuable experience in the fight against epidemics: first, we should adhere to industrial construction and enhance the ability to prevent risks; second, we should actively respond to the epidemic, scientific deployment from the top to the bottom; joint prevention and control measures to cut off the route of transmission of the epidemic; adhering to the development of production to ensure the smooth operation of the economy; strengthening the credibility of the government to enhance the confidence of the people to overcome the epidemic. The above successful experience reflects our institutional advantages: first, the Communist Party of China has always been the representative of the most advanced productive forces; second, the socialist system with Chinese characteristics has incomparable advantages; third, we must adhere to the people's dominant position and play the role of the people as "creators of history". Meanwhile, the novel coronavirus pneumonia has also raised alarm bell for us. We should reflect on our shortcomings and shortcomings, and put forward new requirements for deepening reform and development in the future. These requirements include the following aspects: first, to make up for the shortcomings and accelerate the development of urban-rural integration of public health services; second, to strengthen the fundamental, actively promote the supply side structural reform in the economic field; third, to consolidate the advantages to ensure the dominant position of public medical institutions in national health security; fourth, not to relax, continue to improve and strictly implement the wildlife protection law; fifth, to strengthen the fundamental role of public medical institutions in national health security. For the future, we should pay close attention to the construction of national biosafety system. Under the above measures, we should strengthen the medical and health security guarantee of socialism with Chinese characteristics.

**Key words** New China Major epidemic situation Public emergency management Experience summary

# 新时代华为精神的政治经济学解读

黄 雯

**内容提要**　华为公司之所以能在中美贸易战中从容应对美国政府的打压,与其在长期发展中积累的实力相关。这主要得益于华为科学的企业价值观和治理方式,牢牢抓住实体经济不放松、以技术创新锻造核心竞争力、积极探索与员工共治共享的治理方式、坚持用底线思维防范风险、全力服务国家发展等。这也是新时代华为精神的主体,彰显着马克思主义政治经济学的理论智慧。新时代华为精神启发我国广大企业在经营和发展中融入中国特色,运用好我们的社会制度优势;进一步提高把握市场经济规律、自然规律和社会发展规律的能力,综合运用战略思维方法、创新思维方法和底线思维方法进行科学决策。

**关键词**　新时代　华为精神　马克思主义政治经济学
**中图分类号**　F0—0

中美贸易战爆发以来,美国政府不断通过"实体清单"、升级禁令等措施打压华为公司,企图通过切断华为公司的美国供应链对其一剑封喉。对此,华为迅速将供应链转移到国内,启用研发十余年的备用方案,确保大部分产品的战略安全与连续供应,表现出了强劲的竞争力和战斗力。之所以能够从容应对极限施压,与华为在长期发展中积累的实力相关。这主要得益于华为的核心价值观和科学治理方式,我们将其归纳为新时代华为精神。本文旨在运用马克思主义政治经济学的基本方法对此进行分析,进而探讨对我国企业治理的启示。

## 一、牢牢抓住实体经济不放松

华为公司是当今世界 500 强企业中为数不多坚守实业发展,不随波逐流

**收稿日期**:2020—10—16

**作者简介**:黄雯,福建师范大学马克思主义学院副教授,福建师范大学理论经济学博士后流动站成员。

**基金项目**:本文系教育部人文社会科学研究青年基金项目"新时代提振中国共产党人斗争精神研究"(20YJC710021)和全国中国特色社会主义政治经济学研究中心(福建师范大学)重大项目"习近平治国理政思想方法论研究"(Z201802)的阶段性研究成果。

搞房地产投资、不上市的公司，这是十分难能可贵的。从成立之初靠2.1万元创业、生产交换机，到如今成为年销售收入7 212亿元[①]，在通信网络、IT、智能终端和云服务等领域为全球提供服务的世界通信设备产业领导者，华为公司始终专注实业。

物质资料生产是人类社会存在和发展的基础。马克思称它为人类"一切历史的基本条件"[②]，"任何一个民族，如果停止劳动，不用说一年，就是几个星期，也要灭亡"[③]。物质资料生产还是人类最基本的经济实践活动。"不论财富的社会形式如何，使用价值总是构成财富的物质内容。"[④]马克思在《1857—1858年经济学手稿》中将人类经济活动分为生产、分配、交换、消费4个环节，其中，生产处于首位，起着决定作用，是整个经济活动的逻辑起点。这一思想后在《资本论》中得以延续，《资本论》便是围绕物质资料生产展开的探讨。传统农业社会中的物质资料生产主要指农业生产，解决如何养活人民的问题；工业社会中的物质资料生产还包括制造业、建筑业、水电供应等，解决如何装备国家各个行业的问题。我们一般认为当代社会的物质资料生产包括农业、制造业、传统服务业等领域，在经济运行中表现为实体经济。实体经济是国民经济发展的根基，如果没有实体经济，商业资本、银行资本则不能产生。

我国一向重视实体经济的发展。毛泽东同志曾多次强调"发展工业必须和发展农业同时并举"（毛泽东，1999），要处理好农、轻、重的关系。在他的带领下，新中国成立后一大批重大工业项目相继落成，为国民经济奠定了坚实的实业基础。改革开放以来，我国建立了更加完备的工业体系，以制造业为代表的实体经济的总量规模、产业结构和效益水平均取得举世瞩目的发展成就，我国也因此成为当之无愧的制造业大国。新时期，要使我国经济从量大转为质强，仍要依靠实体经济实现高质量发展。但近年受产能过剩、需求疲软、利润受挤压等因素影响，实体经济发展陷入困境，不少大型企业把投资重点转向房地产、银行理财、信托，"脱实向虚"苗头显现。党和国家对此高度重视。党的十九大报告明确指出，"必须把发展经济的着力点放在实体经济上"[⑤]。习近平总书记多次强调，"国家要提高竞争力，要靠实体经济"，"实体经济是一国经济的立身之本、财富之源。先进制造业是实体经济的一个关键，经济发展任何时候都不能脱实向虚"[⑥]。那么，实体经济究竟如何才能做实做强做优？笔者认为，我们可以向华为公司学习如下经验：

---

① 华为年报，https://www.huawei.com/cn/press-events/annual-report/2018。

② 《马克思恩格斯文集》第1卷，北京：人民出版社，2009年，第531页。

③ 《马克思恩格斯文集》第10卷，北京：人民出版社，2009年，第289页。

④ 《马克思恩格斯文集》第5卷，北京：人民出版社，2009年，第49页。

⑤ 《习近平在中国共产党第十九次全国代表大会上的报告》，《人民日报》，2017年10月28日，第1版。

⑥ 《高举新时代改革开放旗帜 把改革开放不断推向深入》，《人民日报》，2018年10月26日，第1版。

一是树立坚定不移发展实业的企业精神。华为创始人任正非在接受记者采访时说道:“华为不轻易允许资本进来,因为资本贪婪的本性会破坏我们的理想的实现。我们只为理想而奋斗,不为金钱而奋斗。”①这既体现了对虚拟经济本质的科学认知,也体现了坚定发展实体经济的信心。虚拟经济是为实体经济服务的,倘若脱离实体经济形成自我膨胀运动,就会推高资产价格泡沫,积累金融风险,对经济运行态势造成严重影响。20世纪90年代以来的亚洲金融危机、美国次贷危机就是实体经济和虚拟经济发展长期失衡的结果。以扎实的实体经济为基础的德国在危机中表现良好,危机后的美国通过反思回归实体经济。人类社会的经济发展实践不断证明马克思的远见卓识,实体经济才是一国经济的立身之本、财富之源。一段时间以来,实体经济回报率下降,经营遭遇困境,但这并不代表劳动不再创造财富,更不能因此怀疑实体经济、助长投机心理,应当从制度安排上找答案。目前,党和国家已陆续出台包括央行多次降准、减低税费、完善环保治理等在内的组合式措施帮助实体企业降低成本、应对挑战。广大企业家们应抓住机遇,乘势而上,更加积极发挥创造性、能动性,加强自主创新,不断推出新技术、新产品、新服务,牢牢握住自身发展的主动权。

二是不断进行结构调整和创新。供给能力、产业结构是实体经济的生命,华为公司能占领行业发展制高点,与长期聚焦主业、坚持在核心领域创新密不可分。早在1995年,华为便大胆预测3G将是未来技术发展的前沿并投入巨资研发,比工信部为我国三大通信运营商颁发3G牌照提早了14年;2009年投入5G技术研发,终成目前全球唯一5G供应商,领先欧美国家2～3年;2019年8月,宣布在加拿大启动6G探索,技术创新再次走在世界前列。马克思曾将物质资料的生产分为生产资料的生产和消费资料的生产两大部类,并指出只有当两大部类发生成功交换,再生产才能顺利进行。这需要总量和结构都相互匹配。反映在实体经济的发展上,就是要通过调整结构和创新,不断实现和延续这种“匹配”。既要对落后产能做减法,又要对战略性新兴产业和供给质量做加法,在转变发展方式、优化生产结构中锻造竞争力。特别是当前我国社会需要与社会发展之间的矛盾已从数量不足型供需矛盾向质量不足型供需矛盾转变,实体经济作为满足人民美好生活需要的前提要素,更要练好内功,实实在在解决好大量中低端产品普遍过剩与高端产品有效供给不足的矛盾。这也是新历史条件赋予实体经济发展的新任务与新要求。

---

① 引自2019年5月21日任正非接受央视等媒体采访时的发言,http://bbs1.people.com.cn/post/1/1/1/172088826.html。

## 二、以创新为核心竞争力

华为公司一向视创新为企业发展的核心动力，长期将技术研发放在优先于加工、贸易的位置上。创始人任正非多次以“创新”为题发表《创新是华为发展的不竭动力》《创新创业必须以提升企业核心竞争力为中心》《能工巧匠是我们企业的宝贵财富》等内部讲话激励员工创新。据世界知识产权组织公布的数据，2017年和2018年华为公司的国际专利申请量均位居世界第一。其中，2018年华为公司提交国际专利申请5 405件，这也是有史以来一家公司创下的最高纪录。① 另据华为年报显示，公司已连续多年坚持每年投入10%以上的销售收入开展研发工作，2017年这一数值为897亿元，2018年为1 029亿元。② 在全球建立了36个联合创新中心、14个研究院(所)③，旨在聚焦未来可能产生变革性技术的基础科学领域，推动重大原创性研究和前沿交叉研究。把大量有形资产变为科研成果和市场资源，投入大、风险高，还会使利润暂时下降，但长远来看，公司竞争力得以增强，回报率大大提高。

人类财富的增加不能只靠自然的恩赐，更重要的是要靠人们不断增加改造自然的能力，发明新工具、采用新技术、变革旧制度。正如马克思指出的，“每一项发现都成了新的发明或生产方法的新的改进的基础……科学获得的使命是：成为生产财富的手段，成为致富的手段”④，科学技术是生产力中的重要因素。科学技术在生产过程中与劳动资料、劳动对象和劳动者等因素相结合而转化为实际生产能力，把科学技术上的发明创造应用于生产的组织管理，能够大幅度提高管理效率；科学技术为劳动者所掌握，可以极大提高劳动生产率。现代社会，科技发展日新月异，对于生产发展的作用越来越大，日益成为生产发展的决定性因素。正是从这个意义出发，邓小平提出“科学技术是第一生产力”；习近平总书记强调，“创新是引领发展的第一动力”，“科技是国之利器”，要“最大限度解放和激发科技作为第一生产力所蕴藏的巨大潜能”⑤。

首先，要坚持关键领域的科技创新。长期以来，西方经济学比较优势理论标榜每个国家都应根据“两利相权取其重，两弊相权取其轻”的原则，集中生产并出口具有自身“比较优势”的产品，进口具有“比较劣势”的产品，以节省劳动力，获得专业化分工，提高劳动生产率。受这一理论的影响，部分国人倡导“以市场换技术”，认为“造不如买，买不如租”。事实证明，从国外直接购买技术固

---

① 新浪财经，http://finance.sina.com.cn/chanjing/gsnews/2019-03-19/doc-ihrfqzkc5161412.shtml。

② 华为年报，https://www.huawei.com/cn/press-events/annual-report/2018。

③ 华为官网，https://www.huawei.com/cn/about-huawei/corporate-information。

④ 《马克思恩格斯全集》第47卷，北京：人民出版社，1979年，第570页。

⑤ 习近平，《为建设世界科技强国而奋斗》，《人民日报》，2016年6月1日，第2版。

然便捷,但走别人的路只能永远跟在别人后头,还有被人封路的风险。况且一般技术可以买进,关键核心技术是要不来、买不来的,一味依靠引进技术的发展方式"头重脚轻根底浅",只能在参与全球国际分工的过程中成为外国公司的"附庸",陷入产业的低端或低端产业的锁定。相反,把核心技术掌握在自己手中,加强研发创新,攻坚克难,才有不断提升自身实力的可能。对此,程恩富教授提出,我国应在发展中积极创造和培育知识产权优势或知产型竞争优势,"大力发展控股、控技(尤其是核心技术)和控牌(尤其是名牌)的'三控型'民族企业集团"(程恩富、丁晓钦,2003)。芯片的开发与制造一直是我国的短板,对外依存度高。不少科技公司或忽视或回避这一问题,为科技发展埋下巨大隐患。华为公司扎实研制具有独立知识产权的芯片制造技术、操作系统开发技术,控股、控技、控牌,也因此积累了让美国想要打压制裁但又不敢轻举妄动的实力。

其次,要把科技创新与制度创新统一起来。一方面,生产力和生产关系的矛盾运动影响着制度的创立、革新与变更。小到一个企业的生产组织形式,大到一个国家的上层建筑,制度的产生与更迭总是与一定阶段的生产力发展水平、交往实践的发展程度相适应,创新必不能也不会仅局限在科技领域中。另一方面,制度创新为科技创新提供重要保障。马克思指出,"必须变革劳动过程的技术条件和社会条件,从而变革生产方式本身,以提高劳动生产力"①。这里的"社会条件"指的就是制度。制度的创新能增强要素与环境的联系,优化整体运行流程,提升运行效率。从企业的发展来看,科技创新周期长、风险高、不确定性因素多,尤其需要制度支撑。华为公司制订《华为公司基本法》,确定价值观体系和政策规范;改良职位、薪酬、任职资格管理体系与质量控制、生产管理体系,建立先进的科学管理制度。制度创新在公司内部形成了有效的行为激励与约束规范体系,助推科技创新顺利实现。事实证明,科技创新与制度创新是推进华为发展的"双螺旋"。

再次,要注重人才资源开发的优先地位。劳动者是创新的主体。马克思指出:"真正的财富就是所有个人的发达的生产力。"②"人本身是他自己的物质生产的基础,也是他进行的其他各种生产的基础。因此,所有对人这个生产主体发生影响的情况,都会在或大或小的程度上改变人的各种职能和活动,从而也会改变人作为物质财富、商品的创造者所执行的各种职能和活动。"③因此,我们今天所讲的创新驱动实质上是人才驱动。人才是创新的根基,是让创新源泉充分涌流的必备先决条件。习近平总书记指出,要把科技创新搞上去,

① 《马克思恩格斯选集》第2卷,北京:人民出版社,2012年,第200页。
② 《马克思恩格斯全集》第46卷(下),北京:人民出版社,1980年,第211页。
③ 《马克思恩格斯全集》第26卷(上),北京:人民出版社,1975年,第300页。

“关键是要建设一支规模宏大、结构合理、素质优良的创新人才队伍。”[①]但是，人才也不是凭空产生的，需要在教育学习实践和劳动工作实践中锻造能力，也需要在创新驱动实践中把能力发挥出来。因此，重视人才应该是尊重人才、爱护人才和培养人才的统一。在这方面，华为公司为广大企业提供了榜样。一方面，雄厚的智力储备成为科技创新的重要底气。《华为公司基本法》规定，“认真负责和管理有效的员工是华为最大的财富”，“人力资本不断增值的目标优先于财务资本增值的目标”[②]。华为公司以百万年薪聘请顶尖应届毕业生的做法曾引发舆论热议，但在华为的研发队伍中，“我们至少有700名数学家、800多名物理学家、120多名化学家、六七千名基础研究的专家、6万多名各种高级工程师和工程师……形成这种组合在前进”[③]。可见其对人才的重视。另一方面，注重人才培养，激发人才活力。华为公司奉行“以奋斗者为本”的理念，综合运用股权、期权、分红等激励方式，让员工分享企业发展红利。例如，开放98.6%的股权给员工，以低于市场价70%的价格为员工分配住房，为人才解决后顾之忧等。值得一提的是，任正非还多次借接受采访的机会公开呼吁全社会共同重视基础教育、人才培养问题。

中国不可能买来现代化，决定现代化建设速度和质量的只能是我们自身创新的程度。党的十八届五中全会将“创新”列为新发展理念之首，在整个发展理念体系中居核心地位。而抓住创新这一牵动经济社会发展全局的“牛鼻子”，需要一系列与之相适应的思维方式、行为方式和工作方式的变革，其他企业、社会机构也应根据自身特点探索走出一条适合自己的创新发展之路来。

## 三、员工共享企业发展成果

华为公司关注员工的利益，在多年的发展中形成了“以奋斗者为本”的利益共享机制。既分工又合作，既分权又制衡，全员参与、动态优化。

社会生产目的论是马克思主义政治经济学原理的重要内容。马克思指出，一个社会的生产目的及其手段是由这个社会的生产资料所有制决定的，资本主义生产资料私有制决定其生产目的是生产剩余价值，而在社会主义条件下，“通过社会生产，不仅可能保证一切社会成员有富足的和一天比一天充裕的物质生活，而且还可能保证他们的体力和智力获得充分的自由的发展和运

---

① 习近平，《为建设世界科技强国而奋斗》，《人民日报》，2016年6月1日，第2版。

② 华为公司管理法，http://app.huawei.com/paper/newspaper/newsPaperPage.do?method=showSelNewsInfo&infoId=7551&commentLanguage=1&isCopy=0&isDownload=1&sortId=1&cateId=3684。

③ 引自2019年1月17日任正非接受央视等媒体采访时的发言，https://www.sohu.com/a/289800803_447949。

用”①。列宁也指出，社会主义生产是为了“充分保证社会全体成员的福利和使他们获得自由的全面发展”(列宁，1986)。可见，全体劳动者享有富足的生活、实现自由全面发展是社会主义生产目的的重要内涵。我国是实行公有制为主体、多种所有制经济共同发展的社会主义国家，20 世纪 90 年代初，邓小平同志指出，我们要通过解放和发展生产力实现“共同富裕”，党的十八届五中全会进一步明确社会主义生产是以人民为中心，要“把增进人民福祉、促进人的全面发展、朝着共同富裕方向稳步前进作为经济发展的出发点和落脚点”②。企业是社会主义经济有机体的一个环节，企业是否、如何以及多大程度上关注长远利益和劳动者的整体利益，反映其对社会主义生产目的的认识与实践水平。华为公司的利益共享机制是对社会主义生产目的论的生动诠释。

一是建立按劳分配的新实现形式。华为公司百分之百由员工持有股份，截至 2018 年底，华为 9 万多名员工共持股 98.86%，而总裁任正非本人仅持股 1.14%。③ 公司按照员工对企业价值创造的贡献大小分配股权，其中，优秀员工集体控股 30%，员工按比例持股 40%，新员工和低级别员工参股 30%。马克思曾在《资本论》中高度评价由工人组织起来的合作工厂是对资本主义私有制积极的扬弃，“工人自己的合作工厂，是在旧形式内对旧形式打开的第一个缺口，虽然它在自己的实际组织中，当然到处都再生产出并且必然会再生产出现存制度的一切缺点。但是，资本和劳动之间的对立在这种工厂内已经被扬弃……即工人作为联合体是他们自己的资本家，也就是说，他们利用生产资料来使他们自己的劳动增殖”④。华为公司的员工持股制充分体现了这一“合作制”的优势，较好地将公司的长远发展和员工的个人共享与发展有机地结合在了一起。一方面，员工是企业的真正主人，在进行利益分配时能够享受到绝大多数公司发展所带来的利益。这与采取传统股份制的其他私营公司不同，后者往往股权集中、一股独大，经营中赚取的绝大部分收益由企业投资者即所有者获得。另一方面，实行按劳分配，员工的薪酬回报以岗位责任的绩效贡献为基础。《华为基本法》指出，“我们绝不让雷锋吃亏，奉献者定当得到合理的回报”，股权分配的依据是“可持续性贡献、突出才能、品德和所承担的风险……股权结构要保持动态合理性”⑤。股权分配和分工以严格的岗位考核为

---

① 《马克思恩格斯选集》第 3 卷，北京：人民出版社，1995 年，第 757 页。

② 中共中央文献研究室，《习近平关于社会主义经济建设论述摘编》，北京：中央文献出版社，2017 年，第 31 页。

③ 华为官网，https://www.huawei.com/cn/about-huawei/corporate-information。

④ 《马克思恩格斯选集》第 2 卷，北京：人民出版社，2012 年，第 520 页。

⑤ 华为公司管理法，http://app.huawei.com/paper/newspaper/newsPaperPage.do?method=showSelNewsInfo&infoId=7551&commentLanguage=1&isCopy=0&isDownload=1&sortId=1&cateId=3684。

基础,在相当程度上体现了按劳分配原则。"劳动主体型的多要素分配制度,即按劳分配为主体,多要素所有者可凭产权参与分配,经济公平与经济效率呈现交互同向和并重关系"(程恩富,2007),华为分配方式既能有效杜绝企业发展阶段私分企业生产资料、阻碍企业规模发展的可操作性,又凸显员工的主人翁地位,利益共享、风险共担、权责共治,使"为企业而奋斗"真正成为员工的内在动力。

二是建立有利于员工全面发展的利益共享机制。社会的发展是全面的,人的需求也是全面的。在企业生产中,经济利益的共享固然要紧,但不是唯一。真正的利益分配应当全面考虑员工的个体需求,以物质利益分配为基础又超越物质利益范围,应当是能够使员工在充足的获得感中实现全面发展,积蓄企业可持续发展的力量。正是从这个意义上说,提高劳动保护和劳动环境质量、使员工在最合适自己的工作岗位上工作、创造机会让员工参与企业管理等,都应进入企业员工共享的内容范围。华为实行轮值CEO制度和二维组织结构,旨在让更多人参与公司重大问题的讨论,达成共识;鼓励"英雄倍出",员工一旦达到资深技术专家级别,即便没有担任任何管理职务,也能享受公司副总裁的薪金和职业地位,有权调动资源;创立"导师制",抽调生产、市场和管理一线资深员工为入职新员工进行一一对应的帮助与指导等。全面发展的利益共享机制增强了员工的责任感、使命感,也提升了员工的获得感、幸福感。

西方经济学以"经济人"为经济现象分析的前提,在这一假设前提下,无论企业主还是企业员工关心的都是与己相关的直接物质利益。这种理论及其思维方式与社会主义生产目的格格不入。从华为的成功经验中可以看出,西方经济学现代企业制度理论有其存在和发展的西方世情、国情,我们应当批判地吸收,我们更应当思考如何在企业经营与发展中融入中国特色,如何运用好我们自身的制度优势。

## 四、用底线思维防范风险

只要是人类的实践活动,就会产生风险。外部环境中一些不能控制的偶然情况,以及实践过程本身主体能动性和客观制约性的内在矛盾,都易使实践活动产生不确定性。马克思指出,"遭受生产过程的风险,遭受自己的失败……这是任何生产过程都会遭受的风险,而不管这个过程具有何种社会形式"[①]。资本主义生产过程中的风险,实质上表现为资本的风险,只要存在对资本增殖的追求,私人劳动和社会劳动之间的矛盾便不可能消除,资本主义社会的风险便将始终存在,且若矛盾累积到一定程度,风险还会演变成危机。社

① 《马克思恩格斯全集》第49卷,北京:人民出版社,1982年,第305页。

会主义初级阶段，商品生产和流通过程受企业内部和外部制度、机制、技术、资金以及竞争等因素的影响，同样存在不可避免的风险。是否能积极应对、化解风险，与思维方式、决策机制、管理方法等紧密相关。党的十八大以来，习近平总书记多次强调要善于运用底线思维的方法，增强忧患意识，提高防范化解风险的能力。在2019年年初召开的省部级主要领导干部坚持底线思维着力防范化解重大风险专题研讨班上，习近平总书记更进一步指出："我们必须始终保持高度警惕，既要高度警惕'黑天鹅'事件，也要防范'灰犀牛'事件；既要有防范风险的先手，也要有应对和化解风险挑战的高招；既要打好防范和抵御风险的有准备之战，也要打好化险为夷、转危为机的战略主动战。"①这一原则既适用于国家，也适用于企业的生存和发展。华为公司长期居安思危、未雨绸缪打造深厚技术底蕴，面对美国政府极限施压第一时间拿出备用方案予以回击，体现了底线思维运用的高超智慧。

一方面，运用底线思维提高风险防控力，意味着不盲目乐观、安于现状，不回避可能存在的矛盾与问题。这主要是指在认识上保持清醒，充分估计发展中的复杂形势与挑战。华为一贯激励员工在最坏的可能性上思考问题、建立政策。任正非的内部讲话主题《华为的冬天》《再论反驳破满，在思想上艰苦奋斗》《华为的红旗到底能打多久》《不做昙花一现的英雄》等均体现出具有忧患意识的深谋远虑。他多次说道："繁荣的背后，都充满危机，这个危机不是繁荣本身必然的特性，而是处在繁荣包围中的人的意识。艰苦奋斗必然带来繁荣，繁荣后不再艰苦奋斗，必然丢失繁荣。"②当前，新一轮科技革命正在全球范围内酝酿，谁在科技创新上先行一步，谁就有引领发展的主动权。倘若取得一点小成绩就安于现状、躺在功劳簿上志得意满，很快就会被超越，要的是树立远大志向，超前谋划、超前部署、积小胜为大胜。因此，即使是在电信市场发展势头强劲时，华为公司也不放松对核心技术的研发，积蓄抢占技术创新制高点的能力。

另一方面，运用以底线思维提高风险防控力，要务实自强、锻造专业定力，从容应对挑战。要防守，更应有作为。把困难想得充分一些，风险估计得严重一些，并非是要自己吓自己，而是要在实践中未雨绸缪、加强防控，有备无患，牢牢把握主动权。华为公司长期"深挖洞、广积粮"，于2004年成立下属海思半导体有限公司，集中力量投入打造芯片产品，补齐短板，最终成就华为核"芯"竞争力。应该说，当代绝大多数企业家都认为技术创新能够增强企业竞争力进而有助于防范发展风险，也投入了不少资金进行研发，但由于技术创新

① 习近平，《提高防控能力着力防范化解重大风险 保持经济持续健康发展社会大局稳定》，《人民日报》，2019年1月22日，第1版。

② 选自任正非在华为的内部讲话稿《天道酬勤》，http://app.huawei.com/paper/newspaper/newsBookCateInfo.do? method=showDigestInfo&infoId=13435&sortId=8&search_result=5。

本身具有诸如创新方向、速度、市场接受程度、收益等不确定性因素，如果未加以全面把握，就可能收效甚微甚至最终败下阵来。而华为公司之所以能够成功，在于它将芯片制造、终端操作系统的开发等核心技术创新项目纳入企业的总体发展战略，作为企业发展的一部分来统筹协调，保证核心技术创新既有资金保障又有人才支撑，既有明确的研发方向又关注市场需求，立足既有的成熟业务，以国际市场为导向，从而将创新风险降低到最低程度，也保障公司的整体发展战略获得成功。

当前，我国在中美贸易战的应对中也应树立底线思维。既要认识经济全球化趋势不可阻挡，中美经贸关系并非“零和博弈”，也要识破美国实行贸易保护主义和滥用国家力量的霸权主义、利己主义实质；既要认识我国具有发展的人口、空间、内需、资本积累优势和制度优势，能够对抗美国极限施压，也要认识到不能掉入别人故意设下的陷阱，做好自己的事情是关键。要使眼前看似唬人的风险消失，只有先使自身强大起来。积极贯彻新发展理念，推进供给侧结构性改革，在高质量发展中释放自身潜力、提升自身能力。

## 五、全力服务国家发展

华为公司一向以产业报国为己任。《华为公司基本法》指出，“华为以产业报国和科教兴国为己任，以公司的发展为所在社区做出贡献。为伟大祖国的繁荣昌盛，为中华民族的振兴，为自己和家人的幸福而不懈努力”①。2019年，任正非两次接受央视记者采访时都主动谈及国家基础教育问题，并对国家人才培养、科技创新、对外开放、全球人才竞争等提出了良好建议，体现了一位成功企业家胸怀祖国、心系国家发展的价值追求。一个企业或一个企业家精神的最高层次，体现在其对国家、民族、社会责任的担当上。经济是政治的物质基础，政治是经济的集中表现，没有离开政治的经济，也没有离开经济的政治。经济和政治是相辅相成的统一体。马克思指出：“国家不外是资产者为了在国内外相互保障各自的财产和利益所必然要采取的一种组织形式……因为国家是统治阶级的各个人借以实现其共同利益的形式，是该时代的整个市民社会获取集中表现的形式，因此可以得出结论：一切共同的规章都是以国家为中介的，都获得了政治形式。”②毛泽东也曾强调，“不涉及上层建筑方面的问题，经济基础即生产关系的问题不容易说得清楚”（毛泽东，1999）。马克思主义政治经济学的研究对象之一便是，一定的社会生产方式、经济基础如何保障政治、

① 华为公司管理法，http://app.huawei.com/paper/newspaper/newsPaperPage.do?method=showSelNewsInfo&infoId=7551&commentLanguage=1&isCopy=0&isDownload=1&sortId=1&cateId=3684。

② 《马克思恩格斯选集》第1卷，北京：人民出版社，2012年，第212页。

国家的运行，政治和国家又是如何以充分的政治条件及强有力的政治保证促进经济活动持续、健康发展的。社会主义企业是社会主义经济的基层组织，安定的社会环境、有力的政策支持是企业发展的重要保障，反过来，企业如何经营管理，有什么样的价值观追求与社会责任担当，直接关系着我国社会主义现代化建设水平的提升、社会主义生产目的的实现。

坚持国家、企业、个人三者利益的统一，应成为社会主义企业价值观的重要原则。在我国，国家、企业、个人都是利益主体，三者利益从长远和根本上看是一致的。只有国家富强了，企业才有生存与发展的基础。企业既要为本企业和本企业员工谋取正当利益，又要为国家的经济效益、社会效益着想。这与资本主义企业发展与社会需要之间存在冲突是不同的。

一方面，服务和服从于国家和人民的利益应是社会主义国家企业的最高原则。在社会化的商品生产条件下，作为自主经营、自负盈亏的商品生产者和经营者，企业必然以获取利润为生产的直接目的，无论资本主义商品生产还是社会主义商品生产都是如此。但在社会主义社会化大生产中，企业作为社会主义经济有机体的一个环节，如果都只关注自己能够赚取多少利润，那么社会主义生产的总目的是难以实现的。对此，需要加强国家宏观调控，引导企业生产满足社会民众需要的商品，又减少不必要的浪费，引导企业生产的利润目的和社会主义生产的总目的相重合；也需要企业从战略上进一步认识国家、企业和个人利益相统一的关系并统筹兼顾，增强社会责任感，围绕民众的需求打造和升级产品和技术，以能为国家的政治、经济、文化的发展做出贡献为己任。华为公司变更技术使人、机、物更为便捷地互联互通，推动技术成果在与各行业的融合中创新服务和商业模式，既有助于提升民众生活品质，又有助于推动经济社会发展。将国家和人民的利益摆在首位，必要时甚至节制、牺牲企业自身利益以保住国家利益。正如任正非谈及美国政府对华为的制裁时义正词严："中国政府凭什么要把利益给美国来换华为生存呢？我们自己可以生存，美国打不垮华为……中国没有必要把中美贸易和华为捆在一起给美国让利益……坚定不移地自己克服，不叫苦，不喊天，相信我们会打赢。"①当前，世界产业急剧变革，我国经济发展进入转型与爬坡过坎的关键时期，加上一些国家、企业对于我们的发展进步不适应、不接受，在竞争中采取各种方式围追堵截、制造陷阱，使我们的发展面临诸多风险和挑战，越是如此，我们就越需要有一批像任正非一般有深厚家国情怀的企业家领头羊，带领员工胸怀祖国、努力工作，将个人及企业的奋斗融进中华民族伟大复兴的事业中。

另一方面，安定的社会环境、国家有力的政策支持保障企业稳定发展。如

---

① 任总接受英国天空新闻电视台采访纪要，http://xinsheng.huawei.com/cn/index.php?app=forum&mod=Detail&act=index&id=4400805&p=1#p43276065。

前所述，引导企业的利润目的和社会主义国家的生产目的相重合，需要加强国家的宏观调控。从长远看，这实际也是企业健康可持续发展的重要保障。我国政府长期通过健全和加强法治、营造公平竞争的市场环境、为企业提供准确及时的经济信息、发挥经济杠杆作用等调节企业利润的实现，为企业发展保驾护航。近年来，西方自由主义不断指责我国产业政策和贸易的种种不是，鼓吹经济要远离政治，完全否定国家干预的必要性，不仅严重脱离实际，而且十分虚伪。实际上并没有哪个国家经济的发展是脱离政府的政策进行的，历史上如此，现在也是这样。财政支出方面，据统计，20世纪80年代以来，美国各级政府向本国企业通过80 337个项目发放了1 781亿美元的补贴。2000年以来，仅波音公司一家就获得了145亿美元定向补贴。① 产业政策上，美国在20世纪90年代提出兴建“信息高速公路”计划，专注于因特网的改进和普及，抓住了世界技术革命的核心，极大提高了综合国力；韩国、日本政府通过加大对汽车产业、新兴电子产业的扶持，使其在全球汽车产业的激烈竞争中占据优势。而今，为加快抢占21世纪先进制造业制高点，德国出台工业4.0计划、美国推出国家先进制造业战略等。由此可见，问题的关键早已不是承认不承认国家对经济发展的作用是否存在，而是国家如何才能对经济发展起到更积极的作用。

企业与国家共生共荣。企业的成功在很大程度上取决于国家的成功，而企业的兴衰也不止关乎自身，还关乎整个社会、整个国家的命运。实业强国的中国特色社会主义新时代，每个企业都应更加明确自身见证者、建设者、开创者的身份，做更多力所能及的贡献。

## 六、结论及启示

在世界经济面临深度调整、外部风险挑战加剧的背景下，我国企业只有将自身做强做优才能从容应对各种风险与挑战。如何做强做优？马克思主义政治经济学通过深入研究社会经济运动客观规律、深刻分析资本主义再生产过程及其内在矛盾，以及总结社会主义革命、建设和改革的基本经验，形成了供我们正确认识企业发展的科学立场、观点和方法。第一，社会主义企业的生产和发展应遵循社会主义生产目的和社会主义经济规律，在管理中借鉴我们的社会制度优势，将其转化为推动企业健康发展的重要动力；第二，始终坚持物质资料生产的基础性地位，坚持发展壮大实体经济，勇于突破关键核心技术，创新治理方式；第三，掌握和运用辩证唯物主义和历史唯物主义方法论，提高把握和运用市场经济规律、自然规律、社会发展规律的能力，提高综合运用战

① 《中国国企是平等竞争市场主体》，《人民日报》，2019年8月22日，第3版。

略思维方法、创新思维方法、底线思维方法进行科学决策的能力。

华为公司长期以来立足实业发展，以创新为核心竞争力，积极探索与员工共治共享的治理方式，坚持用底线思维防范风险，全力服务国家发展，是对马克思主义政治经济学理论的生动运用，其所传递的伟大企业及伟大企业家的奋斗目标和价值彰显了鲜明的中国特色、时代特色。广大企业应以此为榜样，结合自身情况建设一套促进企业提质增效和转型升级的有效方案，练好企业内功，增强发展信心，积极应对挑战，努力把企业做强做优。

## 参考文献

[1]程恩富、丁晓钦，2003，构建知识产权优势理论与战略——兼论比较优势和竞争优势理论，《当代经济研究》，第9期，第25页。

[2]程恩富，2007，和谐社会需要"四主型经济制度"，《长江论坛》，第1期，第5页。

[3]列宁，1986，《列宁全集》第6卷，北京：人民出版社，第11页。

[4]毛泽东，1999，《毛泽东文集》第7卷，北京：人民出版社，第241页。

[5]毛泽东，1999，《毛泽东文集》第8卷，北京：人民出版社，第139页。

# The Political and Economic Interpretation of Huawei Spirit in the New Era

Huang Wen

**Abstract** The reason why Huawei can calmly cope with the pressure of the US government in the Sino US trade war is related to the strength accumulated in the long-term development. This is mainly due to Huawei's scientific enterprise values and governance methods, firmly grasping the real economy, forging core competitiveness with technological innovation, actively exploring the governance mode of CO governance and sharing, adhering to the bottom line thinking to prevent risks, and making full efforts to serve the national development. This is also the main body of Huawei spirit in the new era, which shows the theoretical wisdom of Marxist political economy. The spirit of Huawei in the new era inspires Chinese enterprises to integrate Chinese characteristics into their operation and development, make good use of our social system advantages, further improve the ability to grasp the laws of market economy、nature and social development, and comprehensively use strategic thinking method、innovative thinking method and bottom line thinking method to make scientific decision.

**Key words** The new era Huawei spirit Marxist political economy

# 正确理解劳动价值论要用科学的方法论

郭潇彬　朱炳元

**内容提要**　新中国成立 70 多年以来,我国社会主义市场经济体制正不断完善,中国特色社会主义经济学正加快构建,逐步形成具有中国特色的政治经济学。面对百年未有之变局,一些重要理论问题及其论争持续受到关注,其中对《资本论》尤其是劳动价值论的讨论也成为学界争论的一大焦点。当前对劳动价值论产生的种种认识上的偏差,很大程度是由于缺乏对劳动价值论的科学方法论的正确理解和恰当运用。如何秉持正确态度,将科学的方法论作为研究范式理解和研究劳动价值论,依然是具有重要理论与实践价值的时代课题。我们应当结合新的实际,用科学的方法论不断深化对劳动价值论的理解、把握与研究。

**关键词**　资本论　劳动价值论　方法论
**中图分类号**　F014.3

马克思主义是与时俱进的科学体系,劳动价值论作为马克思主义的理论基础之一,亟待与时俱进。实现劳动价值论在新时期的创新与发展,科学的方法论是其重要方面。以科学的方法论作为劳动价值论的重要研究范式,破除当前对劳动价值论的种种片面理解,使劳动价值论的基本原理实现"从抽象到具体"的转化,从实际出发,说明当今世界的新情况和新问题,从而完成劳动价值论的实践化、时代化。因此,当前深化对劳动价值论的研究与认识的首要任务是科学地理解与掌握劳动价值论的方法论,即在结合当今世界经济全球化、科学技术革命和我国社会主义现代化建设实际的基础上,通过必要的范畴和中介,加快实现对劳动价值论乃至资本论的创新研究。

## 一、正确理解马克思劳动价值论具有重要现实意义

马克思劳动价值论是《资本论》中系统、完整的理论体系,是马克思主义政治经济学的出发点和理论基础。正是因为马克思运用了科学的方法论,才使

---

**收稿日期**:2020—10—15

**作者简介**:郭潇彬,苏州大学马克思主义学院博士研究生;朱炳元,苏州大学马克思主义学院院长、教授、博士生导师。

《资本论》成为科学的理论体系。恩格斯曾指出:“马克思的整个世界观不是教义,而是方法。它提供的不是现成的教条,而是进一步研究的出发点和供这种研究使用的方法。”①马克思进行政治经济学研究的方法是从具体到抽象的抽象法,从抽象上升到具体的叙述方法,在思维运动中具体再现抽象的规定的方法。马克思在《第二版跋》中明确指出了研究方法与叙述方法的重要性,强调“充分地占有资料,分析它的各种发展形式,探寻这些形式的内在联系”②,因而“现实的运动才能适当地叙述出来”③。劳动价值论以历史唯物主义为根本方法,从具体上升到抽象,再从抽象上升到具体,体现了历史方法与逻辑方法的统一,贯穿于其中的是辩证法,这些方法使得劳动价值论最终成为逻辑的整体。

劳动价值论作为《资本论》的重要组成部分之一,其出版已跨越近两个世纪之久。从我国社会主义初级阶段基本经济制度的确立,党的十五大提出的“把按劳分配和按生产要素分配结合起来”④,到《在庆祝中华人民共和国成立八十周年大会讲话》中指出要“深化对社会主义社会劳动和劳动价值理论的研究和认识”⑤,再到如今按生产要素参与分配方式日益增长,新的科技革命和智能化时代到来,日新月异的现实物质世界与马克思所处的历史时代相比,已然发生了巨大的变化。因此,如何用劳动价值论的方法论和基本原理回应迅猛发展的当今世界,是值得探索的重要问题。在重新对劳动价值论补充、发展和丰富的过程中,部分观点对劳动价值论进行了“新解”“误解”与“曲解”,一定程度上造成了对劳动价值论理解的种种偏差,如劳动价值论“过时论”“效用价值论”“生产要素整合论”等。

其一,马克思劳动价值论“过时论”。持这一观点的人主要从以下几个方面进行说明:(1)劳动价值论所揭示的一般原理仅适用于商品经济时期,无法适用于当今不断发展变化的社会主义市场经济条件;(2)对劳动价值论的否定正是“破旧立新”的过程,是改革开放和社会主义现代化建设的必由之路。这些否定劳动价值论与时俱进的观点,不仅与马克思主义的思想品质背道而驰,而且仅以时代变化为由,对理论与实际不加以深层剖析就简单地否定一种理论体系,也并非妥当的科学态度。重要的是,马克思用科学的方法论构建劳动价值论这一理论体系时,已经内在地说明了对待劳动价值论这一理论体系的科学理解。

---

① 《马克思恩格斯文集》第10卷,北京:人民出版社,2009年,第691页。
② 《马克思恩格斯文集》第5卷,北京:人民出版社,2009年,第21页。
③ 《马克思恩格斯文集》第5卷,北京:人民出版社,2009年,第22页。
④ 中共中央文献研究室,《十五大以来重要文献选编(上)》,北京:人民出版社,2000年,第21页。
⑤ 中共中央文献研究室,《十五大以来重要文献选编(下)》,北京:人民出版社,2003年,第164页。

其二,马克思劳动价值论中价值创造的“多元论”。这一观点主要否认劳动是创造价值的唯一源泉,主张多种因素共同创造价值说。由于全球经济快速增长,产业革命不断发展,科学技术不断提高,以及面对我国改革开放四十余年来居民消费和收入形式多样化造成的复杂的现实情况,部分观点开始从劳动之外的因素中寻求价值的源泉,试图为现实的表象辩护。这样的观点主要有:(1)不否认劳动是创造价值的唯一源泉,但认为资本、土地等非劳动生产要素也应当引入劳动概念中,认为它们都创造价值;(2)从科学技术在创造社会财富中发挥重要作用出发,认为以生产要素形式存在的技术既创造使用价值,也创造价值;(3)将使用价值与价值混为一谈,认为价值寓于使用价值中,使用价值是价值的源泉,承认物质要素同样创造价值;(4)提出一种新的说法,如社会劳动创造价值论等。

其三,马克思劳动价值论中价值创造与价值分配“混合论”和“无关论”。目前对于价值创造与价值分配认识上的误区主要是将两者混为一谈,或者认为两者毫无关系。主要的观点有:(1)用价值创造来规范和说明价值分配。主要在“生产要素共同创造价值”这一命题前提下,基于按劳分配的原则与现实存在一定矛盾,因此认为应当实行按贡献参与分配;(2)认为价值创造与价值分配无关。这一观点主要根据马克思对资本主义社会价值创造与价值分配关系的阐述,从而认为社会主义社会同资本主义社会一样,其价值创造亦与价值分配无关。然而,社会主义市场经济体制的逐步完善使得按生产要素分配具备了现实的合理性,自然而然成为我国现阶段的重要分配方式之一,并且仍在实践中不断发展。

以上种种观点都具有明显的片面性,只有紧跟时代发展的步伐才能正确解释现实的经济生活,才能加深对劳动价值论的认识。如果将劳动价值论直接地、生搬硬套式地应用于现实或者用多样的现实现象直接否定劳动价值论揭示的理论原型,必然会导致认识上的偏差。因此就需要用科学的方法论来正确阐释劳动价值论,进一步证明理论与实践、历史与现实的一致性。

## 二、运用科学的方法论正确阐释劳动价值论

随着社会主义市场经济的不断发展,劳动价值论更加显示其鲜明的时代意义。但是,对于劳动价值论的种种抨击也甚嚣尘上,一般来说,学界存在的诸多误区与忽视和没有准确理解劳动价值论的方法论有关。如何运用科学的方法论正确阐释劳动价值论,对于科学地把握劳动价值论的理论内涵和实践价值具有深远意义。

其一,与时俱进地对待劳动价值论。马克思劳动价值论的创立有其直接理论渊源和历史背景,它是马克思在吸收、批判古典政治经济学派主要思想的

基础上重新创建的理论体系，它诞生于商品经济时期，是基于当时资本主义发展状况，尤其是以英国为例做出的总结概括。历史发展到现在，与马克思创立劳动价值论的时期相比，已发生了翻天覆地的变化。新中国成立以来特别是改革开放后，社会生产力显著发展，综合国力不断提升，国际地位持续提高，社会主义现代化建设不断取得历史性突破，市场经济体制不断开创崭新局面。在社会主义市场经济发展和社会主义现代化建设进程中，自然也会伴随着一系列新情况、新问题和新挑战，存在一些迫切需要理论回应的问题，这些是当下以及未来需要关注的重点所在。随着时代发展与社会进步，劳动价值论中所揭示一些抽象"规定"与"范畴"，部分已难以说明现实中的"具体"了，如：按劳分配与按生产要素分配相结合的问题；第一、二、三产业的价值创造问题；复杂劳动和创新劳动的价值量问题；再分配问题；资本、土地等生产要素的价值创造问题；AI机器人的劳动与价值创造问题等。这些都对劳动价值论的与时俱进提出了现实要求。

一方面，当前出现的一系列新问题向如何与时俱进对待劳动价值论提出了挑战；另一方面，也为劳动价值论在新时代的与时俱进创造了条件，提供了创新发展的契机，这是一个需要辩证看待的问题。长期以来，学界对劳动价值论的问题争论不休，某些观点脱离了原理与实际，出现了一定偏差，主要围绕：劳动价值论已"过时"，只能解释过去马克思所处时期的情况，无法继续适用于当今不断发展变化的社会主义市场经济条件；价值创造的源泉多种多样，认为物化劳动及资本、土地等生产要素同样创造价值；忽略现实世界的变化，形而上地、生搬硬套地把价值创造当作判断价值分配是否合理的唯一依据等。产生这些认识偏差，从方法论角度上讲，是因为对劳动价值论的抽象原理的认识与研究滞后于历史发展进程，抽象的概念与范畴尚未通过一系列现实的中介，实现具体化；对待现实情况，缺乏辩证的逻辑，一旦原理与现实产生矛盾便急于否认原理的现实意义。毋庸置疑的是，劳动价值论必然要随着时代发展而不断发展，但值得商榷的是如何发展的问题。只有用科学的方法论，在既有基础上的发展才是科学的、可持续的发展，而轻率地否定和贬低劳动价值论，不仅不是科学的态度，更是对科学方法论的忽视。科学的方法论启示我们，坚持劳动价值论应将坚持理论原理与理论创新结合起来，用发展着的劳动价值论指导社会主义市场经济的新的实践。

其二，正确区分知识劳动、科学技术、服务劳动与价值创造。信息时代劳动工具的快速发展改变了商品生产者的劳动手段，以技术为支撑的电子化、智能化生产方式持续发展，第三产业占国民经济比重不断上升，民营经济也逐步发展壮大，占据了整个经济行业的半壁江山。伴随着这些趋势，有学者开始将知识劳动、科学技术、服务劳动与价值创造的关系混淆，形成了对价值创造的误解。而产生误解的一个重要原因，就是对马克思研究与叙述方法论的理解不当。科学的抽象法需要“从表象中的具体达到越来越稀薄的抽象”①,最终获得再无法分解的最简单的范畴。这就要求我们不能将思维与现实、现象与本质混为一谈,应当结合实际,充分理解知识劳动、科学技术、服务劳动这三个范畴的本质,防止片面观点的形成。

劳动的新形态——知识劳动,不是简单的体力与脑力劳动的总和,而是在综合利用和掌握各种知识的基础上形成的高级劳动。这种高级劳动不是凭空产生与定义的,而是指那些能够创造独一无二的产品、技术,开辟新的市场等的脑力劳动和复杂劳动形式。正是因为这种复合的脑力与复杂劳动具有创新性、独特性和复杂性,知识劳动也被称为创新劳动。信息革命与知识爆炸时代的来临使得知识劳动日益成为生产劳动的重要组成部分,也日益成为价值创造的重要源泉之一。用科学的方法论来研究与分析知识劳动,不能以其现实的表现形态就自然地将其归类到劳动之外,而应该抽象知识劳动最一般的本质,知识劳动依然属于劳动范畴,也就是说,知识劳动是劳动形式不断扩大的结果。

科技迅速发展和人工智能时代的来临,使得科学技术日益成为创造和增进社会财富的重要动因。我们不能简单地认为,科学技术的应用大幅度提高劳动生产率,从而增加了产品,就相应地创造了更大价值。科学技术本质上还是物质生产资料的一种形式,在生产过程中实现价值转移而非直接创造价值。

第三产业的出现与发展使得产业结构人们的消费结构发生了变化,服务劳动越来越成为学界讨论的重点。从产业结构上看,第三产业超越第一产业和第二产业,逐渐占据支配国民经济的地位;从消费结构上看,人们的消费逐渐升级,从原有的以吃、穿、住等物质产品为主,解决温饱问题为主的需要,转变为对不可贮存性、不可运输性的特点的非物质产品的需要。正如马克思所阐述道:“产品从个体生产者的直接产品转化为社会产品,转化为总体工人即结合劳动人员的共同产品。总体工人的各个成员较直接地或者较间接地作用于劳动对象。”②

社会生产从物质生产领域拓展到非物质生产领域是随时代发展而形成的必然结果。当今世界在生产水平和生产结构层面与马克思创立劳动价值论所处的时代截然不同,尤其是在研究对象这一问题上,马克思劳动价值论更是从特定现实出发,受特定历史背景与时代条件的制约。以现在的眼光审视劳动价值论,试图从马克思的著作中找到关于服务劳动也创造价值的现成结论,这本身就是有失偏颇的。在当时,受生产力水平等客观条件的限制,只把物质生产领域的劳动看作创造价值的劳动,而否认了非物质生产领域劳动也能够创

① 《马克思恩格斯文集》第8卷,北京:人民出版社,2009年,第24页。
② 《马克思恩格斯全集》第23卷,北京:人民出版社,1972年,第556页。

造价值。在价值创造的研究中，马克思之所以没有对服务劳动是否创造价值这一问题进行研究与叙述的原因，主要是当时的生产力水平不够发达，以及在此基础上的消费结构与产业结构不同。从消费结构上看，囿于当时生产力发展水平低，人们更加关注吃、穿、住等物质资料的消费，非物质产品消费所占的比重很低；从产业结构上看，第三产业的规模与第一、二产业占据支配地位相比也相距甚远。马克思认为非物质生产领域的资本主义生产在整个生产中起到的作用微乎其微。现如今，受生产力持续发展和消费水平不断提高的影响，享受和发展的需要逐渐成为人们的主要需求，消费结构和产业结构也随之发生了深刻变化，表现为服务产品等非物质产品消费激增以及第三产业崛起。伴随这些变化，我们对具体问题的分析也应当提上进程，不能以过去的眼光来划分生产劳动与非生产劳动，这是不符合实际和科学方法论的。

其三，厘清价值创造与价值量的决定问题。马克思对于劳动是创造价值的唯一源泉这一基本原理的论断是从具体到抽象层面上的揭示，在他看来，抽象劳动生产商品的价值，"价值本身除了劳动本身没有别的任何'物质'"①。但随着现实状况的发展，社会财富的构成愈加复杂，影响价值创造的因素也在不断增加。马克思在《资本论》中也借用威廉·配第的话提到"劳动是财富之父，土地是财富之母"②。对马克思关于价值创造思想的否定主要是没有运用或不理解抽象上升到具体的方法造成的。从抽象上升到具体的方法，不是将抽象出来的范畴直接生硬地应用于现实，而是要经过一系列中介环节来进行。马克思认为："从抽象上升到具体的方法，只是思维用来掌握具体、把它当作一个精神上的具体再现出来的方式。但决不是具体本身的产生过程。"③随着时代不断变化，劳动价值论中揭示的基本原理不一定能完全地适用于现实，这就要求我们要与时俱进地看待劳动价值论，不能因为其中的一些抽象范畴难以对具体的现实加以说明，就急于否定马克思劳动价值论的科学性。首先，马克思对于劳动二重性的解释能够帮助我们更好地从抽象上升到具体去理解劳动创造价值的问题，物质财富和价值财富是现代社会中社会财富的主要组成，前者为使用价值的总和，具体劳动和物质资源两种要素是创造使用价值的源泉；抽象劳动则是后者的衡量标准和唯一源泉，因此，具体劳动和抽象劳动就揭示出了使用价值财富与价值财富的源泉。其次，我们需要意识到随着科学的进步，人们的消费结构日益多样化，由此使得劳动分工日益国际化，社会劳动日益智能化和创造价值的劳动不断扩大化，劳动的内涵不断加深，外延不断向外扩展，商品价值的关系也日益复杂。

如果从人类活劳动是创造价值的唯一源泉出发，进一步推理得出"劳动是

① 《马克思恩格斯全集》第29卷，北京：人民出版社，1972年，第300页。
② 《马克思恩格斯文集》第5卷，北京：人民出版社，2009年，第56—57页。
③ 《马克思恩格斯文集》第8卷，北京：人民出版社，2009年，第25页。

影响商品价值量大小的唯一因素”的观点是不确切的。因为这既是对马克思劳动价值论理解存在偏差，也是没有用科学的方法论对劳动价值论进行分析，缺乏运用具体到抽象、从抽象上升到具体的思维方法分析理论与现实的复杂问题。在价值创造、价值源泉与价值量这三者的关系上，马克思做出了严格区分。关于价值量决定问题，马克思指出：“价值不是由某个生产者个人生产一定量商品或某个商品所必要的劳动时间决定，而是由社会必要的劳动时间，由当时社会平均生产条件下生产市场上这种商品的社会必需总量所必要的劳动时间决定”(马克思，2004)。这表明，劳动时间可能因生产条件的差别而不同，但是社会必要劳动时间仍然是用来衡量价值量的唯一标准。随着商品价值关系日益复杂化，我们更应当结合新的实际，用科学的方法论原原本本地理解劳动价值论价值创造与价值量决定的理论。

其四，区分参与价值分配的依据与创造价值的源泉。在对劳动价值论的讨论中，很多观点常常无法正确区分价值创造与价值分配，具体表现为用价值创造来“证明”价值分配，用价值创造来“推理”价值分配。这样一来，容易混淆价值创造与价值分配的概念，进而产生对劳动价值论的认识偏差，如根据当下的现实情况，利用我国的分配制度以及多种收入形式并存的现状来对整个劳动价值论的误解和否定，或者僵化地运用劳动价值论的方法论，单纯地运用劳动价值论的基本原理否定非劳动收入。导致这些误区的直接原因是将价值分配与价值创造混为一谈。更深层次的原因则是没有科学理解与运用劳动价值论的方法论，从而在现实与原理之间无法寻求合理的出路。

由此我们应当通过理解与运用科学的方法论在理论上区分参与价值分配的依据与创造价值的源泉。人类的活劳动是创造价值的唯一源泉是颠扑不破的真理，而价值分配问题，则要基于现实和分配规律，基于现实，即我们国家现存的基本经济制度和分配制度为价值创造提供依据。而在分配规律上，马克思则认为：“消费资料的任何一种分配，都不过是生产条件本身分配的结果。”①因此，从本质上来讲，所有权的差别实际上是生产条件本身分配的结果。而生产要素参与收入分配的合理性就在于，它一方面是生产要素合理配置的结果，另一方面则有利于调动资源配置的积极性，促进市场有效运转。

## 三、在坚持和发展科学方法论中不断深化对劳动价值论的研究

政治经济学方法创新是马克思深入研究劳动价值论的前提，将科学方法论作为劳动价值论的研究范式，对科学理解、系统把握和深化研究劳动价值论

① 《马克思恩格斯文集》第 3 卷，北京：人民出版社，2009 年，第 436 页。

至关重要。劳动价值论是科学的、人民的、实践的、发展的理论体系，以科学的方法论理解、把握和研究劳动价值论具有重要的现实意义和深远的历史意义。

其一，劳动价值论是科学的理论体系，以科学的方法论揭示了商品经济的本质和价值规律，进而为显现整个人类社会发展的图景奠定基础。为了顺应英国资本主义经济发展的需要，威廉·配第提出了诸多经济主张，其中关于劳动创造价值的相关思想是对劳动价值论的初探，其后亚当·斯密和大卫·李嘉图对该问题的研究与阐述进一步推动了劳动价值论的发展与形成。在商品的交换价值与劳动决定问题上，配第以一定量谷物和一定量白银交换为例，得出商品的交换价值是生产商品时所耗费的劳动决定、劳动是商品交换的基础等结论。尽管他的观点中已经包含了正确的思想，但是，由于他没有区分价值、交换价值和价格三个不同的概念，因而具有一定局限性；作为第一个比较系统地对劳动价值论进行理论阐释的经济学家，亚当·斯密确立了劳动创造价值的观点，促使劳动价值论最初理论形态的形成。但是斯密的价值理论具有明显的局限性和不彻底性，存在没有从交换价值中抽象出价值，对创造价值的劳动的理解模糊不定，不理解价值转化为生产价格的内在机制等问题；亚当·斯密之后，大卫·李嘉图进一步完善了劳动价值论，对劳动价值论的内容做出了更充分、更全面的阐述。他更加合理地区分了商品的使用价值与交换价值的概念，将使用价值作为交换价值的前提，同时认为后者的大小并不决定于前者。然而，李嘉图的劳动价值论始终存在价值规律与利润存在、价值规律与同量资本获取等量利润等无法解决的矛盾。而之后李嘉图学派将劳动价值论庸俗化了，资本主义古典政治经济学派创立的劳动价值论并没有解决什么劳动创造价值和如何创造价值的问题，最终逐步从神坛跌落。此时，马克思在吸收批判资本主义古典经济学派劳动价值论基础上，破解了古典政治经济学家劳动价值论局限性、不彻底性和矛盾性，论证了矛盾双方的对立统一关系，建立了科学的、彻底的劳动价值论。

既不同于斯密将分工理论作为开端，也不同于李嘉图以价值理论开始，马克思从商品出发来探索资本主义社会的经济规律："资本主义生产方式占统治地位的社会的财富，表现为'庞大的商品堆积'，单个的商品表现为这种财富的元素形式。因此，我们的研究就从分析商品开始。"①马克思围绕商品这一范畴解析出了使用价值和价值，阐述了劳动的二重性，彻底解决了什么劳动创造价值和怎样创造价值的问题，创立了价值实体理论。如果说价值实体是对何为价值的解释，那么价值量则是形容价值量大小与多少的范畴。通过对商品交换的历史与客观现实的分析，马克思得出社会必要劳动时间决定商品价值量的结论，前者说明了商品生产者之间的交换的尺度，后者则说明了社会生产

① 《马克思恩格斯文集》第5卷，北京：人民出版社，2009年，第47页。

的效率问题。在价值的表现形式问题上，马克思从交换价值中抽象出价值，在探讨价值的质的规定性和量的规定性之后，又回到了交换价值，这个过程就是引出价值形式的过程。而在价值的本质问题上，区别于资产阶级经济学认为的“价值的本质是交换价值，是财富，是物”的观点，马克思提出价值的本质是社会关系。总结来说，价值实体、价值量、价值形式和价值本质是马克思劳动价值论的重要组成部分，马克思在具体分析过程中，运用了科学的方法论，先是从具体到抽象，从事物的表象入手，透过现象发展本质，之后再进一步将这些本质的规定运用抽象上升到具体的方法分析现实。可以说，劳动价值论的科学性体现在马克思对科学的方法论运用上，失去了科学方法论的劳动价值论就失去了其科学性。

其二，劳动价值论是人民的理论体系，彰显了尊重劳动和劳动者的历史唯物主义基本原理。马克思创立劳动价值论，不仅仅是为了理论创新，更是为了推动理论展开的过程，也就是使劳动价值论由抽象不断走向具体，即实践的过程。之所以说劳动价值论具有科学性，是因为它解决了古典经济学中存在的矛盾问题，并且能够接受资本主义实践的检验。不仅如此，劳动价值论还表现出鲜明的人民性。马克思抽象出关于商品价值的本质规定，在商品生产与消费者和资本家与工人这两对关系上，用商品的价值以物的形式和剩余价值来加以说明和反映。在马克思所处的历史时期，工人阶级就是最大的人民，他们在创造自己的工资之外，还生产剩余价值，于是在劳动价值论的基础上，马克思发现剩余价值规律，并将其作为批判资产阶级的有力武器。马克思坚定不移地站在工人阶级也就是劳动者的立场上发现与解决问题，同时也并不如资产阶级一样占有工人阶级的劳动成果，提出资产不应被资产阶级占有，而应当收归国有。

其三，劳动价值论是实践的、发展的理论体系，深化对劳动价值论的认识与研究，不能仅停留在资本的基础上，应当与时俱进地看待劳动价值论，立足于现实和实践的基础上推进马克思主义的发展。批判性不仅是马克思主义的精神品质，也是劳动价值论乃至《资本论》的精神要义。马克思劳动价值论正是在吸收、批判古典政治经济学的基础上，结合现实建立起来的。同时，劳动价值论的创立也标志着马克思主义政治经济学的创建。正如任何理论的建立与发展都不是一蹴而就、一成不变的一样，劳动价值论也在不断发展、创新。劳动价值论作为商品经济理论的概括与总结，其发展不应拘泥于特定的时代背景和《资本论》的理论高度，而且应当遵循马克思科学的方法论中发展的观点与逻辑。在马克思晚年的思想与著作中，对发展的关注体现得尤为明显。由恩格斯进行增补的《资本论》第 3 卷，文中以大量的经济史料为基础，说明了商品经济不断发展的过程，以及这个过程中价值规律在其中所起到的支配作用。随后，恩格斯也对劳动价值论进行了补充与丰富，他提出的生产高度社会化之后资本的社会化问题、自由竞争的资本主义向垄断资本主义过渡中价值规律“转型”问题，以及垄断替代竞争等问题，不仅体现了发展的逻辑，而且也为后世进一步研究劳动价值论奠定了坚实基础。历史与理论在发展中不断合拍、同步，在帝国主义阶段，列宁又对劳动价值论进一步丰富，以马克思主义经济学的研究视角与方法，将劳动价值论和剩余价值论在垄断时期的实现形式概括为“垄断价格”“垄断利润”等范畴。而在当代，商品经济同时存在于资本主义社会和社会主义社会，这一现象引发出了对劳动价值论的诸多探讨，其中不乏否定劳动价值论的观点。但我们应当认识到，劳动价值论本身就是在不断发展的历史进行中创立、完善的，相应地，劳动价值论在新时期也需要发展与完善。当前各种批判劳动价值论的观点不仅不能成为否定劳动价值论科学性的依据，反而应该是劳动价值论不断与时俱进、创新发展的动力。劳动价值论作为发展的理论体系，只有随着商品经济的不断发展而丰富，才能真正发挥它指导实践的作用。

## 参考文献

[1]马克思，2004，《资本论》第3卷，北京：人民出版社，第722页。

# Correct Understanding of Labor Value Theory Requires Scientific Methodology

Guo Xiaobin Zhu Bingyuan

**Abstract** Since the founding of the People's Republic of China for more than 70 years, China's socialist market economic system has constantly improved, and the construction of socialist economics with Chinese characteristics is accelerating, and the political economy with Chinese characteristics has gradually formed. Facing the unprecedented changes in a century, some important theoretical issues and the debates on them continue to attract attention, among which the discussion of "Das Kapital", especially the labor value theory, has become a major focus of the academic debate. The current misunderstanding of labor value theory, to a great extent, is due to the lack of correct understanding and proper application of the scientific methodology of labor value theory. Therefore, how to hold a correct attitude and take scientific methodology as a research paradigm to understand labor value theory, is still a topic of the times with important theoretical and practical value. And it's imperative to combine new reality and use scientific methodology to deepen the understanding, grasp, and research on labor value theory.

**Key words** "Das Kapital"　Labor value theory　Methodology

# 西方市场社会主义浅析

金瑶梅　夏小华

**内容提要**　西方市场社会主义是国外马克思主义阵营中的一股理论思潮,重点探究市场与社会主义的有机结合问题,为中国社会主义市场经济的改革创新提供了有益启示。具体包括三个方面:第一,在世界社会主义运动遭遇挫折时,依然对社会主义事业的发展前景充满信心;第二,积极探索市场与社会主义两者的有机结合;第三,注重对社会平等的追求。与此同时,我们也应当对西方市场社会主义的改良主义倾向与新自由主义倾向保持警醒。

**关键词**　西方市场社会主义　马克思主义　改良主义　新自由主义

**中图分类号**　D616

对市场与社会主义两者关系的探讨可谓“历久弥新”,这是中国特色社会主义在改革开放之初需要为人们答疑解惑的关键问题,也是中国特色社会主义处于新时代的历史方位之中将改革开放往纵深推进仍需探究的重大问题。国外探讨市场与社会主义关系问题的重要思潮是西方市场社会主义,主张将生产资料公有制与市场机制结合起来以实现社会主义。自诞生之日起,西方市场社会主义便以其聚焦领域的重要性与现实性、理论探讨的前沿性与观点交锋的激烈性,成为西方左翼的一方研究“热土”。东欧剧变后,世界社会主义运动遭遇了严峻挑战,西方市场社会主义在反思东欧剧变的基础上,积极尝试重构社会主义的未来发展图景,其对市场机制是否能与社会主义制度兼容、社会主义是否能合理地配置资源等一系列问题的深入剖析,为重建社会主义的发展模式提供了可能。随着现实世界经济生活的快速变化,西方市场社会主义研究的空间与张力得到了持续的拓展与强化,某些观点在实践层面被加以贯彻落实,其对社会主义的理论探讨与实践发展也为中国社会主义市场经济的改革创新提供了有益启示,但不足之处同样值得我们警醒。

---

**收稿日期**:2020—10—11

**作者简介**:金瑶梅,上海理工大学马克思主义学院院长、教授,上海大学马克思主义学院兼职博导,上海市习近平新时代中国特色社会主义思想研究中心研究员;夏小华,上海大学马克思主义学院博士研究生。

**基金项目**:本文系国家社科基金一般项目“西方市场社会主义及其对中国社会主义市场经济的启示研究”(15BKS070)的阶段性成果。

## 一、西方市场社会主义的有益启示

目前学界对西方市场社会主义发展阶段的划分众说纷纭。本文主要以东欧剧变为界限，大致按两个阶段来划分：一是传统西方市场社会主义，包括奥斯卡·兰格的“竞争的市场社会主义模式”、奥塔·锡克的“以市场机制为基础的分配计划模式”、亚诺什·科尔内的“宏观控制下的自由市场模式”及 W. 布鲁斯的“导入市场机制的计划经济模式”等；二是当代西方市场社会主义，包括约翰·罗默的“虚拟证券的市场社会主义模式”、戴维·米勒的“合作制的市场社会主义模式”、詹姆斯·扬克的“实用的市场社会主义模式”及戴维·施韦卡特的“经济民主的市场社会主义模式”等。这些西方市场社会主义的理论模式精彩纷呈，对中国社会主义市场经济具有积极的借鉴意义。

第一，在世界社会主义运动遭遇挫折时，依然对社会主义事业的发展前景充满信心。东欧剧变发生之后，不少西方左翼学者开始反思苏联模式社会主义的失败，并在此基础上为社会主义寻找新的发展道路。以当代西方市场社会主义者约翰·罗默为例，他在《社会主义的未来》这本代表作中说道，“苏联和东欧的共产主义制度的崩溃支持了一些旧论点，也产生一些新论点，认为社会主义不论在当今世界或作为一种理想都不能存在。我则希望阐述理由证明，社会主义仍然是一种值得追求的理想，而且在现实世界也是可能的”（约翰·罗默，1997）。这段话旗帜鲜明地表达了罗默对社会主义所怀有的特殊情感和抱有的坚定信心，肯定了社会主义虽然在现实发展过程中遭遇到局部的困难，但仍然是人们追求的目标，而且无论是在理念层面还是在实践层面都如此，当然必须要根据形势的变化对传统社会主义的一些理论，尤其是经济理论的构成内容进行一定的修改。在后来有记者对罗默进行专访时，他再次重申了自己的看法，“即使人们把个人假定为经济人，社会主义也是可取的”（约翰·罗默等，2006）。从访谈的记录来看，尽管世界社会主义运动遭遇了东欧剧变的挫折，罗默对社会主义事业的信心没有改变，这种情怀是极为难能可贵的。罗默的观点代表了东欧剧变发生之后很多西方左翼学者的心声：初心不改，渴求创新，探索与现实结合得更加紧密的社会主义创新理论，并进而更好地建设社会主义。在这一点上，以罗默为代表的当代西方市场社会主义者的政治立场与我国是一致的，即在西方相当一部分右翼政客与右翼学者大肆宣扬“社会主义”“共产主义”甚至“马克思主义”已经死亡之际，我们仍然坚定不移地保持对社会主义及共产主义的信念，相信东欧剧变只是苏联模式社会主义的失败，并不意味着整个世界社会主义运动的失败，在遭遇暂时性的困难之时，我们必须保持正确的政治站位，实现社会主义在理论与实践两方面的创新。在这方面，西方市场社会主义者无疑是我们坚定的“同盟军”。

第二，积极探索市场与社会主义两者的有机结合。如何实现市场与社会主义的兼容，一直是西方市场社会主义者思考的重要问题。以传统西方市场社会主义者W.布鲁斯为例，一方面，他看到了社会主义计划经济所集中体现出的优越之处，例如国家可以根据国内、国际形势发展的需要，将资源集中分配到重要部门，而不是像资本主义制度框架内那样将资源集中在少数社会成员手中，而且通过国家层面的具有绝对权威性的宏观调控，可以保障经济发展方向上的高度选择性，而不是像资本主义社会经济中那样经济呈现周期性的波动，这可以说是集权模式的好处；另一方面，他也看到了其存在的不足之处，即经济运行缺乏灵活性和一定的自由度，容易人浮于事，生产效率低下，技术革新不够，造成资源的浪费现象。基于此种判断，布鲁斯试图立足于计划经济的基础之上，在社会主义制度框架内引入市场机制，从而实现集权式计划经济的扬长避短，具体而言就是将计划与市场相结合，使经济决策的过程既包含集权模式，又体现分权模式，即国家负责经济的宏观层面决策，企业负责经济的微观层面决策，如此既保证了国民经济运行的有序性、计划性、稳定性，又发挥了市场调节经济的灵活性，做到计划中渗透着市场、市场又受到计划的调控，两方面兼顾。这里提及的"市场"并不是资本主义社会中具有充分自由度与自主性，同时也具有诸多不可控因素、容易出现震荡等特点的市场，而是受到计划调控、影响的市场，这样的市场可以保障社会主义社会在经济发展方向上的既定方针，从而稳步前行。在当时苏联及匈牙利等东欧社会主义国家大都处于计划经济时期的时代背景下，布鲁斯通过富有创意地提出"导入市场机制的计划经济模式"，为计划经济时代的社会主义经济运行注入了活力，既没有对计划经济的总体经济模式进行全盘否定，又灵活引入了市场元素。继布鲁斯之后，亚诺什·科尔内进一步尝试对高度集中的计划经济体制进行突破。他要求尽量减少国家的行政统一调节，而使市场机制在经济体制的改革中发挥更大的作用。作为传统西方市场社会主义的又一位代表人物，科尔内"宏观控制下的自由市场模式"不但深深影响了其本国的经济改革实践，也对其他东欧社会主义国家的经济改革实践产生了实质性的效果，随着我国学术界不断翻译其相关著作，科尔内的市场社会主义理论对中国的经济改革实践也产生了一定的影响。改革开放以来，我国一直致力于促进市场与社会主义的有机结合，西方市场社会主义者的相关探索为我们提供了宝贵的可供借鉴之处。

第三，注重对社会平等的追求。以当代西方市场社会主义者戴维·米勒为例，他认为仅仅局限于对资本主义经济不平等现象的批判是不够的，市场社会主义者应当追求的平等目标是"社会平等"。"社会平等"就相当于地位的平等，即人们在社会中拥有一个平等的起点和机会。在这样的社会里，人们不能随便地被他人评价为"好"或"坏"，这样的社会是一个没有阶级阶层划分的社会。当然，米勒所主张的"合作制的市场社会主义模式"并不意味着完全的平等，因为合作社与合作社之间、合作社内部的工人与工人之间，由于各种原因会产生经济收入上的某些不平等现象，但这些不平等是局部的，反映的是人们对社会经济活动做出的贡献的不同，与资本主义制度下的经济收入不平等相差甚远。此外，这种收入不平等也不会危及"社会平等"，不会导致人们产生严格的社会等级观念（蒲国良，2006）。米勒认为，"社会主义者寻求报酬、地位、特权的平等分配，以便最大限度地减少社会的不满，保证人与人之间的公正，使机会均等；它也致力于减少现存的社会分化。对社会平等的信仰是迄今为止社会主义最重要的特征"（余文烈等，2008）。此外，詹姆斯·扬克对当今资本主义社会严重的社会分配不公平现象进行了抨击，并将这种不公平现象归结为少数人掌控了绝大部分的生产资本。在对资本主义私有制进行批判的基础上，扬克认为，当今时代的社会主义是一种为社会主义寻求一条真正的新出路的探索，它可以详细地描述一种切实可行的、能够产生实效的社会主义经济体系，这种经济体系将凸显鲜明的利益平等的特点，同时也不必冒险做有可能严重破坏效率的事情。西方市场社会主义者对社会平等的重视及追求给我们提供了有益启示，按照既定目标，我们将全面建成小康社会，这是凸显社会平等的全民小康，西方市场社会主义者的主张与我们不谋而合。

## 二、对西方市场社会主义的反思

对西方市场社会主义进行全方位反思，发现其主要存在两种理论缺陷，即改良主义倾向与新自由主义倾向。西方市场社会主义试图创建一个处于资本主义社会向社会主义社会过渡的特殊的社会阶段，属于一种不改变社会根本政治制度前提下的改良主义设想。至于这个过渡时期究竟如何由理论走向现实，则缺少明确的目标、步骤和举措。西方市场社会主义所蕴含的新自由主义倾向，提醒我们一定要摆正市场与社会主义的位置，只有立足于社会主义基本政治制度进行和深化经济体制改革，改革才不会出现偏差。

### （一）改良主义是西方市场社会主义发展的一个错误倾向

传统西方市场社会主义者队伍中虽然有部分学者来自东欧地区，曾经生活在社会主义制度下，但其他大多数学者则身处资本主义制度之下；而当代西方市场社会主义者队伍中的学者基本上都来自英国、美国等西方发达资本主义国家，尽管有些学者曾经实地到访过中国，比如罗默、施韦卡特等人，但短暂的学术访问，不可能对中国具体国情形成全面、深入的认识。而其他大部分学者对社会主义国家的了解则以书面知识、间接了解为主，缺乏持续、形象的具体生活体验，相对而言，他们对资本主义制度及其框架内的市场运行机制却有着更为直观的感受和更为丰富的体验。这也是为什么在如何看待市场与社会主义的结合问题上，西方市场社会主义，特别是当代西方市场社会主义，更加重视市场经济的主导地位，寄希望于通过社会主义元素对市场经济的有益补充来克服单一市场经济运作产生的弊端的原因所在。具体而言，西方市场社会主义的改良主义倾向主要表现在以下三个方面：

第一，重视经济领域的改革而忽视其他领域的变革。西方市场社会主义者主要在经济领域中设计可能的资本主义替代方案，尝试推动资本主义道路向社会主义道路的转变。但是，经济领域的创新变革必然与政治领域、文化领域及社会领域等的创新变革紧密相连、相辅相成。事实已经证明，历史上每一次重大的经济体制改革都牵涉到一个社会的方方面面。而西方市场社会主义者提出的理论模式往往缺乏与之配套的社会其他领域的变革措施，一旦一个社会占主导地位的阶级的利益受到损伤，这个阶级必然会利用自身的统治地位全力抵制社会的变革。西方市场社会主义者试图立足于西方的自由民主制度之上，通过在自由市场机制中渗透社会主义元素，从而达到对资本主义制度进行“修补”的目的，而在资本主义如何向社会主义过渡及社会主义如何向“后社会主义”——共产主义过渡等关键问题上则存在“理论的空场”。俞可平评价道：“20世纪90年代的一些西方社会主义学者在为未来的社会主义设计出新的经济体制的同时，也在思考相应的政治体制。不过，他们对政治体制的关注远远比不上对经济体制的关注，这或许是因为在他们看来，经济体制不仅比政治体制更具有根本性意义，而且对于现实的社会主义来说具有更大的紧迫性。”(俞可平，2006)

第二，没有彻底否定资本主义制度。从西方市场社会主义者所构建的各种理论模式来看，虽然他们都十分强调对自由、平等、公正等社会主义传统价值目标的追求，但他们并不怀有传统社会主义者的革命热情去全盘否定资本主义制度，并尽情讴歌社会主义与共产主义，也并没有明确的目的和翔实的计划去试图推翻整个资产阶级的统治。一方面，他们的经济改革主张经常停留在社会经济活动的表面而没有碰触到资本主义经济制度的关键部分，即没有从根本上去除或淡化资产阶级在生产资料的占有及利益获取上的主体地位和优先权；另一方面，他们的经济改革措施仅仅局限在资本主义经济制度统治之下的社会经济领域内，尽管他们的本意是在西方的自由市场机制中渗透某些社会主义元素，但根本没有与之相对应的体现社会主义性质的政治、文化及社会制度等作为基础保障，所以在操作实施层面是无法真正实现平等、自由及公平等社会主义的价值目标的。比如，扬克的“实用的市场社会主义模式”并没有对资本主义生产方式进行全盘否定，而是希望在与现行的资本主义经济运行机制保持一致的基础上进行局部的调整，主要是分配原则的变化。扬克这样说道：“实用的市场社会主义经济实际上在每一重要方面都完全模仿现存的市场资本主义经济。它与市场资本主义的相似性出于这样的重要考虑，即保留现存的令人满意的经济效率水平。它只实行最低程度的制度变革，以利于

实现非挣得的所有权收入分配的平等化。”(James A. Yunker,1993)

第三,过分推崇“福利国家”。一些西方市场社会主义者在反思高度集中的中央计划经济、推崇发挥市场机制效能的过程中,出现了理论的偏差。比如,布鲁斯强调追求平等及社会福利的极端重要性,这在一定程度上使社会主义的关键特征发生了微妙的转换,一般而言,人们通常将公有制为主体的基本经济制度视为社会主义区别于其他各种主义的主要特征所在,但按照布鲁斯的思路,不难看出对“福利国家”的推崇显然出现了民主社会主义或者说社会民主主义的倾向。罗默也在一定程度上出现了类似的趋势,他主张福利平等,尤其是福利的机会平等:“如果把福利的平等而不是把福利的机会平等当作目标,那么社会就必须向那些选择非常浪费的、不现实的目标的人提供巨大数额的资源财富。假设我是一个很糟糕的运动员,但我认为除非我用双脚登上珠穆朗玛峰,否则我的生活就毫无价值。要使这种攀登成为可能,就需要大量金钱去雇用足够的搬运工和其他辅助服务。从另一方面看,主张福利的机会平等,我就有责任选择那种合理的福利导向的目标。”(约翰·罗默,1997)布鲁斯、罗默等人的思想倾向与主张走“第三条道路”的民主社会主义不谋而合,而民主社会主义要走的这条道路貌似不“左”不“右”,实际上最终会滑向资本主义的泥潭,成为资本主义的“变种”,因此具有鲜明的改良主义色彩。

**(二)西方市场社会主义的另一个不良倾向是新自由主义倾向**

绝大多数西方市场社会主义者长期处在资本主义制度下,对资本主义生产方式和生活方式极为熟悉,虽然作为西方左翼,他们以批判的视角来看待资本主义世界中的很多事物,但由于从所接受的长期教育到所生活的日常环境都有意无意地受到了资本主义的相关熏陶,因此在思想层面难免会留有一定的新自由主义的印记,并在自己的西方市场社会主义理论模式中表现出一定的新自由主义倾向。有一点我们应当清楚地意识到,西方市场社会主义者虽然都不同程度地提出了各种社会主义的价值目标,但他们拥护的社会制度依然是在资产阶级政党领导下的西方传统的自由民主制度,他们关心的是资本主义社会的经济体制而不是其他的上层建筑。他们所处社会的一切上层建筑都是与资本主义制度相适应的,这些资本主义上层建筑的功能就是维护资本主义私有制,维护资产阶级的根本利益及其统治。因此,西方市场社会主义者出现新自由主义倾向可以说是在意料之中的。这一倾向主要表现为两个方面:

第一,在推动传统计划经济向市场经济转变的过程中出现了一定的新自由主义倾向。少数西方市场社会主义者在主张用市场机制的自由、灵活特点去替代传统计划经济的单一、僵化时,一定程度上出现了新自由主义的倾向。布鲁斯和拉斯基在 1988 年曾这样说道:“当命令体制在我们的祖国波兰以及整个苏联集团内的令人沮丧的经历促使我们在 20 世纪 50 年代中期以后寻求改革的前景时,我们还是一直在努力寻求折中的解决办法,力图把宏观经济的集中计划同市场调节下国有企业的自主权融合在一起。但是……这一折中方法在理论上是不能成立的,如果市场化是变化的正确方向,那就应该始终如一地走下去。在实践中,早在20世纪80年代,致力于经济改革的大部分国家已经开始显示出走向完全的市场社会主义的趋势。"(W. 布鲁斯、K. 拉斯基,2010)这段话显然对市场机制过于依赖,对其发展前景过于自信,体现出一定的新自由主义倾向。这也提醒我们:西方市场社会主义在揭示、批判传统计划经济并力主实现由计划经济向市场经济转变的过程中,一不小心就会走向另一个极端,即推崇彻底的市场化。市场机制自身并非十全十美,可以解决一切与经济发展有关的问题,资本主义制度也并非像弗朗西斯·福山所认为的那样代表着"历史的终结",历史已经证明,如果完全放任市场机制自由、任意发展,必然会导致市场最终的失灵,并随之而来导致整个社会的无序、失范、失控局面。在这方面,资本主义国家的金融危机、经济危机已经很好地印证了"市场万能论"的失败。

第二,在看待市场的功能与国家宏观调控方面出现了一定的新自由主义倾向。说到西方市场社会主义的新自由主义倾向,排除布鲁斯和拉斯基等少数学者的理论之后不难看到,从整体上来说,当代西方市场社会主义的理论比传统西方市场社会主义的理论表现得更为明显一些。举例来说,在国家宏观调控对经济运行所发挥的作用方面,西方市场社会主义者的理论常常会体现出一定的新自由主义色彩,其中当代西方市场社会主义要比传统西方市场社会主义在这方面更突出一些。按照当代西方市场社会主义者的理论视域来看,他们往往只承认市场的作用而忽略了政府计划调控这只"看得见的手"的功能,而中国社会主义市场经济既承认市场这只"看不见的手"的功能,也注重国家的宏观调控这只"看得见的手"。可以这么说,当代西方市场社会主义者基本上都是自由市场机制的拥护者,他们片面地强调自由市场在资源配置上的优势,将市场的作用绝对化,忽略或者轻视国家对经济的宏观调控,即便一些理论家主张对经济进行一定的干预,也主要集中在现代企业制度的创建和完善方面,没有大面积地运用于社会经济发展的过程。经常被当代西方市场社会主义者有意无意遮蔽的一点是:市场机制本身具有一定的弊端或者说包含相当程度的风险,比如它的发展的盲目性、产业环节断裂所导致的可能的危险性、过度自由带来的生产的无序性、纯粹追求利润所产生的对资源的浪费现象、因追求利益而导致的对社会公平与平等的破坏性,以及急功近利原则主导下造成的国民经济结构畸形发展带来的不平衡性等。自由市场机制蕴含的这些弊端恰恰可以通过运用国家宏观调控予以解决。当然,国家计划或者说政府干预也必须保持一定的"度",过多会造成经济体制的僵化、市场机制的失效,过少则无助于解决现实问题。只有在市场这只"看不见的手"和政府计划调控这只“看得见的手”共同采取的“双手控制”之下，才能保证发达市场机制的有效运行。

综上所述，西方市场社会主义本身包含众多理论派别，我们必须要对这些理论派别进行恰当评析及定位，即不仅仅停留在“事实判断”上，而是要进一步对其进行“价值判断”，除了揭示其创新之处外还要看清其理论缺陷。我们在研究西方市场社会主义的过程中，要深入挖掘其对中国社会主义市场经济所具有的可供借鉴之处，同时要对其不足之处保持警醒。当然，正所谓“瑕不掩瑜”，西方市场社会主义为我们提供的有益启示是主要的。无论是其理论精彩之处还是不足之处，两者殊途同归，归根结底都可以对中国社会主义市场经济的理论创新与实践发展带来启示。在当下全面建成小康社会的“冲刺”阶段，面对新冠肺炎疫情在全世界蔓延的特殊历史语境，我们一定要进一步增强深化经济体制改革的决心与信心，做好打一场“攻坚战”的准备，为中国特色社会主义在新时代取得新的成就而努力。

## 参考文献

[1]James A. Yunker，1993，*Capitalism Versus Pragmatic Market Socialism*：*A General Equilibrium Evaluation*，Massachusetts：Kluwer Academic Publishers，p. 1.

[2]蒲国良，2006，《当代国外社会主义概论》，北京：中国人民大学出版社，第 279—281 页。

[3]W. 布鲁斯、K. 拉斯基，2010，《从马克思到市场：社会主义对经济体制的求索》，银温泉译，上海：格致出版社，第 1—2 页。

[4]约翰·罗默，1997，《社会主义的未来》，余文烈等译，重庆：重庆出版社，第 1、10 页。

[5]约翰·罗默等，2006，《社会主义及其未来——约翰·罗默访谈录》，段忠桥编译，选自李惠斌、叶汝贤《当代西方社会主义研究》第 4 卷，北京：社会科学文献出版社，第 293 页。

[6]余文烈等，2008，《市场社会主义：历史、理论与模式》，北京：经济日报出版社，第 393 页。

[7]俞可平，2006，《全球化时代的“社会主义”》，选自李惠斌、叶汝贤《当代西方社会主义研究》第 4 卷，北京：社会科学文献出版社，第 17 页。

# A Brief Analysis of Western Market Socialism

Jin Yaomei　Xia Xiaohua

**Abstract**　Western market socialism is a theoretical trend of thought in foreign Marxism camp. It focuses on exploring the organic combination of market and socialism, which provides beneficial enlightenment for the reform and innovation of China's socialist market economy. Specifically, it includes three aspects as followed. Firstly, in the face of setbacks in the world socialist movement, we still remain confident in the prospects for the development of the socialist cause. Secondly, we should actively explore the organic combination of market and socialism. Thirdly, we should pay attention to the pursuit of social equality. Meanwhile, we should keep alert to the reformist tendency and neoliberal tendency of western market socialism.

**Key words** Western market socialism Marxism Reformism Neoliberalism

# 世界市场发展视阈下的区域经济一体化分析
## ——基于马克思的世界市场理论

陈人江

**内容提要** 世界市场的发展是全球化与区域经济一体化的统一。区域经济一体化既对世界市场统一趋势构成局部性限制,又是世界市场统一过程的重要组成部分。马克思关于世界市场发展的理论揭示了世界市场的内在逻辑和发展规律,指明了以新的世界历史存在形式替代世界市场的必然性。从马克思关于世界市场发展理论的角度来审视区域经济一体化具有根本性的意义。马克思的世界市场理论内含的辩证法表明,如何以世界市场的发展来实现世界市场的终结。区域经济一体化是推动世界市场统一的重要途径,同时也存在不同的参与和构建方式。因此,推动区域经济一体化符合世界市场内在的趋势,而以超资本主义的区域经济一体化替代资本主义的区域经济一体化又是世界历史发展的必然要求。

**关键词** 世界市场 区域经济一体化 马克思的世界市场理论

**中图分类号** F0—0

经济全球化和世界市场统一是一个广受关注的话题。2020 年全球新冠疫情暴发,进一步摧毁了各国经济贸易联系,原本停滞的世界经济加剧衰退,使在疫情前就已存在的贸易保护主义兴盛、全球化进程受阻等问题更为突出。另一方面,经济区域化或区域经济一体化则不断得到讨论,俨然被看作是疫情后时代对本轮全球化的一种替代方案。[①] 本文认为,无论是否受到全球疫情的影响,区域经济一体化(经济区域化是其特殊表现)都是全球化过程中非常重

**收稿日期**:2020—10—17

**作者简介**:陈人江,中国社会科学院马克思主义研究院副研究员。

**基金项目**:本文系中国社会科学院创新工程青年学者项目“世界体系视角下的区域经济一体化研究”的阶段性研究成果。

① “世界经济秩序重组”“产业链重组”是当前经济学者、国际关系学者及产业界人士频繁提起的字眼,许多人表示产业链本土化和区域化是一个趋势。网络上广泛流传的一篇文章提出了世界政治和经济“阵营化”的概念,认为今后将形成以欧美日市场经济体制和以中国国家主导的经济体制两大阵营的泾渭分明(参看文贯中、马国川:《世界呼吁“良性全球化”》,https://xueqiu.com/4649450597/146621014),官方学者则持相反的观点,认为中美不会形成两大政治阵营和两个世界体系(参看李文,大变局下中美关系的“变”与“不变”,《学术前沿》,2020 年,第 4 期)。无论如何,任何世界经济政治危机都会促使区域经济一体化趋势加强。从这点来看,疫情之下,东北亚自贸区加速推进绝非偶然。

要的一种现象，值得深入研究，而且有必要把两种似乎相反的趋势“全球化”和“区域经济一体化”放在世界市场发展和统一的视角下进行解读。在这一方面，马克思的世界市场理论提供了一个理解区域经济一体化本质和规律的基点。

从整个人类文明史来看，原始社会解体以来经济生活发展的重要表现之一，就是市场日益扩展到全球范围。世界市场所反映的正是人们交换关系和交往关系的世界性存在。换言之，世界市场从私有制社会开始就处在不断形成和发展之中。区域经济一体化，既指一个国家内部不同地区之间的一体化，也指超越国家界限的不同国家或地区之间的一体化，本文主要指的是后一层意思。自20世纪中后期以来，区域经济一体化日渐兴起，与经济全球化相伴而行。但从更广阔长远的历史进程来看，区域经济和区域一体化都并非新鲜的事物，而是一直存在于世界市场发展的整个过程之中。区域经济一体化具有两面性：对外，它将保护主义从国家的层面上升到了区域集团层次；对内，它将自由贸易或市场的统一逻辑从单个国家的内部扩展到了更广阔的区域内部。这种两面性体现了世界市场发展和统一过程的迂回曲折。从实际的历史进程来看，区域经济一体化与全球化或世界市场统一趋势并不是相互对立的，而是相辅相成的，区域经济一体化构成了世界市场统一过程的一个重要组成部分。从世界市场发展的角度来审视区域经济一体化具有根本性的意义，有助于我们站在独特的历史高度来准确、客观地把握区域经济一体化发展的不同形式和未来。

## 一、马克思关于世界市场发展的理论

如果把世界市场仅仅看作国家或地区之间通过贸易和分工联系所形成的商品交换的场所和领域，研究就只能停留于表面。在马克思主义的视阈中，世界市场与资本主义有着本质的内在联系。马克思和恩格斯最早从资本的本性出发，阐述了世界市场的特征和历史使命，揭示了世界市场的发展规律。马克思关于世界市场发展的理论包含了三大要点。

### (一)现代世界市场是资本主义生产方式发展的产物

马克思指出“世界市场”有两种意义：一种是作为资本主义生产方式前提的世界市场，另一种是作为资本主义生产方式发展结果的世界市场。作为前提的世界市场，促进了封建社会的瓦解，为资本主义生产方式的诞生创造条件。

马克思指出，资本天生具有无限制地追求交换价值的狂热动机，如果资本不使自身处于不断运动的状态，从而不能实现自我增殖，资本作为资本就无法获得自身独立的价值，因而，打破一切时空界限的扩张是资本的本质要求和存在方式。一旦资本在一国之内取得了统治地位，那么，一国的界限与此同时就变得狭隘了，从而也成为资本发展的障碍。处于不断膨胀之中的、以资本为基础的生产必定按照自身发展的逻辑驱使资本超越国家范围而走上世界舞台，把其他一切生产方式都卷入它的流通过程，使价值的积累在世界范围内得到实现。因而“创造世界市场的趋势已经直接包含在资本的概念本身之中”[①]。

**(二)世界市场发展成为资产阶级社会超越国界的经济关系总体，是自身历史过程的一个组成部分**

总体概念在马克思的政治经济学中占有极其重要的地位。[②] 马克思把资本主义社会看成一个有机的总体，从整体上来考察它的内部各个结构之间的关系。他认为，“这种有机体制本身作为一个总体有自己的各种前提，而它向总体的发展过程就在于：使社会的一切要素从属于自己，或者把自己还缺乏的器官从社会中创造出来。有机体制在历史上就是这样生成为总体的。生成为这种总体是它的过程即它发展的一个要素”[③]。世界市场作为资本主义生产方式的结果，意味着资本主义的生产及其关系超出了国家界限，获得了世界性的存在，成为决定和支配其他一切生产及其关系的“普照之光”和“特殊以太”，资本也就发展为世界市场总体。

依据马克思和恩格斯的论述，从商业资本主义向工业革命发展的时期，只是世界市场的萌芽时期，资本主义的机器大工业真正创造了人类普遍交往的交通工具和现代的世界市场，世界市场在19世纪末20世纪初才真正形成。那一时期，资本主义国际分工体系(包括通过殖民征服)基本囊括了全球绝大多数地区，把非资本主义的生产纳入其中，转化为面向世界市场的生产，从而使包括这些地区在内的世界经济形成了一个“中心—半边缘—边缘”的大体完整的结构。但是，世界市场的形成绝不意味着世界市场本身的运动已经完结或达到了事实上的完全统一。当时殖民割据并未消除，民族国家藩篱高筑，资本的国际联合和利益协调还处于较低的层次。[④] 当世界市场形成，即成为资产阶级社会的经济关系在世界规模的总体后，它作为总体还要开始总体自己的历史。以自身作为资本运动的载体继续向前发展，直至消亡。从这一马克思主义的视角来看，20世纪下半叶兴起的全球化浪潮和2008年金融危机之

---

① 《马克思恩格斯全集》第30卷，北京：人民出版社，1995年，第387—388页。

② 关于“世界市场总体”的思想已有诸多研究和论述，参看汤在新，1995，《〈资本论〉续篇探索——关于马克思计划写的六册经济学著作》，北京：中国金融出版社；托尼·史密斯，2005，马克思理论体系中世界市场的地位，张琦译，《政治经济学评论》，第2期；陈人江，《19世纪末20世纪初世界市场的特征——兼论资本争夺与帝国争霸的关系》，http://d. g. wanfangdata. com. cn/Thesis_J0090567. aspx，2006年。

③ 《马克思恩格斯全集》第30卷，北京：人民出版社，1995年，第236—237页。

④ 关于世界市场形成与世界市场统一的区别，参见陈人江，《19世纪末20世纪初世界市场的特征——兼论资本争夺与帝国争霸的关系》，http://d. g. wanfangdata. com. cn/Thesis_J0090567. aspx，2006年。

后的世界经济情势仍然构成了世界市场总体发展的一个历史阶段。

**(三)世界市场是未来共产主义社会的历史前提**

在马克思和恩格斯看来,共产主义是"人们的世界历史性的而不是地域性的存在",它以"生产力的普遍发展和与此相联系的世界交往为前提"①。正是资本主义的工商业和世界市场创造了这些前提条件。

马克思指出,资本主义的发展使生产和交换变为世界性的,从而造成人的发展的世界历史性。大工业创造了"普遍交往的工具和世界市场",各民族不断转向面向世界市场生产,并从世界市场上获得需要的满足,由此打破了前资本主义时代的地方和民族的自给自足和闭关自守的状态,使各民族的经济联结成一个整体。世界市场通过交往促进生产力的普遍发展。

一切国家和民族被卷入全球性的竞争,会不断消灭以个体劳动为基础的小生产者。资本主义大工业在创造世界市场的同时,也创造了现代无产阶级。马克思和恩格斯指出,由于竞争,处于旧的生产方式下的小生产者"不再是暂时失去作为有保障的生活来源的工作,他们陷于绝境,这种状况是以世界市场的存在为前提的。因此,无产阶级只有在世界历史意义上才能存在"②。

世界市场在使资本主义经济关系全球化的同时,也使资本主义生产方式内在矛盾的必然结果——经济危机发展成为世界性的危机。世界市场的危机,这是资本主义的基本矛盾在世界范围内的普遍展开。它不仅构成了马克思分析资本主义制度的逻辑归宿③,也构成了世界社会主义革命的历史前提。"生产以及它的每一个要素都表现为总体,但是同时一切矛盾都展开了。于是,世界市场又构成总体的前提与承担者。于是,危机就是普遍表示超越这个前提,并迫使采取新的历史形式"④,这就表示,就整个人类社会而言,从逻辑上来说,只有当资本主义的基本矛盾在世界范围内展开和激化,从而发生世界市场危机时,共产主义才会彻底取代资本主义。

由此,世界市场为共产主义社会的到来准备了物质基础和阶级条件。

总而言之,马克思关于世界市场发展的思想可概括为:世界市场和世界历史一样,都不是从来就有的,资产阶级开辟了现代世界市场。世界市场是世界历史发展的一个空间维度,是资本主义时代条件下世界历史在全球空间上的表征。世界市场形成后,资产阶级社会经济关系总体继续向前发展,并为未来共产主义社会准备历史前提。而共产主义社会将摒弃世界市场,赋予世界历史以新的存在和发展形式。

---

① 《马克思恩格斯选集》第1卷,北京:人民出版社,1995年,第86页。

② 《马克思恩格斯选集》第1卷,北京:人民出版社,1995年,第87页。

③ 马克思在制订政治经济学研究和创作的各种计划和方案,包括"五篇结构"和"六册计划"时,都将"世界市场"作为分析的最终范畴。

④ 《马克思恩格斯全集》第46卷(上),北京:人民出版社,1965年,第38页。

## 二、世界市场的发展是全球化与区域经济一体化的统一

世界市场的发展史表明，超越国家和民族界限的全球性经济关系及交往关系离不开区域化的中介。自私有制社会以来，世界市场与区域经济发展总是相伴而行的。

### (一)前资本主义的区域经济

偶然的物物交换并不能形成市场，只有当交换成为经常性的行为后才产生了市场。剩余产品和社会分工出现后，交换便成为可能。人们所需要的产品并不都是由自己来生产的，而为了满足自身需要，就要用自己生产的产品去交换自己没有的产品，并且这种产品不一定能就近得到，很多时候需要到很远的地方去寻求，这样就产生了远距离的贸易。在人类文明的早期，欧亚各地区就有了贸易和远距离跨境贸易的往来。古老的商业民族在当时就把他们的贸易网撒遍了欧亚大陆的各个文明区。在奴隶制时期，帝国的征服和扩张使得各个区域(尤其是东西方文明)得以交流和融合，工商业也随之发展起来，经济联系日益密切。奴隶制时代的盛期，出现了以丝绸之路和香料之路为代表的东西方海陆长途转运贸易。

但是，比起远距离贸易或全球性贸易，地理上邻近的国家或地区之间以及地区内部的贸易及其他经济交往关系相对容易发展得稳固。无论是在世界市场产生的史前时期、萌芽时期或形成之后，都大体如此。

在交往工具(包括交通运输工具)极其不发达的古代社会，相距甚远非毗邻的两个区域或国家间进行贸易需要以另一区域为中介；帝国的征役战争、疆土版图的变动、商品供应方向的变化随时造成贸易运输路线的中断和改变，从而中断先前的贸易关系；当时占主导的以个体小生产为基础的生产方式是为生产而交换，而不是为交换而生产，对外来商品需求非常低，使跨区域贸易或全球性贸易关系显得脆弱和不稳定。因此前资本主义社会，尽管大规模国际贸易发展的时间很早，但世界经济更多的是表现为各个经济区域间各自相对独立、平行发展、相互不直接贯通。封建制时代，在一些大国和地区奠定的基础上，形成了当时最重要的区域性经济，例如，以中国为重心的东亚经济，以印度为主的南亚经济，包括波斯和埃及在内的近东经济，以意大利为主的南欧经济，以波罗的海和大西洋沿岸为主的西北欧经济。“直至地理大发现前夕，整个世界依然维持诸多封建区域平行发展的基本格局”(李植旃，1999)。

### (二)资本主义的区域经济

15世纪末16世纪初的地理大发现后，商业资本在全球范围内加速扩大积累活动，产业革命后，工业资本也开始了在全世界范围内的征服进程，这两个因素不仅促使现代世界市场逐渐形成，同样促进了不同形式的区域经济一

体化。因为，资本对世界的占领和统治并不是平衡和静止中的线性统一，资本的扩张也必须在迂回曲折中进行，它也首先以地域性的统一化和特殊化为前提，正像马克思所说的，“绝不能因为资本把每一个这样的限制都当作限制，因而在观念上超越它，所以就得出结论说，资本已在实际上克服了它”①。在资本竞争越激烈且遇到的障碍越大的时候，通常也是经济区域化越受倡导的时候。为赢得世界市场的竞争，资本先以国家为单位组织协调和统一起来，作为“生产者国家”②与其他“生产者国家”发生经济联系(或许会扩大为帝国)，然后再扩大为超国家的区域资本集团，在越来越广阔的地域上推进其市场化和自由化的原则。正是通过分割式的占领，资本不断为它的市场开辟道路，夺得新的一块又一块的积累领域，主要有三种历史表现方式。

首先，资本主义的兴起打破了封建主义在狭小区域内的割据。换言之，“为了使商品生产获得完全胜利，资产阶级必须夺得国内市场，必须使操着同一种语言的人所居住的地域用国家形式统一起来”(列宁，1995)。因此，在资本主义生产方式发展的早期，区域经济一体化往往表现为民族国家内部统一市场的形成，或者新的民族国家成立的前奏。例如，17 世纪 60 年代法国省际间的关税同盟，1834 年在德意志各邦建立的德意志关税同盟。这样，分散、狭隘的地方市场超越地域界限扩大为更广阔的国内市场。

其次，从对外经济交往来看，利用帝国式的征服所造成的垄断割据，资本也可以首先实现它的地域性占领，并逐步扩大它的舞台。无论是在 16—18 世纪漫长的重商主义时期，还是在工业革命之后工业资本的全球化时期，随着海外殖民活动的开拓加速进行，形成了帝国内部特惠贸易基础上的区域经济。宗主国与殖民地之间实施低关税或免税贸易，对帝国外部的国家则筑起高关税壁垒，18 世纪英国与印度殖民地，19 世纪末美国与菲律宾、中美洲，法国与印度支那联邦，以及 20 世纪 30 年代英联邦成员国之间，都产生了这样的经贸协定。显然，这种区域化往往是强制性的，且具有非常鲜明的等级制特征。

再次，经济危机爆发之后的时期，往往是区域主义兴盛的时期。根据近两百年来的资本主义经济发展史，通常大的世界经济危机爆发后，都会促使贸易保护主义抬头和加强，并产生以此为基础的区域性经济联盟。例如，1873 年危机后的 19 世纪最后 25 年，是一个保护关税盛行的时期，也是西方各殖民帝国不断加强帝国内部的经济一体化和各国垄断组织纷纷结成垄断同盟的时期。1929 年大危机后，整个 30 年代直到第二次世界大战爆发前，发达国家彼此纷纷高筑关税壁垒，但同时又在落后国家强行推行自由贸易区。贸易保护

① 《马克思恩格斯全集》第 30 卷，北京：人民出版社，1995 年，第 390 页。

② “生产者国家”的概念与国民经济联系在一起，这是“资产阶级社会内部结构在国家形式的概括”，强调国家作为统一的国民经济的载体的特殊性质。参见《马克思恩格斯全集》第 46 卷(上)，北京：人民出版社，1965 年，第 7 页。

主义与区域经济自由化的并行不悖反映的是，在经济萧条时期，各国为了应对更为激烈的世界市场竞争和不利环境，既需要通过贸易保护来减少外部竞争，以重振本国制造业、扶植新兴产业、复苏经济，又需要保持对外贸易的连续性，维持国际和国内市场需求以减缓国内、国际经济压力的内在要求。

由此我们不难理解，资本主义经济在全球范围内越发展，全球化趋势越强劲，区域经济一体化就会越增强。根据 WTO 的统计，1948 年至 1994 年向关贸总协定（GATT）通报的区域性贸易协定（RTAs）只有 123 个，而截至 2013 年 1 月 10 日，WTO 共有成员国 155 个，除了西非的毛里塔尼亚、东非的索马里和蒙古国之外，绝大部分的国家都签署了 1 个以上的区域贸易协定，向 GATT/WTO 通知的区域贸易协定的数量多达 546 个，正在有效运行的 RTA 仍有 354 个（全毅，2015）。

## 三、世界市场扩张与区域经济一体化的不同形式

在世界历史的横向坐标和纵向坐标上，可以划分出区域经济一体化的不同类型。世界历史的横向坐标表示的是处于同一历史阶段的区域经济一体化形式，纵向坐标则反映了实质上属于不同历史阶段的区域经济一体化。

**（一）世界历史横坐标上的区域经济一体化类型**

首先，根据一体化的不同程度，区域经济一体化形式可分为优惠贸易区、自由贸易区、关税同盟、共同市场、经济同盟以及完全经济（政治）一体化。[①]它们之间的区别比较如表 1 所示。

**表 1　　区域经济一体化的组织形式**

| 特点形式 | 减少彼此间的贸易壁垒 | 取消彼此间的贸易壁垒 | 共同的对外贸易壁垒 | 生产要素的自由流动 | 宏观经济政策的协调 | 由中心机构决定和实施统一的经济政策 |
|---|---|---|---|---|---|---|
| 优惠贸易区 | 有 | 无 | 无 | 无 | 无 | 无 |
| 自由贸易区 | 有 | 有 | 无 | 无 | 无 | 无 |
| 关税同盟 | 有 | 有 | 有 | 无 | 无 | 无 |
| 共同市场 | 有 | 有 | 有 | 有 | 无 | 无 |
| 经济同盟 | 有 | 有 | 有 | 有 | 有 | 无 |

① 国际经济学中，通常将区域经济一体化归纳为自由贸易区、关税同盟、共同市场和经济联盟四种类型。WTO 对区域贸易协定分类型的数量统计则分为优惠贸易、自由贸易、关税同盟和经济一体化四种形式。欧共体经济学在这四种类型上增加了两种：单一商品一体化（如欧洲煤钢共同体）和完全的经济政治一体化。本文此处采用的是美国经济学家萨尔瓦多的划分标准（参看：萨尔瓦多，《国际经济学》，北京：清华大学出版社，1998 年，第 326 页）。

续表

| 特点形式 | 减少彼此间的贸易壁垒 | 取消彼此间的贸易壁垒 | 共同的对外贸易壁垒 | 生产要素的自由流动 | 宏观经济政策的协调 | 由中心机构决定和实施统一的经济政策 |
|---|---|---|---|---|---|---|
| 完全经济（政治）一体化 | 有 | 有 | 有 | 有 | 有 | 有 |

截至目前，绝大多数区域一体化还停留在自由贸易区和关税同盟阶段，属于较浅程度的一体化，主要目标还是通过减少政府干预和市场分割，以增强竞争力。其他的组织如发展快速的亚太经济合作组织（APEC），强调加强政府间的紧密合作来协调国内政策法规，而不是建立超国家的权威机构，这是中等程度的一体化目标（Maurice Schiff 和 L. Alan Winters，2004）。美国曾力主推进的跨太平洋伙伴关系协定（TPP）则是新自由主义的区域一体化的典型。TPP 对成员国国家主权有一定的削弱倾向，因为它允许个人投资者在国际商业法庭对主权国家提起诉讼，并要求执行非常严格的市场化原则和政府在竞争中中立的原则，以及监管方面的一致标准（这主要指的是与美国一样的标准），从而限制有关国家司法主权，限制政府对市场的干预，加剧将权力向跨国公司转移。可以说，TPP 着眼于更深程度的一体化，而且非常明显地受制于少数富国的资本集团利益。只有欧洲一体化达到了目前最高的程度，欧盟已经实现了经济同盟，由超国家主权的决策机制制订和实施一系列共同政策，包括农业政策、渔业政策、货币政策、地区政策、社会政策、保护消费者政策等。欧盟的最终目标是实现经济政治的完全一体化，这意味着如果一体化方向不变、实施进程不被中断，未来可期待一个全新的"大欧洲国家"出现。但是，欧盟内部"脱欧"暗流不断，一体化进程受阻，又提示我们，由于生产机制和分配机制的不平等，以及无法摆脱的竞争效应，资本主义区域市场的统一未必会加强成员国间的团结，相反会加剧其矛盾。

其次，从一体化参与者的经济发展水平来看，可分为发达国家之间的北北型一体化、发展中国家之间的南南型一体化、发达国家与发展中国家之间的南北型一体化。北北一体化兴起于 20 世纪 50 年代，最典型的例子是欧洲煤钢共同体于 1951 年成立，在此基础上又于 1957 年建立了欧洲经济共同体。

南南型一体化的浪潮出现于 20 世纪 60—70 年代。一方面，是第二次世界大战结束导致旧殖民体系瓦解后，许多取得民族独立斗争胜利的国家延续了共同的反帝反殖理念，尤其是面对当时美苏争霸的冷战格局，发展中国家"不愿选边站"的独立意识增长，彼此间展开和加强了政治经济上的合作与结盟。另一方面，该时期发展中国家为了在贸易保护主义下实现工业化，普遍实施进口替代政策，继而在发展中国家之间形成的许多贸易集团都建立在进口替代型发展模式基础上，其区域性协定对外部实行高贸易壁垒。拉丁美洲、非洲、东南亚等地区的诸多一体化协定和组织开启了发展中国家之间经济合作和融合的进程，如中美共同市场(1960 年)、安第斯协定(1969 年)、拉美一体化协定(1960 年)、加勒比共同体和共同市场(1973 年)、东非共同体(1967 年)、西非经济共同体(1975 年)、东南亚国家联盟(1977 年)、阿拉伯共同市场(1964 年)。

进入 20 世纪 90 年代，出现了发达国家与发展中国家贸易伙伴关系的"南北"贸易集团。最早是加拿大—美国的自由贸易协定在 1994 年纳入了墨西哥，由此产生了北美自由贸易协定(NAFTA)。随后，南北型一体化组织不断增多，并逐渐成为新一轮区域一体化浪潮中的主导形式。如欧盟与东欧双边协定(1994 年)、亚太经济合作组织(1989 年)等。南北型一体化成为主导的一体化形式，南南型一体化则趋于衰落。这实际上表明，资本主义世界体系的分工结构通过区域化在局部上被复制和加深。

**(二)世界历史纵坐标上的区域经济一体化类型**

从区域经济一体化的制度属性来看，可分为资本主义的区域经济一体化和非资本主义的区域经济一体化。

世界历史发展的辩证性就在于，资本主义之后的社会制度不是在世界市场终结的基础上才出现，而是作为整个世界体系不同阶段的危机的产物在世界市场发展的时代就已出现。第一，孕育着新社会因素萌芽的制度不是最先在资本主义经济最发达的国家实现变革，而是在资本主义经济统治较为薄弱的国家首先实现变革，这也决定了这些国家实际上肩负着赶超和替代资本主义的双重历史任务。第二，实现了制度变革的国家仍然是资本主义汪洋大海包围中的几处孤岛，因此，进行相互的联合与合作既是这些国家突破现行资本主义封锁的必然选择，也是推动和建设共产主义社会前提的内在要求。换言之，非资本主义国家既与资本主义并存又展开较量，从而也产生了不同于资本主义属性的区域经济一体化。这方面典型的例子分别是成立于 1949 年的经济互助委员会(以下简称"经互会")和 21 世纪的美洲玻利瓦尔联盟—人民贸易协定(ALBA-TCP)。

经互会由苏联组织建立，由来自欧亚和拉美的 11 个[①]前社会主义国家组成，是迄今为止倡导实现社会主义阵营内部经济一体化的唯一组织。1971 年经互会第二十五届会议通过了"社会主义经济一体化综合纲要"，提出在 15～20 年内分阶段实现生产、科技、外贸和货币金融的一体化的目标(尼・法捷耶夫，1977)。

---

① 阿尔巴尼亚于 1949 年加入，于 1961 年停止参与活动。因此，通常将经互会成员国数量定为 10 个。

经互会的原则和运行方式反映出它不同于资本主义区域经济体一体化的属性，从而实现了与资本主义世界市场一定程度的“脱钩”[①]，主要表现在：(1)资本主义世界市场上的商品生产者受到价值规律的支配，经互会国家的生产不受价值规律支配，而是实行计划经济，成员国之间的生产和分工关系通过基于本国计划的“国民协调计划”来进行。(2)资本主义世界市场实行货币贸易，国际贸易通常采用中心国家货币进行结算。经互会则实行非完全货币贸易，其结算工具为转账卢布。转账卢布只是一种计算单位，用来统一计算成员国相互之间的贸易额，进行双边或多边结算，只存在于账面上，不能用于实际流通。这样有可能保护成员国免遭资本主义市场行情波动和国际货币金融动荡的影响。(3)资本主义各国在世界市场上的交往以竞争为主要形式，以资本集团经济利益最大化为目的，经互会内部成员国之间虽然也有追求本国经济利益的一面，但政治目的同样是协调其成员国之间关系的重要因素，同时合作和互助成为经互会内部国家关系的重要准则，例如，经济相对发达的东欧和苏联都对古巴、蒙古这样的落后国家提供过无偿援助、对农产品和加工工业产品实行奖励的贸易价格等。这样导致的结果是，虽然资本主义世界体系和经互会内部都存在着国家之间经济发展的极大不平衡问题，但对于前者来说，发展的不平衡既是世界市场的前提又是结果，资本主义世界市场越发展，穷国和富国之间的差距就越扩大。经互会成员国间的发展不平衡则来自各国原先在世界资本主义条件下形成的不同经济基础。相反，加入经互会的社会主义国家出现了经济发展水平拉平的趋势[②]，这主要归功于经互会本身的宗旨和共同的工业化进程中的协调。

同样，21世纪以来由古巴、委内瑞拉等拉美左翼国家倡议组成的拉美一体化组织ALBA-TCP也具有不同于当前占主导的区域经济一体化形式的理念和特点。ALBA-TCP的最重要目的是替代美国主导的美洲自由贸易区(FTAA)，建立拉美人民自主的经济、政治、社会、文化等综合性一体化战略。换言之，ALBA-TCP反对遵循新自由主义逻辑的一体化，主张“21世纪社会主义”的一体化：它反对不平等主体之间的投资和贸易自由化，主张公平贸易；反对以竞争作为世界市场主体间关系的主导形式，强调区域间合作、团结的原则；反对服务于跨国公司的利益，以消除社会贫困和社会不平等为己任；反对工业化国家对农业国家资源和劳动力的剥削，强调各国间能力互补、资源共享；反对地区间不平衡发展，力图推进地区整体性发展战略。

毋庸置疑，由于多种复杂的历史原因，非资本主义区域一体化至今并未取

① “脱钩”一词来自“依附论”代表人物萨米尔·阿明，不是指完全隔绝于世界市场或断绝与资本主义国家的经济联系，而是用来表示摒弃对世界市场逻辑的顺从，不再屈从于世界资本主义“全球化”战略而选择新的独立发展战略。

② 具体数据参见尼·法捷耶夫，《经济互助委员会》，北京对外贸易学院国际贸易问题研究所译，北京：中国财政经济出版社，1977年，第386—388页。

得真正的成功：经互会随着东欧剧变终结了其历史使命；ALBA-TCP 至今尚处于探索阶段，且在 2008 年全球金融危机之后面临严峻的挑战，处于不稳定状态中。但同样不可否认的是，它们不仅在某种程度上重构了世界秩序，也显示了超越资本主义全球化的雄心。未来的新型区域经济一体化，同样需要建立在超越现存秩序和生产方式的基础上，因此，经互会和 ALBA-TCP 即便是失败，也为探索区域经济一体化发展提供了宝贵的历史经验。

## 四、结束语

马克思的世界市场理论充分阐明了新的世界历史形式替代世界市场的必然性，但其内含的辩证法也表明，如何以世界市场的发展来实现世界市场的终结。区域经济一体化是推动世界市场统一的重要途径，同时也存在不同的参与和构建方式。在当前的世界市场发展阶段，全球区域经济一体化还普遍停留于较低的层次，而从马克思主义的视角，无论是资本主义的区域经济一体化，还是作为替代选择的非资本主义区域经济一体化，都必然要求打破民族经济的局限，最终发展到最高层次的政治经济一体化，由此可见，全球区域经济一体化还有很大的历史上升空间。结合当前世界经济大萧条和全球疫情后时代发展的迫切性，区域经济一体化问题将受到更多的重视，相关研究也需要得到进一步挖掘。在这个方面，前社会主义阵营的经互会、还处于初步探索的 ALBA-TCP，以及内部危机重重、步履维艰的欧盟，都将是非常值得探讨的案例。

## 参考文献


[1]Maurice Schiff，L. Alan Winters，2004，《区域一体化与发展》，北京：中国财政经济出版社，第 13 页。

[2]李植枬，1999，《宏观世界史》，武汉：武汉大学出版社，第 83 页。

[3]尼・法捷耶夫，1977，《经济互助委员会》，北京：中国财政经济出版社，第 3 页。

[4]列宁，1995，《列宁选集》第 2 卷，北京：人民出版社，第 370 页。

[5]全毅，2015，全球区域经济一体化发展趋势及中国的对策，《经济学家》，第 1 期，第 94 页。

# Analysis of Regional Economic Integration from the Perspective of World Market Development

## —Based on Marx's World Market Theory

Chen Renjiang

**Abstract** The development of the world market is the unification of globalization and regional economic integration. Regional economic integration not only constitutes a partial restriction on the unification trend of the world market, but also is an important part of the unification process of the world market. Marx's theory on the development of the world market reveals the internal logic and development laws of the world market, and points out the inevitability of replacing the world market with a new form of world history. It is of fundamental significance to examine regional economic integration from the perspective of Marx's theory of world market development. The dialectics contained in Marx's world market theory shows how the world market comes to an end through the development of the world market. Regional economic integration is an important way to promote the unification of the world market, and there are also different ways of participation and construction. Therefore, the promotion of regional economic integration conforms to the inherent trend of the world market development, and the replacement of capitalist regional economic integration with hyper-capitalist regional economic integration is an inevitable requirement for the development of world history.

**Key words** World market Regional economic integration Marx's world market theory

# 社会不平等发展轨迹将会呈现什么形状?
## ——基于库兹涅茨和皮凯蒂研究的新视角

文礼朋　郑铿城

**内容提要**　20 世纪 50 年代库兹涅茨针对社会不平等的发展变化,提出了"库兹涅茨倒 U 型曲线"。但随着全球化时代的到来,社会不平等的倒 U 型曲线受到学者们的质疑,法国经济学家皮凯蒂在其著作《21 世纪资本论》中便提出,社会不平等随经济的发展有逐渐上升的趋势。本文通过梳理社会不平等的历史发展过程,认为全球化时代下各国对资本的依赖性、稳定有效的合作机制以及机会平等的发展,将对社会不平等的发展轨迹带来影响,使其最终呈现出"波浪上升"或"波浪下降"的形状。在此基础上,本文进一步探索了"波浪形"轨迹对中国共享式发展的启示意义。

**关键词**　库兹涅茨倒 U 型曲线　皮凯蒂　社会不平等　波浪形曲线　演化博弈模型

**中图分类号**　F276

哈佛大学教授丹尼·罗德里克曾提出全球化时代下全新的"不可能三角",即一国不可能同时实现经济全球化发展、国家主权和民主政治这三个目标。在当前全球化发展步伐迅猛的时代背景下,一国积极融入全球化贸易之中,可以带动国家经济的发展,但同时也会带来社会不平等以及其他一系列问题,正如赫克歇尔—俄林—萨缪尔森定理认为的,经济全球化下国际贸易的开放,虽然在一定程度上提高了一个国家整体的福利水平,但并不是对每一个人都产生正的效益,而是会导致一部分人收入增加,同时另一部分人收入减少。即在当前全球化时代下,各国的社会不平等问题依旧严峻。

在这一背景下,本文拟回顾 20 世纪以来发达国家不平等发展的历史轨迹,并通过历史的梳理,挖掘导致不平等现象的本质原因,为一国更好地解决社会不平等问题提出更加科学的建议。

---

**收稿日期**:2020—09—21

**作者简介**:文礼朋,桂林电子科技大学教授;郑铿城,桂林电子科技大学硕士研究生。

**基金项目**:本文系广西社科基金一般项目"新常态背景下政府补助资金使用优化路径研究"(17BGL006)、桂林电子科技大学研究生教育创新计划资助项目"全球化减税新热潮、税收竞争与发达国家不平等问题研究"(2020YCXS076)的阶段性成果。

## 一、不平等发展的历史过程梳理

发达国家不平等程度的历史演变轨迹可以划分为三个阶段。第一阶段是经济大危机之前:资本主义国家存在高度的社会不平等现象;第二阶段是罗斯福新政时期:资本主义国家社会不平等现象有所减缓;第三阶段是20世纪70年代以来:资本主义的社会不平等现象再度加剧。通过对不平等发展的这三大阶段的梳理,将有助于以更加科学的视角研究不平等问题的未来发展轨迹。

### (一)不平等问题的高度集聚阶段

1929年美国爆发的经济大危机,给整个资本主义国家经济带来了巨大的冲击。追溯此次全球性经济大危机的爆发原因,则不难发现,其中一个重要原因就是资本主义国家内部高度的社会不平等现象。

一方面,通过在第一次世界大战后大发战争财,美国在1923年到1929年期间出现了"柯立芝繁荣"现象。在该阶段,美国的年生产率增长了近4%,人均国民收入提高了261亿美元,实现了经济的迅猛增长。但是在这一过程中,由于发展主要集中于部分工业部门和城市群体中,导致美国的经济发展逐步出现不平衡状态,加之股票市场的投机使美国的经济繁荣带上了一些虚假成分,国民收入不平等情况逐级加剧。到1929年左右,约有60%的美国家庭还生活在社会最低生活水平线下,整个国家国民收入的1/3财富被人口不到5%的富人所占用,足以体现资本主义国家高度的社会不平等程度。

通过搜集美国收入前10%人群的收入在国民总收入中占比的数据也可以看出,美国在经济危机爆发之前存在着严重的社会不平等问题。数据表明,从1910年到1933年期间,该比重一直维持在39%以上,其中1928年更是高达49.3%,即有将近49.3%比重的收入被前10%的人群占有(见表1)。

**表1 美国收入前10%人群的收入占国家国民收入的比重**

| 年 份 | 美国收入前10%人群的收入占国家国民收入的比重 |
|---|---|
| 1910 | 40.6% |
| 1915 | 40.1% |
| 1920 | 39.0% |
| 1925 | 46.4% |
| 1926 | 45.7% |
| 1927 | 46.7% |
| 1928 | 49.3% |
| 1929 | 46.7% |

续表

| 年　份 | 美国收入前10%人群的收入占国家国民收入的比重 |
|---|---|
| 1930 | 43.9% |
| 1931 | 44.5% |
| 1932 | 46.4% |
| 1933 | 45.6% |

数据来源:http://www.piketty.pse.ens.fr/capital21c,托马斯·皮凯蒂《21世纪资本论》数据集官网,2013年9月。同时可参考托马斯·皮凯蒂,2014,《21世纪资本论》,北京:中信出版社,第25页。

另一方面,第一次世界大战后欧洲国家的地位下降,英、法等国经济在战争中受到严重创伤,美国和日本的崛起也影响了欧洲国家在世界的控制程度。数据表明,英国为第一次世界大战一共支出了124亿英镑左右,占英国国家收入的44%。为了重新恢复经济增长,资本主义国家不断加强外资和生产技术的改进,而资本的不断积聚和生产技术的不断提升,使资本主义国家必然要面临不断加剧的社会不平等现象,由此爆发世界性经济大危机也是不可避免的。

选取1870年到1930年间德国、法国和英国国内资本占收入的比率数据(见表2),可以看出,在经济大危机爆发之前,德国、法国和英国国内的资本占比都非常高,私人财富总值大约是国民收入的6~7倍。第一次世界大战导致这些国家的资本收入比呈现下降趋势,但战争结束后资本收入比再度回升,体现了资本主义国家内部严峻的社会不平等问题。

**表2　欧洲国家1870—1930年间资本占收入的比率**

| 年　份 | 德国 | 法国 | 英国 |
|---|---|---|---|
| 1870 | 644% | 699% | 696% |
| 1880 | 644% | 733% | 637% |
| 1890 | 592% | 726% | 609% |
| 1900 | 611% | 726% | 650% |
| 1910 | 604% | 699% | 673% |
| 1920 | 259% | 330% | 441% |
| 1930 | 307% | 344% | 508% |

数据来源:http://www.piketty.pse.ens.fr/capital21c,托马斯·皮凯蒂《21世纪资本论》数据集官网,2013年9月。同时可参考托马斯·皮凯蒂,《21世纪资本论》,北京:中信出版社,2014年,第25页。

### (二)不平等问题的缓和阶段

1933年罗斯福新政执行,为减缓美国社会不平等现象做出了巨大的贡献。1929年经济大危机爆发以后，美国经济持续低迷，失业率高，生产活力低下，为重新带动美国经济的增长，美国政府采取“新政”来干预经济的发展。罗斯福新政重新对美国的银行和金融体系进行整顿，设立一系列与工业、农业有关的法案来带动经济增长，同时，联邦政府也设立了社会保障体系。罗斯福新政不仅使美国经济得以恢复，也使其国内社会不平等状况有所缓和。

通过表3的数据可以看出，罗斯福新政的确缓解了美国社会不平等现象，美国收入前10%人群的收入占国民收入的比重从经济大危机之前的40%以上下降到35%左右。正如美国社会学家Gerhard Lenski提出的，当西方进入成熟的工业化阶段以后，国家的社会不平等程度会呈现下降的趋势，罗斯福新政施行以后，西方资本主义国家开展了政治民主化并逐步设立社会福利制度，缓解了资本主义国家社会不平等发展的程度。

**表3　　罗斯福新政以后美国社会不平等变化情况**

| 年　份 | 美国收入前10%人群的收入占国家国民收入的比重 |
|---|---|
| 1940 | 45.3% |
| 1945 | 34.4% |
| 1950 | 35.6% |
| 1955 | 33.9% |
| 1960 | 33.5% |
| 1965 | 34.8% |
| 1970 | 32.6% |

数据来源：http://www.piketty.pse.ens.fr/capital21c，托马斯·皮凯蒂《21世纪资本论》数据集官网，2013年9月。同时可参考托马斯·皮凯蒂，《21世纪资本论》，北京：中信出版社，2014年，第25页。

在资本主义国家的政治体系中，罗斯福新政开启了国家干预市场经济活动的先河，国家进行宏观调控，可以避免资本过于集中在少数富人的手中。而这一政策也在资本主义国家中被竞相模仿，使得欧洲资本主义国家在该阶段的社会不平等程度也有所降低。以德国、法国和英国的资本占收入比重为例，在1910年，德国国内资本占收入的比率为604%，到1940年该比率降到266%，1950年降到了166%；法国国内的资本占收入比率从1910年的699%下降到1950年的219%，德国国内的资本占收入比率也从1910年的673%下降到1950年的313%。资本占收入比重的下降，表明资本主义国家内社会不平等程度有所减缓。

### （三）不平等问题的再度回升阶段

20世纪七八十年代以来，资本主义国家中的社会不平等问题开始逐步恶化。早在 19 世纪，经济学家马克思、马尔萨斯、李嘉图等便通过对社会现象的观察，从理论角度作出判断，认为社会不平等现象在未来会逐渐恶化。这些学者以一种比较悲观的视角看待该问题，同时也提出了解决社会不平等、贫富差距过大的手段主要是通过战争和饥荒，或者是阻止贫困人口养育后代。20 世纪初期，经济学家库兹涅兹认为，随着收入的增长，收入分配在一开始会呈现一个恶化的局势，但是当经济增长达到一定水平以后，其恶化的情况会下降，即社会不平等情况会有所好转。20 世纪末，皮凯蒂从数据角度对社会不平等问题进行研究，他提出，社会不平等现象并不是像库兹涅兹所说的呈现倒 U 型曲线，而是一种 U 型曲线，在人类进行 21 世纪后，社会不平等问题会逐渐恶化，这种不平等主要来源于资本的继承问题，无论是发达国家还是发展中国家，都将不可避免地面临这个挑战。

为了更好地衡量 20 世纪七八十年代以来发达国家不平等的发展情况，此处拟利用"人均收入倍数"这一指标，即一国前 10%人群的收入份额除以最低 50%人群的收入份额，并将该比值乘以 5。如果该值越大，则表明前 10%的人群所拥有的财富越多，社会不平等问题也越严重。结合已有数据，可计算德国、英国、瑞典、法国、美国和意大利 20 世纪 80 年代以来的不平等程度（见图 1），从中可以看出，这六个国家的不平等程度都有所上涨，其中瑞典和意大利不平等提升比较缓慢，美国的不平等情况则较为严重。

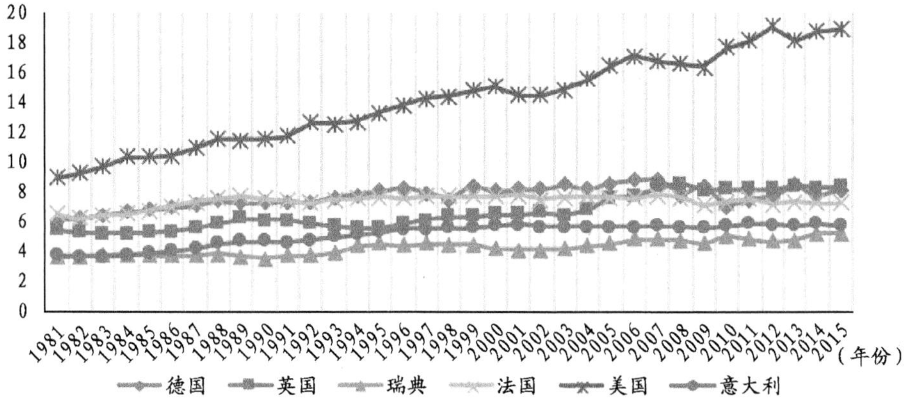


**图 1　国家不平等发展情况**

数据来源：http://www.piketty.pse.ens.fr/capital21c，托马斯·皮凯蒂《21 世纪资本论》数据集官网，2013 年 9 月。同时可参考托马斯·皮凯蒂，《21 世纪资本论》，北京：中信出版社，2014 年，第 334 页。

此外，通过 penn world table 网站收集部分 G7 成员国在 20 世纪 70 年代以后的基尼系数数据，也可发现，美国的基尼系数从 1979 年的 0.346 上升到 2016 年的 0.415，德国的基尼系数在 2000 年是 0.288，到了 2009 年已经上升至0.305,其他资本主义国家的基尼系数也都有一定程度的上升。基尼系数能够反映社会不平等的程度,为此表明,随着经济的发展,西方主要发达国家的社会不平等程度有上升趋势。

## 二、库兹涅茨假说和皮凯蒂的挑战

1955年,美国经济学家库兹涅茨通过研究多国发展数据资料,提出国家收入分配随着经济发展呈现一种倒U型曲线的假说。库兹涅茨曲线常被运用于分析经济发展与收入不平等之间的关系,且在20世纪七八十年代之前,多数资本主义国家经济发展和国内收入分配之间的关系都与库兹涅茨提出的倒U型曲线基本一致。库兹涅茨假说对社会不平等问题持一种乐观态度,认为即使存在比较严重的收入不平等问题,也只是阶段性的现象。由于在20世纪70年代之前,西方资本主义国家中高收入人群的收入份额都呈现出了一种下降的趋势,与库兹涅茨假说基本吻合,因此该理论也被一些经济学家所认可并运用于国家政策制定中。

法国经济学家皮凯蒂针对库兹涅茨假说提出质疑,认为随着经济发展,收入不平等现象会呈现上涨的趋势。皮凯蒂强调,20世纪70年代之前,资本主义国家收入不平等的下降,是由第二次世界大战的结果导致的。皮凯蒂运用多国数据进行分析,发现经济发展和社会不平等程度之间的关系是呈现U型而非倒U型。

在此基础上,皮凯蒂提出了资本主义的两大基本规律。第一基本规律是$\alpha=\gamma\beta$,其中$\alpha$是资本收入占国民收入的比重,$\gamma$是资本收益率,$\beta$是资本收入比;第二基本规律是$\beta=s/g$,其中$s$是国家的储蓄率,$g$是经济的增长率。从第一基本规律可以看出,若资本收益率越高、资本收入比越大,则资本收入占国民收入的比重越大,资本在国家中的重要性就越高,对经济的影响作用也越强;从第二基本规律可以看出,经济增长和资本收入比呈现反向变动的关系。皮凯蒂通过这两大基本规律得出$\gamma>g$,即资本的收益率要大于经济的增长率,这是导致社会不平等不断加剧的原因。此外,皮凯蒂认为并不是所有的不平等都会对经济带来不利的影响,只有那些损坏了经济增长并带来社会不稳定的不平等才是值得关注的。

通过研究美国前10%人群的收入占总收入的份额(见图2)可以看出,20世纪70年代以后,该份额的比重呈现上升的趋势,并且在21世纪初期,该份额已经达到了经济大危机前的份额比例,这表明美国社会不平等程度在20世纪70年代以后逐步上升。从图2中还可以看出,资本主义国家的不平等程度随着经济增长是呈现一个U型变化曲线,而非库兹涅茨假说所提出的倒U型,这也正是皮凯蒂对库兹涅茨假说的挑战。

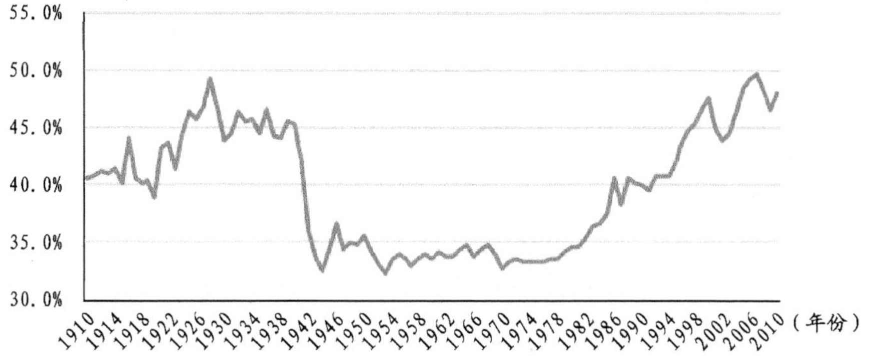


**图 2　美国前 10%收入人群的收入占国民收入的份额**

数据来源：http://www.piketty.pse.ens.fr/capital21c，托马斯·皮凯蒂《21 世纪资本论》数据集官网，2013 年 9 月。同时可参考托马斯·皮凯蒂，《21 世纪资本论》，北京：中信出版社，2014 年，第 25 页。

皮凯蒂提出的社会不平等程度会随着经济发展呈现逐渐上升趋势的假说，在经济学界引起了广泛的争论。有学者持认同观点，称皮凯蒂的《21 世纪资本论》是经济史上的重要著作，也有学者认为皮凯蒂对资本的定义过于简单，并且忽略了政府可以通过转移支付救济穷人的这一手段，所以他们认为皮凯蒂对社会不平等现象的分析是不够严谨的。对于皮凯蒂结论的主要解释范式，包括认为新自由主义改革导致了 20 世纪 70 年代后社会不平等的加剧，以及李稻葵等国内学者通过资本和劳动的重要性程度转换来进行分析。如果从新自由主义改革导致社会不平等加剧来进行解释，则过于悲观，在一定程度上忽略了经济全球化和自由贸易给经济发展带来的好处，同时从该角度无法解释发达国家整体税率未下降的现象。如果从国内学者李稻葵的角度看社会不平等发展问题，则过于乐观，社会不平等的加剧不单纯是由资本的相对稀缺性导致的，且劳动要素的重要性在今后是否会超过资本要素，还受到国际社会多种复杂因素的影响。

社会不平等的发展本身就是一个复杂的过程，资本的过度积累会加剧不平等程度，一国社会保障体系的不健全也会加剧不平等程度，对税收征管的不合理和政策制度的不透明同样是不平等问题的缘由，因此针对当前各国不断加深的社会不平等问题，应当以一个演化的视角进行分析。

## 三、社会不平等发展轨迹的“波浪形”曲线假说

社会不平等轨迹在未来的发展趋势，究竟是会呈现库兹涅茨所提出的“倒 U 型”曲线，还是会像皮凯蒂认为的“正 U 型”曲线呢？本文认为，社会不平等

的发展轨迹在不同的历史时期会有其独特的形状。随着全球化时代的发展，资本在各国之间的流动速率更快，资本主义国家为了争夺国外资本流入，纷纷采取对资本的减税措施，将资本所要承担的税负转移给了劳动要素，导致国内社会不平等问题逐渐加剧。为此，本文认为，社会不平等问题在未来的发展轨迹曲线要综合考虑“国家对资本的依赖程度”“国家间建立合作机制的时效性”以及“全球化时代下机会平等对社会不平等的缓冲作用”这三个因素，这一分析更加符合当前全球化发展的特点。

**(一)全球化时代下的税制演变趋势——资本依赖性体现**

全球化时代下资本的流动速率加快，各国均通过吸引资本流入来带动本国经济的发展，故发达国家倾向于对资本要素进行减税，并将减少的税收收入转移给劳动要素承担，形成了“资本减税潮”。通过对发达国家税制结构的研究，可以明确，当前全球化时代下的资本争夺战对社会不平等有着巨大的影响。

减税可以带动社会生产的活力，根据拉弗曲线原理，税率在制定中存在一个最佳税率点，当税率还未达到该点时，增税可以提高国家的税收收入，但是当税率超过了该点以后，不断提高税率会带来国家税收收入的降低。因此，在后一种情况下，减税不仅可以刺激企业生产，还有助于提高国家的税收收入。从现实来看，里根和撒切尔夫人上台后，纷纷开展了减税潮运动，但从当前OECD各成员国的平均税收收入占GDP的比重数据来看，税收的规模呈现不断上升，从1965年的24.86%上升到2018年的34.26%，这在一定程度上验证了拉弗曲线“减税增收”的效应，也成为当前国家“减税”潮流的理论支撑。

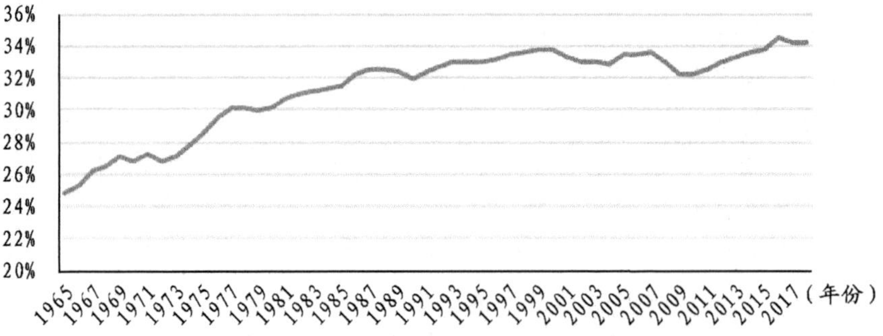


**图3 OECD国家平均税收收入占GDP比重的变化趋势**

数据来源：https://stats. oecd. org/Index. aspx? DataSetCode＝REV＃，OECD统计数据官网，2019年12月。

在全球化时代的减税潮中，一国并非对所有税制都采取减税政策，而是有针对性地进行减税。在20世纪70年代之前，直接税在发达国家的税收体系中处于主要地位，但随着布雷顿森林体系的瓦解以及全球化时代的到来，各国逐渐倾向于通过减税来刺激投资和劳动的供给。通过OECD官网数据研究发现，直接税整体税率有所下降，而间接税的税率则有所上升，因为降低企业所得税、财产税等直接税，有利于吸引资本的流入，但为了维持财政收支平衡，就要扩围增值税，加征消费税等间接税。

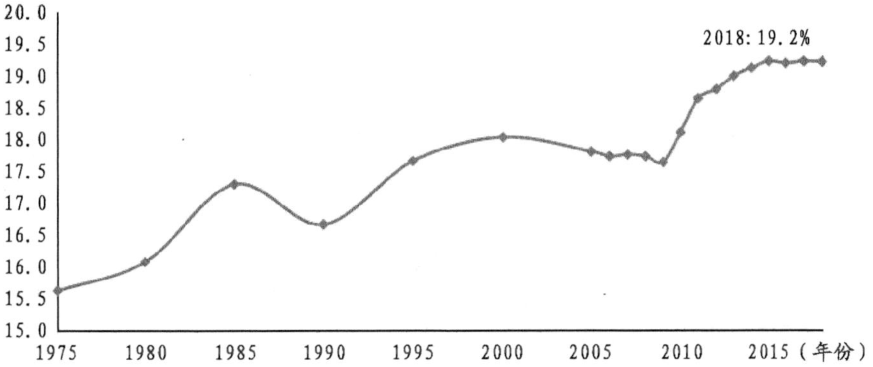


**图4　1975—2018年OECD国家增值税平均税率的变化情况**

数据来源：https://stats.oecd.org/Index.aspx?DataSetCode=REV#，OECD统计数据官网，2019年12月。

从图4中可以看出，OECD国家增值税的平均税率呈现上升的趋势。这表明，发达国家的"减税"浪潮并非对所有的税种都采取减税措施，而是有针对性地进行减税，当前发达国家的减税趋势为，减少个人所得税的最高边际税率，减少企业所得税等直接税，同时增加消费税和增值税等间接税的比重。

在直接税税制体系中，较为重要的税种有个人所得税、企业所得税和社会保障税。所得税是对已经实现的所得或者利润的课税对象进行征税，它的特点是税源广，课税范围具有普遍性，并且税负比较难以转嫁，因此在20世纪二三十年代被多数资本主义国家设定为主要税种。同时，所得税还具有累进性质，故也是国家调节收入分配的重要工具。社会保障税是国家为社会成员提供社会保障的一种模式，具有维护社会稳定的作用，社会保障税的承担对象一般为企业的雇员和雇主。通过近年来OECD官网的税收数据可以看出，直接税体系中形成了"个人所得税比重稍微上升，企业所得税比重稍微下降"的态势，且20世纪70年代以来，在社会保障税体系中，由雇主承担的税负越来越轻，而由雇员承担的税负越来越重。

从图5可以看出，在G7发达国家中，个人所得税平均值呈现上升趋势，从1965年的22.35%上升到2018年的25.39%，而企业所得税呈现下降趋势，从1965年的11.13%下降到2018年的5.54%，即发达国家在减免对企业利润税征收的同时，加强了对个人所得税的征税力度。该变化趋势的内在原因在于，对企业加强征税力度，更容易导致企业转移到其他国家，导致资本外

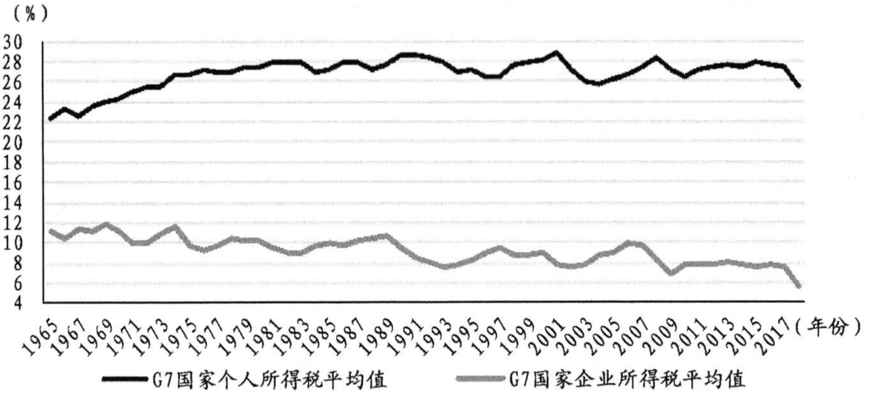


**图5 G7国家直接税的变化**

数据来源:https://stats.oecd.org/Index.aspx? DataSetCode=REV#,OECD统计数据官网,2019年12月。

逃现象,而加强对个人所得税的征税力度,相当于对劳动进行征税,因为当前发达国家的劳动力相对丰富,资本相对稀缺,故多数国家会选择降低资本的征税力度,并把更多的税收压力转移至劳动层面,从而个人所得税逐渐取代企业所得税,成为直接税体系中的重要税种。G7部分国家个人所得税占总税收比重的上升趋势也较为明显,如加拿大的这一比重从1965年的22.61%上升到2018年的36.46%,美国的这一比重从1965年的31.67%上升到2018年的40.73%。而美国企业所得税占总税收的比重这一指标则从1965年的16.4%下降到2018年的4.4%,下降幅度较为显著。

在直接税的演变过程中,社会保障税也发生了新的变化。社会保障税的纳税人一般为雇员和雇主,雇员和雇主所承担的税收比重不同,在一定程度上也可以反映国家的不平等情况。通过数据可以发现,1990年至今,日本、瑞典和加拿大对雇员征税的比重上升幅度较大,分别上升了7.045%、5.743%和1.324%,德国和英国略有上升,分别上涨0.843%和0.823%,法国、美国和意大利则有所下降,其中法国下降的幅度为3.748%,下降幅度最大,这也反映出法国在G7国家中不平等程度比较低的特点。在G7国家加上瑞典这八国中,除了日本和英国对雇主征税的比重有所上升以外,其他国家对雇主征税都呈现一个下降的趋势,其中日本的雇主征税上升2.19%,英国的雇主征税上升0.498%,瑞典的雇主征税下降幅度最大,下降了5.875%。这表明,20世纪70年代以来,雇主承担的社会保障税平均比重在逐渐下降,而雇员承担的社会保障税平均比重在逐渐上升。

图6为G7国家雇员和雇主各自承担的社保平均值,从图中可以看出,在1975年左右,雇主承担的社保平均值开始下降,雇员承担的社保平均值在逐

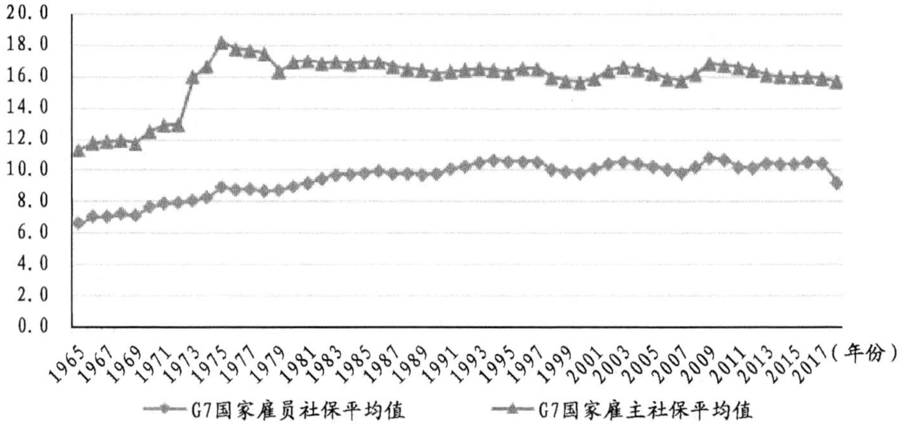


**图 6　G7 国家雇员社保平均值和雇主社保平均值的变化情况**

数据来源:https://stats.oecd.org/Index.aspx? DataSetCode=REV#,OECD 统计数据官网,2019 年 12 月。

渐上升。而在社会保障税体系中,对雇主征税相当于对资本征税,对雇员征税相当于对劳动征税。为了更好地体现资本主义国家的财税政策是倾向于把资本承担的税负转移给劳动来承担,可将雇主承担的社会保障税份额与企业所得税份额进行相加,与雇员承担的社会保障税份额与个人所得税相加进行对比,得到图 7。

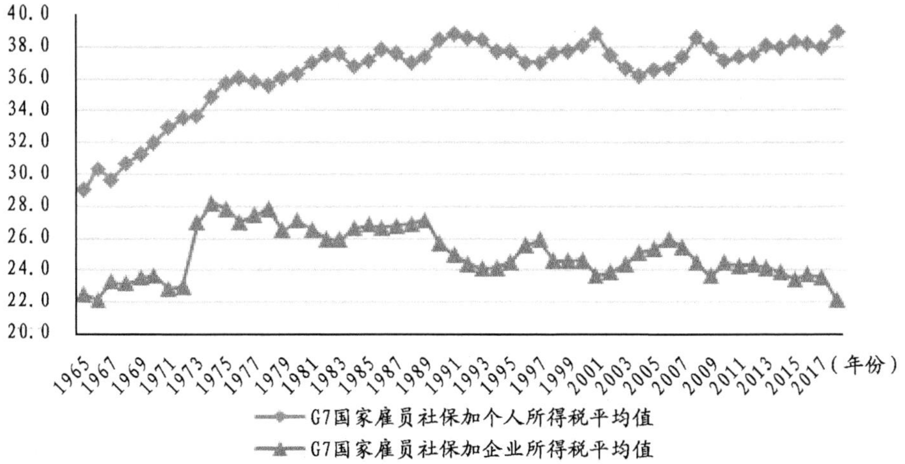


**图 7　G7 国家个人和企业承担的所得税与社保税占总税收百分比平均变化**

数据来源:https://stats.oecd.org/Index.aspx? DataSetCode=REV#,OECD 统计数据官网,2019 年 12 月。

从图 7 中可以明显看出,G7 国家的税收政策倾向于减轻对资本的征税力度，把资本应当承当的税收份额转移给劳动要素。发达国家通过对资本的减税措施，旨在防止本国资本外逃，同时也促进国内经济发展。

此外，以发达国家间接税体系中的商品消费税为例进行分析，也可得出发达国家倾向于对资本减税的结果。商品消费税分为一般商品消费税和特殊商品消费税，搜集整理OECD官网给出的相关数据，以G7国家和瑞典作为研究对象，观察一般商品消费税和特殊商品消费税从1979年至今的变化情况，可以看出，一般商品消费税比重在上升，特殊商品消费税比重在下降。对一般商品进行征税，主要是由中低收入人群承担，而特殊商品如奢侈品，主要是由高收入人群购买，故消费税的这一变化也体现了，税制结构倾向于对富人减轻税收负担，对中低收入阶层增加税收负担。

从图8和图9的数据走势可以看出，八个国家中，除了法国以外，其他国家的一般商品消费税都呈现上升的趋势，而特殊商品消费税中，除了法国和意大利是上升的以外，其他六个国家的特殊商品消费税均呈下滑趋势。其中，日本一般商品消费税上升4.096%、特殊商品消费税下降1.879%，瑞典一般商品消费税上升3.437%、特殊商品消费税下降1.296%，英国一般商品消费税上升3.211%、特殊商品消费税下降1.333%，德国一般商品消费税上升1.115%、特殊商品消费税下降1.03%，这都反映出"一般商品消费税逐渐升高，特殊商品消费税逐渐下降"的趋势。

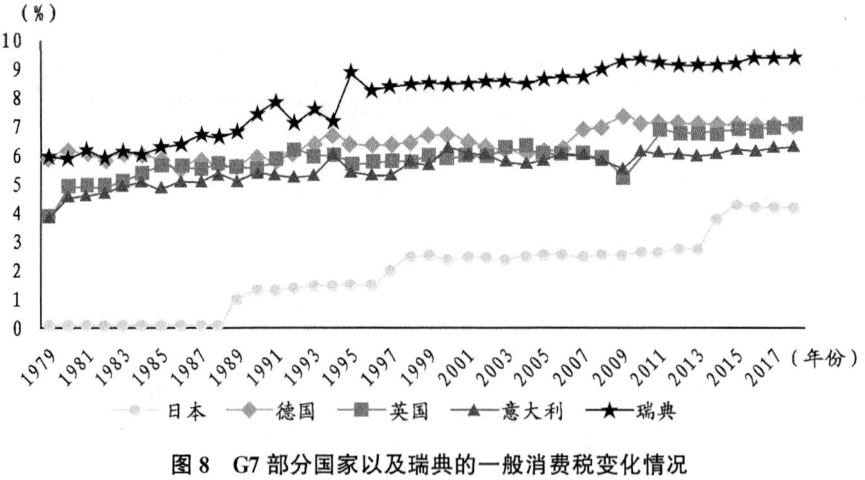


**图8 G7部分国家以及瑞典的一般消费税变化情况**

数据来源：https://stats.oecd.org/Index.aspx? DataSetCode＝REV ＃，OECD统计数据官网，2019年12月。

通过将2018年的税收比重减去1979年的税收比重，可得到八个国家税收的变化情况（见表4），这可更加直观地反映八个国家在1979年到2018年间一般商品消费税和特殊商品消费税的变化幅度。从中可以看出，一般商品

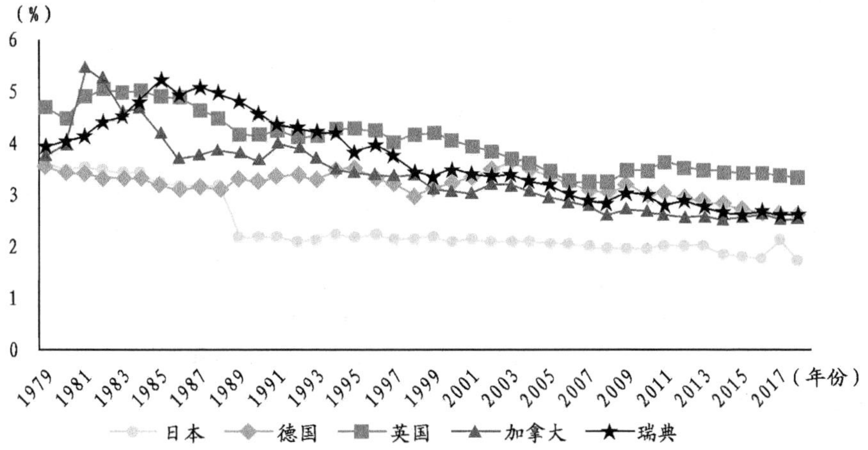


**图 9　G7 部分国家以及瑞典的特殊商品消费税变化情况**

数据来源：https://stats. oecd. org/Index. aspx? DataSetCode＝REV＃，OECD 统计数据官网，2019 年 12 月。

消费税总体呈现上升趋势，特殊商品消费税总体呈现下降趋势，这样的税制结构变化体现了对富人的征税份额转移到了中低收入阶层，这会加剧社会的不平等程度。

**表 4　G7 国家以及瑞典的一般商品消费税和特殊商品消费税变化幅度**

| 国　家 | 一般商品消费税变化 | 特殊商品消费税变化 |
|---|---|---|
| 美国 | ＋0.241％ | －0.328％ |
| 日本 | ＋4.096％ | －1.879％ |
| 德国 | ＋1.115％ | －1.030％ |
| 英国 | ＋3.211％ | －1.333％ |
| 法国 | －0.962％ | ＋0.354％ |
| 意大利 | ＋2.401％ | ＋1.032％ |
| 加拿大 | ＋1.206％ | －1.205％ |
| 瑞典 | ＋3.437％ | －1.296％ |

数据来源：https://stats. oecd. org/Index. aspx? DataSetCode＝REV＃，OECD 统计数据官网，2019 年 12 月。

通过以上研究发现，在全球化时代下，发达国家的税制结构基本呈现出“个人所得税比重上升，企业利润税比重下降”“社会保障税中雇员承担的比重上升，雇主承担的比重下降”“一般商品消费税比重上升，特殊商品消费税比重下降”的特点。这种税制结构的变化，体现了发达国家对资本的依赖性，希望通过吸引国外资本流入来带动本国经济发展，但这样的税制结构在一定程度上会加剧不平等的发展。

### (二)税制改革的稳定策略解分析——合作机制的重要性

根据对发达国家税制结构的改革分析，发现当前发达国家都在一定程度上降低了对国内资本的增税力度，但发达国家通过减税来促进生产力的提高和吸引资本流入带动本国经济增长的同时，也要承担由此引发的财政危机、公共品供给不足和社会不平等问题。因此，国际上的“减税潮”也是发达国家彼此之间的博弈斗争。通过演化博弈论对该过程进行研究可得，发达国家共同对资本进行增税，或共同对资本进行减税是该博弈过程的稳定策略均衡解。如果发达国家间可以建立稳定的合作关系，并控制资本的外逃概率，那么均衡解将向“同增税”方向移动，这在促进国家经济发展的同时，也会降低社会不平等程度。

本文构建大国税收不合作演化博弈模型对国家间的资本争夺进行研究。首先对大国演化博弈模型提出相关的假设：

(1)政府是有限理性人，即不同国家在进行决策制定的过程中，任何一方都无法一开始就做出最优策略，只有通过不断的试错和探索才可以得出最优的决策方案，决策的调整过程可以运用复制动态方程来表示。

(2)博弈的过程是一个对称的演化博弈过程，因为是选择发达国家作为研究对象，故假定博弈过程所产生的不同收益仅仅是由于国家制定的不同博弈策略所导致的，与国家自身因素无关。

(3)假定资本和人才在国家之间的流动所受的阻力较小，可以忽略不计。

基于以上假设，构建的大国税收不合作演化博弈矩阵如表 5 所示：

**表 5　　大国税收不合作博弈矩阵**

| A 国 / B 国 | 减少对资本征税的力度 | 增加对资本征税的力度 |
|---|---|---|
| 减少对资本征税的力度 | $(W+R-C, W+R-C)$ | $(W+R+K-C, W+C-R-K)$ |
| 增加对资本征税的力度 | $(W+C-R-K, W+R+K-C)$ | $(W+C-R, W+C-R)$ |

以上博弈矩阵中各字母的含义为，$W$ 表示的是国家自身在封闭条件下生产经营所产生的收益，由于研究对象都为发达国家，故假设在还没有进行税收博弈前，各国的收益都为 $W$；$R$ 表示的是国家减少对资本征税的力度，导致社会生产的积极性增加，由此给整个社会系统带来收益 $R$；$K$ 表示的是国家减少对资本征税的力度，由此吸引外国资本的流入，给整个社会系统带来收益 $K$；$C$ 表示的是国家增加对资本征税的力度，给国家带来了更多的财政收入，使整个社会系统的公共品供给充足、社会不平等问题下降，给整个社会系统产

生了收益 $C$。

当两个国家都减少对资本的征税力度时,由于资本外逃的概率会减少,所以不会带动资本在两国之间的流动,但是减税会刺激社会生产的积极性,故社会系统增加了 $R$ 单位的收益,同时减税导致国家财政收入减少和社会不平等加剧,使社会系统减少了 $C$ 单位的收益,故此时 A 国和 B 国的收益都为 $W+R-C$。

当两个国家都增加对资本的征税力度时,则资本在两国之间也不会发生流动,由于增税可以使国家的财政收入增加以及使社会不平等程度降低,故给整个社会系统带来收益 $C$,但是增税会降低社会生产积极性,导致社会系统收益减少了 $R$ 单位,故最后两国的收益都为 $W+C-R$。

当一个国家减少对资本的征税力度,而另外一个国家增加对资本的征税力度时,对于减税国而言,除了减税带来社会生产积极继而增加了收益 $R$ 以外,减税国家还可以吸引增税国家的资本,使社会系统增加收益 $K$,但是由此导致了社会公共品供给不足和社会不平等问题加剧的现象,将使社会系统减少 $C$,故减税国的最终收益为 $W+R+K-C$。对于增税国而言,增税导致了公共品供给相对充足,社会较为稳定,使社会系统增加收益 $C$,但是社会生产积极性下降和国内资本外逃导致社会系统减少收益 $R+K$,故增税国家的最终收益为 $W+C-R-K$。

基于上述博弈矩阵,构建演化博弈的复制动态方程,假设有一个国家有 $x$ 的概率选择对资本进行减税,有 $1-x$ 的概率选择对资本增税,$U_1$ 代表 A 国的期望支付效用,$U_2$ 代表 B 国的期望支付效用,$U$ 代表两国平均期望支付效用,则有如下方程:

$$U_1=x(W+R-C)+(1-x)(W+R+K-C) \tag{1}$$

$$U_2=x(W+C-R-K)+(1-x)(W+C-R) \tag{2}$$

$$U=xU_1+(1-x)U_2 \tag{3}$$

由以上方程,得到演化博弈的复制动态方程为:

$$F(x)=x(1-x)(U_1-U_2) \tag{4}$$

令复制动态方程 $F(x)=0$,则得到 $x_1=0$,$x_2=1$,并要对两个解进行验证,分析是否为稳定策略均衡解,对复制动态方程做如下计算:

$$F'(x)=(1-2x)(2R-2C+K) \tag{5}$$

当 $2(C-R)<K$ 的时候,$x_2=1$ 是演化博弈的均衡解,当 $2(C-R)>K$ 的时候,$x_1=0$ 是演化博弈的均衡解。该结果的含义是,若资本外逃越容易,则 $K$ 值越大,博弈个体越倾向于选择 $x_2=1$ 的情况,即对资本进行减税,由于当前处于全球化时代,各国的贸易往来十分密切,随着资本外逃的概率逐渐增大,各国对资本进行减税的力度也逐渐增强,故因此导致的社会不平等问题也在逐渐加剧。通过演化博弈分析,可以看出,大国在税收不合作博弈过程中,当资本收益给社会系统带来的收益较高，且资本在国家间更容易外逃的时候，大国都会倾向于做出对国内资本减税的行为决策。故若要缓解社会不平等现象，不仅需要采用累进所得税率进行征税，还要构建合作机制，加强对国内资本的管控，减少资本外逃的概率。

**（三）全球化时代带来的社会不平等“缓冲器”——机会平等**

社会不平等在不同时期有不同的含义，主要包括收入不平等、财富不平等、工作机会不平等、教育机会不平等等多种形式，并不是所有的不平等形式都要被消灭。通过对比美国GDP增长数据和基尼系数可以发现，适当的不平等是有助于经济增长的，同时，在全球化时代下，机会平等也可成为减缓社会不平等的重要缓冲器。

在全球化时代，国家之间可以自由贸易，资本也可在国家间流动，各国为了争夺资本而开展税制改革，倾向于把资本要素所承担的税负转移给劳动要素，导致社会不平等程度急剧上升，为此似乎皮凯蒂所提出的正U型曲线更加符合当前不平等发展的情况。也是基于这一逻辑，有人将当前社会不平等问题的上升归咎于全球化浪潮。然而，全球化虽然对资本主义国家劳动密集型产业有所冲击，但资本主义国家也不断通过关税政策来保护本国产业，相对于以前的封闭时代而言，全球化时代为资本主义国家的工人们提供了更多的就业岗位和机会，故应当以辩证思维看待全球化发展。即一方面看到全球化可能使不平等加剧的负面作用，另一方面也应看到全球化为国家发展和社会进步带来的好处，反全球化浪潮是逆时代潮流的，顺应全球化发展、积极把握全球化时代所创造的机遇，才是国家发展正确的选择。

社会不平等的适当存在是有其合理性的，正如皮凯蒂所说，并不是所有的收入不平等都是要否定的，只有那些损坏了经济增长并带来社会不稳定的不平等才是值得关注的。收入分配的适当不平等，有助于激发处于中下层人民生产的积极性，有助于鼓舞中下层人民通过劳动、创新来促进财富增长。通过研究美国1979年到1987年的GDP增长率数据和基尼系数数据（见图10），可以看出，并非基尼系数越低越有利于经济增长，适当的收入不平等反而有助于经济增长。

因此，对于不平等问题而言，应区分为收入不平等和机会不平等两个层面来考虑，适当的收入不平等可以激发人们工作的积极性，但机会的不平等却会导致中下层人民陷入发展瓶颈。机会不平等对经济发展是有害的，而全球化可以为中下层人民提供更多的机会选择，所以全球化在加剧了收入不平等的同时，也缓解了机会不平等，这成为社会不平等的“缓冲器”。

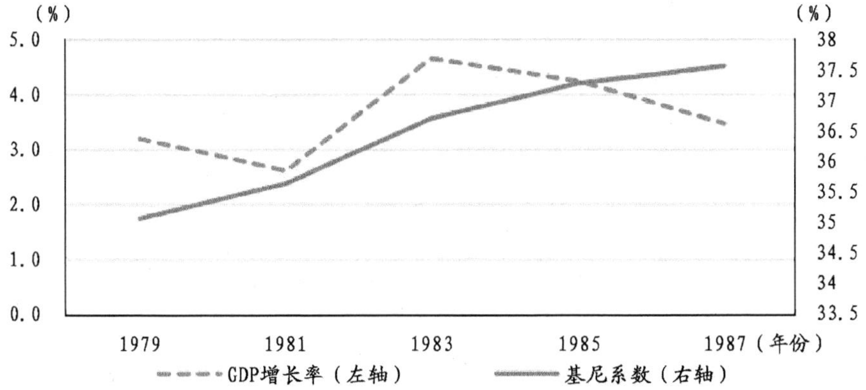


**图10　美国1979—1987年GDP增长率和基尼系数的数据情况**

数据来源:https://data.stats.gov.cn/easyquery.htm? cn=G0104,中国国家统计局(国际数据——主要国家年度数据——美国),2019年12月。

## (四)“波浪形”曲线的两种延伸方向

21世纪以来,社会不平等轨迹会继续上升还是呈现下降趋势,取决于三大主要因素:首先是发达国家是否能够摆脱对资本要素的过度依赖,探索更多刺激经济发展的要素;其次是资本主义各国是否能够建立长期稳定的合作关系,共同加大对资本外逃的监督力度,共同采取对资本的增税措施来促进社会平等的发展;最后是资本主义国家是否可以融入全球化发展浪潮中,为更多中下层人民提供更多的生存机会,减少机会不平等。如果三大影响因素都可以满足,则资本主义国家的不平等程度会下降;如果都不能满足,则不平等程度会逐渐上升;在各国发展的实际情况中,倾向于满足部分条件,则不平等的发展问题将会呈现出“波浪形”轨迹。

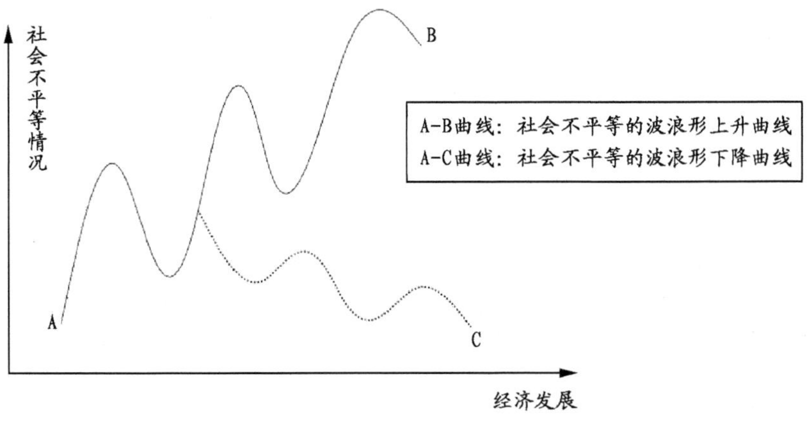


**图11　社会不平等的“波浪形”轨迹曲线**

社会不平等的"波浪形"曲线是呈现形如AB曲线波浪上升的形状,还是呈现形如AC曲线波浪下降的形状,取决于世界各国是否可以建立起高效稳定的合作机制,是否可以建立起一套更加合理完整的资本管控政策,以及是否积极融入全球化发展的潮流中。可以预见,随着发展中国家的日益兴起,多国鼎力将代替一国独霸,这将促使长期稳定的合作机制和资本监督机制逐渐形成,社会不平等也将有望呈现波浪形下降的轨迹。

## 四、"波浪形"轨迹对中国共享式发展的启示

全球化加剧了资本自由流动的速度,国家间的不合作博弈也使"发达国家间共同稳定减税力度的合作"难以达成,这导致资本主义国家倾向于对资本进行减税来发展经济,并将资本所要承担的税负转移给劳动要素来承担,促使社会不平等问题逐渐加剧。在这种税收竞争的国际环境下,"资本减税潮"从西方资本主义国家蔓延到发展中国家,对中国的共享式发展也带来了冲击。

共享式发展,是指要实现经济的可持续发展,让经济增长的果实被社会各阶层所享有,其要求营造出一个较为公平的政治和经济环境,社会各个阶层群体都有机会从发展中收益。对此,卢现祥、徐俊武利用协整和误差修正模型对影响共享式增长的因素进行了分析,结果显示,改革开放以来我国经济增长总体上具有共享性,但是在大部分年份中,共享式发展的程度较低。共享式发展有利于减缓社会不平等程度、实现经济可持续增长,为此,推动更加高效合理的共享式发展成为21世纪中国经济增长所要实现的重要目标之一。

然而,近年来中国的共享式发展程度开始有所下降,不平等现象日益显著,城乡收入差距、地区间收入差距和不同行业的收入差距都在逐渐扩大,虽然当前中国的社会不平等程度并不是最高的,但其上升速度是十分迅速的。根据世界银行数据库记载,中国的基尼系数从1991年左右的0.324上升到2001年的0.426,而印度的基尼系数从1991年左右的0.308增长到2001年左右的0.334,中国基尼系数的增长幅度约为印度的5倍。改革开放以来,中国积极融入国际间交流合作,国内资本在国际间的流动频率有了显著提高,但中国的资本监管政策还不够完善,这导致中国资本逃往发达国家的频率大大增加。而中国还处于发展中国家阶段,需要依靠大量的人力资本和物力资本来发展经济,因此也会倾向于模仿发达国家对资本进行减税的举措,参与到国际间的税收竞争中,故国际间的税收竞争必然会对中国共享式发展带来影响,使中国的社会不平等程度呈现波浪上升的趋势。

在这一背景下,中国应当积极应对国家间税收竞争的影响,真正实现共享式发展。通过对社会不平等波浪形轨迹的研究,针对全球化时代影响社会不平等的主要因素,拟提出如下具体建议:

首先，中国在参与国际交往过程中，应与他国建立长远合作机制，共同控制对资本的减税幅度。长久的合作机制需要严格的管理体系来维持，这可以避免中国陷入国家税收竞争既而不断减税的恶性循环之中，积极进行合作体系的构建对经济的长久发展有着积极的影响。

其次，中国应当创造有利于资本投资的宏观环境，充分发挥中国特色社会主义制度的优越性。在资本主义国家，资本之所以会外逃到他国，是由于资本主义国家更多追求自身利益的发展。而在中国，应当把国家发展放在首要位置，妥善协调国家利益和个人利益之间的关系，创建具有中国特色的资本生存环境，保障资本流动不会被税制改革所完全支配。

最后，中国应完善社会保障制度，使保障制度更加透明化，并将社会保障支出真正落实到需要帮助的人群手中，同时也要增加对低收入群体的转移支付能力，合理地控制对资本的减税力度，不能仿造西方资本主义国家的做法，而应当根据中国在不同发展阶段本身的特点，合理制定税收政策，并做到政策效果及时反馈，不断修正不适应经济共享式发展的政策内容。此外，中国还应当创造机会平等的社会环境，包括教育机会的平等、工作机会的平等，机会的平等将成为社会不平等的“缓冲器”。

总而言之，中国应当积极应对发达国家税收竞争的挑战，采取科学合理的举措，将共享式发展从口号变为真正落实的政策，实现经济增长和社会平等的同步发展。

## 参考文献

[1]Kuznets，1955，Economic Growth and Income Inequality. *American Economic Review*，45(1)：1—28.

[2]关信平，2002，经济全球化、社会不平等与中国社会政策转型——兼论加入WTO后的新挑战，《东南学术》，第6期，第43—49页。

[3]黑田东彦，2008，中国走向共享式经济发展，《中国发展观察》，第4期，第52页。

[4]黄剑辉，2019，发达国家税制结构成因及启示，《中国国情国力》，第8期，第20—23页。

[5]黄凯南，2013，演化经济学的数学模型评析，《中国地质大学学报(社会科学版)》，第3期，第83—99页。

[6]李猛，2019，世界“减税潮”的真与假——基于OECD国家数据的实证研究，《中共中央党校学报》，第8期，第123—130页。

[7]李奇泽、黄平，2017，经济全球化与发达国家收入不平等，《红旗文稿》，第22期，第16—19页。

[8]刘穷志，2017，税收竞争、资本外流与投资环境改善——经济增长与收入公平分配并行路径研究，《经济研究》，第3期，第61—75页。

[9]卢现祥、徐俊武，2012，中国共享式经济增长实证研究——基于公共支出、部门效

应和政府治理的分析,《财经研究》,第 1 期,第 27—37 页。

[10]托马斯・皮凯蒂,2014,《21 世纪资本论》,北京:中信出版社。

[11]万莹,2012,《税收经济学》,上海:复旦大学出版社。

[12]徐大建、郭娆锋,2016,贫富悬殊、按劳分配与创新发展——基于对《21 世纪资本论》的批评,《上海财经大学学报》,第 3 期,第 4—15 页。

[13]谢石予,2017,《经济博弈论》(第四版),上海:复旦大学出版社。

[14]杨春学、张琦,2014,如何看待《21 世纪资本论》对经济学的贡献,《经济与管理战略研究》,第 4 期,第 139—141 页。

[15]杨春学,2013,如何压缩贫富差距——美国百年历史的经验和教训,《经济学动态》,第 8 期,第 4—13 页。

[16]张文春,2015,全球性税制变化的趋势分析,《中国人民大学学报》,第 6 期,第 10—18 页。

[17]张文泉,1993,王书林. 赫克歇尔—俄林理论和里昂惕夫之谜,《国际经贸研究》,第 1 期,第 24—28 页。

[18]郑新业、张力、张阳阳,2019,全球税收竞争与中国的政策选择,《经济学动态》,第 2 期,第 31—46 页。

## What Shape will Social Inequality Develop?
### —A New Perspective Based on Kuznets and Piketty Research

Wen Lipeng  Zheng Kengcheng

**Abstract** In the 1950s, Kuznets proposed the "Kuznets inverted U-shaped curve" in response to the development of social inequality. With the advent of the era of globalization, the inverted U-shaped curve of social inequality has been criticized by scholars. French economist Piketty proposed in his book. *Capital in the 21st Century* that "social inequality has a rising trend with economic development". This paper sorts out the historical development trajectory of social inequality and argues that dependence on capital, stable and effective cooperation mechanisms, and the development of equal opportunities will have an impact on the development trajectory of social inequality in the era of globalization. In the end, the development trajectory of social inequality will take the shape of a "wave rising" or "wave falling". Based on these analyses, this paper explores the enlightenment of "wave-shaped" trajectory to China's "shared development".

**Key words** Kuznets inverted U-shaped curve  Piketty  Social inequality  Wavy curve  Evolutionary game model

# 重构韦斯科普夫利润率动态研究模型
## ——兼评一般利润率下降规律的相关理论

徐燕　陆夏

**内容提要**　20 世纪 70 年代,美国马克思主义经济学家韦斯科普夫为探寻经济危机的成因构建了利润率动态研究模型,对战后美国利润率展开经验研究,验证了马克思利润率趋向下降规律,并指出影响利润率下降的最主要因素是劳工实力增强挤压了利润份额。韦斯科普夫的研究是马克思主义经济学家开展关于利润率下降规律实证研究的一次重要尝试,但是他的利润率研究偏离了马克思关于利润率的界定。本文基于马克思的一般利润率趋向下降规律,在对有关利润率趋向下降规律几派相关理论进行评述的基础上,从马克思价值型利润率概念出发,以价值规律为基础对韦斯科普夫的利润率动态研究模型进行了修正,将价值型利润率转化为价格型利润率,从而重新构建了韦斯科普夫利润率动态研究模型,使利润率动态研究具备了价值基础。

**关键词**　资本主义经济危机　利润率趋向下降规律　利润率动态研究模型

**中图分类号**　F0—0

## 一、引　言

长期以来,资本主义经济危机和经济周期理论是马克思主义经济学家研究的重要课题。20 世纪 70 年代,资本主义国家陷入战后最严重的经济危机,出现了“滞胀”现象。国外马克思主义经济学家围绕经济危机展开了又一轮深入研究,从不同角度对危机成因做出了解释。其中,许多马克思主义经济学家将经济危机研究与利润趋向下降规律联系起来,试图从马克思的利润率趋向下降理论出发探寻经济危机的根源。众所周知,马克思在《资本论》第 3 卷第 13 章分析了一般利润率的变化趋势,他指出:“随着资本主义生产方式的发展,可变资本同不变资本相比,从而同被推动的总资本相比,会相对减少,这是

**收稿日期**:2020—10—14

**作者简介**:徐燕,上海财经大学马克思主义学院博士研究生,上海财经大学浙江学院讲师;陆夏,上海财经大学马克思主义学院副研究员。

资本主义生产方式的规律。”[①]即资本有机构成提高规律，并在此基础上通过进一步分析指出：“不变资本同可变资本相比的这种逐渐增加，就必然会有这样的结果：在剩余价值率不变或资本对劳动的剥削程度不变的情况下，一般利润率会逐渐下降。”[②]据此，美国马克思主义经济学家韦斯科普夫在1984年提出这一利润率趋向下降规律正是解释经济危机的关键，并按照利润率下降起源的不同解释将危机理论分为三个流派，即资本有机构成提高流派、劳工实力增强流派和商品实现失败流派。

韦斯科普夫指出三个流派的危机理论是非竞争性关系，资本有机构成提高、劳工实力增强以及商品实现困难在利润率下降过程中可能同时发挥作用。为了探寻利润率下降的根源，更好地解释经济危机，韦斯科普夫直接构建了价格型利润率模型，将利润率分解为国民收入中的利润份额、产能利用率以及生产能力/资本比率，分别对应三个流派的危机理论，完成了对三种危机理论的综合。在此基础上，韦斯科普夫利用战后美国非金融公司产业(NFCB)的数据进行了经验性测试，既验证了马克思利润率趋向下降规律，又检验了三种危机理论解释利润率下降趋势的合理性，并最后指出：“在解释所有这些关键时期里利润率下降中，劳工实力增强论得到的经验支持比资本有机构成提高论或实现失败论多得多”(韦斯科普夫，1984)。

韦斯科普夫的研究是马克思主义经济学家将利润率动态理论与实证研究相结合的一次重要尝试，激发了许多马克思主义学者沿用这一思路开展利润率动态研究，以探寻经济危机的成因。谢富胜等(2011)通过将利润率分解为利润份额、产能利用率和产能资本比三个变量，对美国1978—2008年的实体经济利润率动态进行了经验研究，研究表明：利润率周期性波动的最主要原因是利润份额的波动。也有部分学者指出了韦斯科普夫研究的局限：一类是针对韦斯科普夫构建的价格型利润率动态模型，如李亚伟(2014)、鲁保林等(2011)认为韦斯科普夫所界定的利润率不符合马克思原意，韦斯科普夫定义的利润率是利润量与资本存量之比，而马克思定义的利润率等于剩余价值除以预付总资本；另一类是针对韦斯科普夫的实证研究方法，如孟捷等(2014)认为，韦斯科普夫在实证分析中为了研究利润份额的变动，将劳工实力分为攻势劳工实力和守势劳工实力，这种区分是他实证分析的最大败笔。总体而言，现有研究推进了从马克思利润率下降规律视阈对资本主义经济危机的理论和实证研究，对韦斯科普夫利润率动态研究模型的不足之处也作出了很好的评判，但是韦斯科普夫利润率动态研究模型的根本问题在于模型的价值基础，而相关研究触及得不多。基于此，本文尝试以马克思劳动价值论为基础，将马克思

① 《马克思恩格斯文集》第7卷，北京：人民出版社，2009年，第236页。
② 《马克思恩格斯文集》第7卷，北京：人民出版社，2009年，第236页。

的价值型利润率转化为价格型利润率，继而将价格型利润率分解为关于利润份额、产能利用率和产能资本比率的表达式，对韦斯科普夫利润率动态研究模型进行了重构，以期进一步丰富和发展经济危机视阈下马克思利润率动态理论及其实证研究。

## 二、关于利润率趋向下降规律的相关理论述评

马克思主义经济学家以“利润率趋向下降规律”为基础分析资本主义经济危机和经济周期，极大地丰富了马克思主义经济危机理论。但是，马克思的“利润率趋向下降规律”自问世以来，一直颇受争议。马克思分析利润率变化趋势的基本思路是：首先，随着资本主义的发展，生产技术和劳动生产率不断提高；其次，技术进步和劳动生产率的提高使资本有机构成提高；最后，资本有机构成的提高导致一般利润率下降。许多国内外马克思主义经济学家围绕以上三点对马克思“利润率趋向下降规律”展开了进一步研究，主要可以分为三类观点。

第一，直接从技术进步和利润率的关系出发，得出了同马克思相反的结论：技术进步不会导致利润率降低。其中的典型代表是置盐信雄，他指出马克思的技术进步是“生产率准则”，即资本家引进一项新技术是为了提高劳动生产率，应当用“成本准则”代替“生产率准则”，即资本家引进一项新技术是为了降低生产成本(置盐信雄，2010)。置盐信雄按照“成本准则”重新分析了技术进步对一般利润率的影响，得到了与马克思利润率规律相反的结论：在假定实际工资不变的前提下，资本家引进新技术不会导致一般利润率的下降，特别是基本品行业的技术进步会提高一般利润率，非基本品行业的技术进步不影响一般利润率，这就是“置盐定理”。

但是“置盐定理”有两个重要缺陷：一是假定资本家引进新技术的标准是“成本准则”；二是假定“实际工资不变”。首先，置盐信雄的“成本准则”不符合资本家的行为准则。置盐信雄认为资本家引进新技术是为了降低生产成本，但是，资本家的行为准则并非如此，而是为了追逐利润，实现“利润最大化”。因此，我们主张应当用“利润最大化准则”代替置盐信雄的“成本准则”，并在此前提下探讨技术进步对一般利润率的影响。其次，置盐信雄是在假定“实际工资不变”的前提下得出“置盐定理”的。然而，“实际工资不变”本身与现实不符，缺乏合理性。如孟捷、冯金华(2016)就指出在求解平均利润率时没必要假定“实际工资不变”，并在放弃该假定的基础上重新构建了一个平均利润率模型，新模型中平均利润率与技术进步、实际工资等多重因素都存在相关性。

第二，从资本有机构成的概念出发，否定了马克思的“资本有机构成提高规律”，主要代表人物有斯威齐、赖特、霍吉森等。“资本有机构成提高规律”是

马克思论证“一般利润率趋向下降规律”的重要理论前提,对“资本有机构成提高规律”的否定就是对“一般利润率趋向下降规律”的彻底否定。马克思在《资本论》第1卷定义的资本有机构成是指“由资本技术构成决定并且反映技术构成变化的资本价值构成”①,其中资本价值构成是从价值方面来定义的,反映的是生产资料价值和劳动力价值的比率;资本的技术构成是从物质方面来定义的,反映的是生产中所使用的生产资料量和劳动量的比率。这一类的争论普遍认可技术进步和劳动生产率的提高会提高资本的技术构成,即在生产过程中所使用的生产资料数量逐渐增加。然而,劳动生产率的提高会降低生产资料的价值,最终生产资料的价值总量有可能上升、下降或不变,因此资本有机构成的变化趋势是不定的,无法得到“资本有机构成提高规律”。如斯威齐(1997)曾提出,从实物意义上来看,每个工人使用的机器和原材料数量有高速增长的趋势,但是,资本有机构成是一种价值表现,由于劳动生产率的提高,机器和原材料数量的增长不能被看作资本有机构成变化的依据,资本有机构成的增长速度被人们夸大了。

事实上,关于生产资料价值的降低,马克思在分析利润率下降过程中起反作用的因素时曾有提及,“由于劳动生产力的提高,会使不变资本各要素的价值减少,从而使不变资本的价值不和它的物质量(即不和同量劳动力所推动的生产资料的物质量)按同一比例增加,虽然不变资本的价值会不断增加”②。马克思认为“不变资本各要素变得便宜”③等反作用因素的存在,“来阻挠和抵消这个一般规律的作用,使它只有趋势的性质,因此,我们也就把一般利润率的下降叫作趋向下降”④。对此,余斌(2012)指出劳动生产率提高的背后是资本家之间的竞争,如果竞争使生产资料价值不变或下降,竞争一定会迫使利润率下降。

第三,从资本有机构成提高和利润率关系出发,主张资本有机构成提高不一定会导致利润率下降,主要代表人物有罗宾逊、海因里希等。他们指出马克思在论证一般利润率下降规律时,假定剩余价值率不变,资本有机构成的提高使一般利润率下降。但是他们认为马克思关于“剩余价值率不变”的假定是不成立的,剩余价值率是与资本有机构成同步提高的。而当资本有机构成和剩余价值率同步提高时,一般利润率的变动方向是不定的,既可能上升,也可能下降或不变。如罗宾逊(1962)指出,假定剩余价值率不变,劳动生产率的提高意味着实际工资的提高,这与马克思的另一论点“实际工资倾向不变”自相矛盾。因此,罗宾逊认为马克思的“剩余价值率不变”假定不成立,剩余价值率会

① 《马克思恩格斯文集》第5卷,北京:人民出版社,2009年,第707页。
② 《马克思恩格斯文集》第7卷,北京:人民出版社,2009年,第262页。
③ 《马克思恩格斯文集》第7卷,北京:人民出版社,2009年,第262页。
④ 《马克思恩格斯文集》第7卷,北京:人民出版社,2009年,第258页。

随劳动生产率的提高而提高。

这种批评不符合马克思的原意，马克思的利润率下降规律不是在“剩余价值率不变”的前提下得到的，而是“在剩余价值率不变”甚至“提高”的假定下都可以得到。马克思在《资本论》第 3 卷第 13 章明确指出：“资本主义生产，随着可变资本同不变资本相比的日益相对减少，使总资本的有机构成不断提高，由此产生的直接结果是：在劳动剥削程度不变甚至提高的情况下，剩余价值率会表现为一个不断下降的一般规律。”[①]薛宇峰(2015)指出，“马克思的批判者们为了将资本有机构成不至于受到剥削的变化的影响，故意制造马克思假定剩余价值率不变的谎言”，马克思不是假定“剩余价值率不变”，而是假定剩余价值 $m$ 的增长幅度受到限制，资本有机构成的提高使不变资本和可变资本之和“$c+v$”可以无限扩大，从而使利润率“$\frac{m}{c+v}$”趋向下降。

利润率趋向下降规律是马克思主义政治经济学非常重要的规律，它反映了资本主义制度固有的矛盾，有助于我们解释资本主义经济危机和资本主义经济的周期性波动。面对国内外经济学家对利润率下降规律的争议，我们有必要基于马克思主义政治经济学的视角开展利润率的经验研究，检验利润率的一般变化趋势，并进一步探寻利润率下降的原因。美国马克思主义经济学家韦斯科普夫的利润率动态模型及其实证研究就是一个很好的尝试，以下将对其模型做一个简要介绍。

## 三、韦斯科普夫资本主义利润率动态研究模型及其局限

### (一)韦斯科普夫关于马克思主义经济危机理论的分类

韦斯科普夫认为利润率趋向下降是解释经济危机的关键，并按照利润率下降起源的不同解释将马克思主义经济危机理论分为三个流派。

(1)资本有机构成提高流派，主要代表人物有多布、曼德尔、谢克、耶菲等。该流派从马克思《资本论》第 3 卷第 13—15 章的利润率理论出发，将利润率公式转化为：$r=\frac{m}{c+v}=\frac{m'}{\theta+1}$($r$ 为利润率，$m$ 为剩余价值，$c$ 为不变资本，$v$ 为可变资本，$m'$为剩余价值率，$\theta$ 为资本有机构成)，这就将利润率转化为关于剩余价值率和资本有机构成的函数。该流派有两个假设，假设一是资本积累带来资本有机构成的提高，假设二是剥削率即剩余价值率不变。由此推出，在剩余价值率 $m'$不变的情况下，资本有机构成 $\theta$ 的提高将导致利润率 $r$ 下降。韦斯科普夫认为这种理论最符合马克思的原意，这种理论不仅可以用来解释利润

① 《马克思恩格斯文集》第 7 卷，北京：人民出版社，2009 年，第 237 页。

率长期趋向下降的趋势，而且可以用来解释利润率的短期性周期波动。

(2)劳工实力增强流派，主要代表人物有博迪、克罗蒂、格林、苏特克利弗等。该流派的经济学家遵循马克思《资本论》第1卷第23章关于“资本主义积累的一般规律”的论证思路开展理论研究。“劳工实力增强论流派”的基本假设是，资本积累必然导致劳资力量失衡。而劳资力量失衡会使劳动者实力增强，进而产生三方面的影响：第一，劳工实力增强可以提高工人工资谈判的成功率，加快货币工资增长率；第二，劳工实力增强可以有效地阻滞资本家的进一步剥削，减缓劳动生产率增长速度；第三，货币工资的增加和劳动生产率增速的减缓，促使单位劳动成本增加，且增加幅度高于单位商品价格增加的幅度，最终使国民收入中的工资份额上升，相应的利润份额则降低。

(3)商品实现失败流派，主要代表人物有斯威齐、巴拉恩、卡莱茨基等。前两个流派集中分析剩余价值的生产，而该流派集中分析剩余价值的实现。“商品实现失败流派”认为：“对利润的威胁是由于难以按可盈利的价格售出生产出来的商品而造成的，亦即难以按包括各项成本以及预期的利润幅度的价格售卖商品”(韦斯科普夫，1984)。“商品实现失败流派”的基本假设是，资本积累必然会使商品的需求落后于商品的供给，资本家只能通过减产或者降价的方式来减少产品库存。然而在垄断资本主义时期，垄断价格的存在使资本家无法降价，资本家只能通过减少生产的方式来应对需求不足，从而降低了整个经济的平均利润率。

**(二)韦斯科普夫资本主义利润率动态研究模型**

为方便开展经验研究，检验三个流派对利润率下降规律解释的合理性，韦斯科普夫提出了价值型利润率的“价格型类似物”(韦斯科普夫，1984)，即价格型利润率表达公式：

$$\rho=\frac{\Pi}{K}=\frac{\Pi}{Y}\cdot\frac{Y}{Z}\cdot\frac{Z}{K}=\sigma_{\pi}\varphi\zeta \tag{1}$$

$\rho$ 是利润率，$\Pi$ 是利润量，$K$ 是资本总量，$Y$ 是实际产量或收入，$Z$ 是潜在产量或生产能力，$\sigma_{\pi}$ 是国民收入中的利润份额，$\varphi$ 是生产能力利用率，$\zeta$ 是生产能力/资本比率。这就将利润率公式分解为三个变量 $\sigma_{\pi}$、$\varphi$、$\zeta$，三个变量分别对应三种危机理论，完成了对三种危机理论的整合。具体分析如下：

(1)$\sigma_{\pi}$ 对应“劳工实力增强流派”的观点，劳工实力的增强将提高工资份额，挤压利润份额，导致利润率下降。韦斯科普夫将利润份额 $\sigma_{\pi}$ 的公式分解为：

$$\sigma_{\pi}=\frac{\Pi}{Y}=\frac{Y-W}{Y}=1-\frac{W}{Y}=1-\sigma_{w} \tag{2}$$

$W$ 是工资总量，$\sigma_{w}$ 是收入中的工资份额。根据公式(2)可知，当劳工实力增强时，$\sigma_{w}$ 将上升，相应地，$\sigma_{\pi}$ 将下降。假定生产能力利用率 $\varphi$、产能力/资本

比率 $\zeta$ 不变，$\sigma_\pi$ 的下降将导致利润率 $\rho$ 下降。

(2)$\varphi$ 对应"商品实现失败流派"的观点，利润率下降源于实现困难。韦斯科普夫指出"需求不足"使资本家生产出来的产品供大于求，由于"价格灵活性有限"(韦斯科普夫，1984)，资本家只能通过减少生产即降低生产能力利用率 $\varphi$ 来应对"需求不足"。假定利润份额 $\sigma_\pi$、生产能力/资本比率 $\zeta$ 不变，生产能力利用率 $\varphi$ 的下降将导致利润率 $\rho$ 下降。

(3)$\zeta$ 对应"资本有机构成提高流派"的观点，利润率下降源于资本有机构成的提高。韦斯科普夫指出 $\gamma=\frac{K}{W}$ 就是马克思价值型资本有机构成的"价格类似物"(韦斯科普夫，1984)，即价格型资本有机构成，并将其进一步分解为：

$$\gamma=\frac{K}{W}=\frac{K}{Z}\cdot\frac{Z}{Y}\cdot\frac{Y}{W}=\frac{1}{\zeta}\cdot\frac{1}{\varphi}\cdot\frac{1}{\sigma_\pi} \tag{3}$$

根据公式(3)，假定利润份额 $\sigma_\pi$、生产能力利用率 $\varphi$ 不变，资本有机构成 $\gamma$ 的上升只能是由生产能力/资本比率 $\zeta$ 下降引起的。而当利润份额 $\sigma_\pi$、生产能力利用率 $\varphi$ 不变时，$\zeta$ 的下降将导致利润率下降。

最后，韦斯科普夫根据利润率表达公式(1)得出利润率"增长核算方程"(韦斯科普夫，1984)：

$$\dot{\rho}=\dot{\sigma}_\pi+\dot{\varphi}+\dot{\zeta} \tag{4}$$

这就把任一时期的利润率增长率分解为三个增长率，即利润份额增长率 $\dot{\sigma}_\pi$、生产能力利用率增长率 $\dot{\varphi}$、生产能力/资本比率增长率 $\dot{\zeta}$，利润率增长率等于三者之和。同时，以上三个增长率均可从统计资料中求得经验数据，以便于开展实证研究。韦斯科普夫正是利用这一利润率动态研究模型开展实证研究，验证了马克思利润率趋向下降规律，并进一步检验了三个变化率对利润率变化的重要程度。其中，"劳工实力增强"在三个变化率中被验证为影响 20 世纪 70 年代资本主义利润率和经济危机的最主要因素。

### (三)韦斯科普夫资本主义利润率动态研究模型的局限

韦斯科普夫利润率动态研究模型是马克思主义经济学家开展实证研究的一次有益尝试，但是模型本身存在一定的局限性。韦斯科普夫在构建利润率动态研究模型时所定义的利润率不符合马克思关于利润率的界定。马克思将利润率界定为"用总资本来计算的剩余价值的比率"①，由此可以得到一个不同于剩余价值率的利润率表达式"利润率 $\frac{m}{C}=\frac{m}{c+v}$"②，其中 $m$ 是剩余价值，$C$ 表示预付总资本，$c$ 表示不变资本，$v$ 表示可变资本。而韦斯科普夫定义的利润率为"$\frac{\Pi}{K}$"，其中 $\Pi$ 是利润量，$K$ 是资本总量。与马克思的利润率公式相比，

① 《马克思恩格斯文集》第 7 卷，北京：人民出版社，2009 年，第 51 页。
② 《马克思恩格斯文集》第 7 卷，北京：人民出版社，2009 年，第 51 页。

韦斯科普夫的利润率公式存在两点不足：

(1)韦斯科普夫的利润率是价格型利润率，缺乏价值基础。马克思的利润率公式是基于劳动价值论提出的价值型利润率，利润率表达式中的$m$、$c$、$v$都是价值量。但是，韦斯科普夫为便于开展实证研究直接提出的是价格型利润率，利润率表达式中的$\Pi$、$K$都是价格量。而且，韦斯科普夫在研究中只是简单指出价格型利润率是价值型利润率的“价格类似物”(韦斯科普夫，1984)，除此之外，对于价值型利润率和价格型利润率的关系没有做任何说明，也没有任何相关推导过程，因此韦斯科普夫的价格型利润率是缺乏价值基础的。

(2)韦斯科普夫的价格型利润率彻底掩盖了利润的来源。在马克思和韦斯科普夫的两个利润率公式中，公式中的每个变量不仅形式不同，代表的量也有区别。韦斯科普夫的利润率公式中利润量$\Pi$对应于剩余价值$M$，资本总量$K$对应于不变资本$C$，因此韦斯科普夫的价格型利润率对应的价值型利润率应当是“$\frac{M}{C}$”，而非马克思定义的“$\frac{M}{C+V}$”，两者在含义上存在根本性差别。正如马克思所指出的：“尽管利润率和剩余价值率在数量上不同，而剩余价值和利润实际上是一回事并且数量上也相等，但是利润是剩余价值的转化形式，在这个形式中，剩余价值的起源和它存在的秘密被掩盖了，被抹杀了。”[①]马克思认为资本家把利润看作全部预付资本的增加值，掩盖了利润的来源，而韦斯科普夫基于资本家的视角把利润仅看作不变资本的增加值，就彻底掩盖了利润的来源。

针对韦斯科普夫利润率动态研究模型上的不足，我们从马克思的价值型利润率出发，对韦斯科普夫的利润率动态研究模型进行了修正。修正后的利润率动态模型不仅综合了三种危机理论，而且可以继续沿着韦斯科普夫的思路开展利润率动态的实证研究。

## 四、重构韦斯科普夫利润率动态研究模型

### (一)价值型利润率与价格型利润率

冯金华(2019)指出价值规律包含两个基本内容：“第一，‘等价交换’，即任意两种不同商品(或任意一种商品与货币)之间的交换按照它们价值量相等的原则进行；第二，‘劳动决定价值’……”并根据“等价交换”原则推出如下公式：

$$\lambda_i = p_i \lambda_g \tag{5}$$

即“任意一种商品的价值等于该商品的价格与货币价值的乘积，或者等于

① 《马克思恩格斯文集》第7卷，北京：人民出版社，2009年，第56页。

该单位商品交换到的全部货币的价值”(冯金华,2019)。其中,$\lambda_i$ 代表第 $i$ 种商品的价值,$p_i$ 代表第 $i$ 种商品的价格,$\lambda_g$ 代表单位货币所代表的价值量(简称“货币价值”)。我们可以通过公式(5)将马克思的价值型利润率转化为价格型利润率。

基于马克思关于一般利润率的定义,我们可以将整个社会的价值型利润率定义为:

$$r=\frac{M}{C+V} \tag{6}$$

其中,$r$ 是价值型利润率,$M$ 是剩余价值的价值总量,$C$ 是不变资本的价值总量,$V$ 是可变资本的价值总量。

我们进一步假定剩余价值的价格总量是 $M_p$,不变资本的价格总量是 $C_p$,可变资本的价格总量是 $V_p$,由公式(5)可以推出:

$$M=M_p\lambda_g \tag{7}$$

$$C=C_p\lambda_g \tag{8}$$

$$V=V_p\lambda_g \tag{9}$$

由此可以得出:剩余价值的价值总量等于剩余价值的价格总量乘以货币价值,不变资本的价值总量等于不变资本的价格总量乘以货币价值,可变资本的价值总量等于可变资本的价格总量乘以货币价值。将公式(7)、(8)、(9)代入公式(6)可以得到:

$$r=\frac{M}{C+V}=\frac{M_p\lambda_g}{C_p\lambda_g+V_p\lambda_g}=\frac{M_p}{C_p+V_p} \tag{10}$$

剩余价值的价格总量 $M_p$ 就是用货币表示的利润总量 $\Pi$,不变资本的价格总量 $C_p$ 就是用货币表示的资本总量 $K$,可变资本的价格总量是 $V_p$ 就是货币工资总量 $W$。由公式(10)可以进一步推出:

$$r=\frac{M}{C+V}=\frac{\Pi}{K+W} \tag{11}$$

公式(11)中的 $\Pi$、$K$、$W$ 都是用货币表示的价格量,由此我们将马克思的价值型利润率转化为价格型利润率。相较于以价值量为量纲的度量,以价格量为量纲的度量更便于开展经验验证,因此这种转换能够促进我们开展利润率的实证研究。

**(二)价格型利润率的进一步分解**

上文中我们从马克思的价值型利润率出发,将马克思的价值型利润率转化为价格型利润率,得到了不同于韦斯科普夫的价格型利润率。通过对马克思价格型利润率的分解,我们同样可以得到一个综合三种危机理论的利润率表达式。

由公式(11)可以进一步推出:

$$r=\frac{\Pi}{K+W}=\frac{\Pi/Y}{K/Y+W/Y}=\frac{\Pi/Y}{K/Y+(Y-\Pi)/Y}=\frac{\Pi/Y}{K/Y+1-\Pi/Y}=\frac{\sigma_\pi}{K/Y+1-\sigma_\pi} \tag{12}$$

$$K/Y=\frac{K/Z}{Y/Z}=\frac{1}{Y/Z}\cdot\frac{1}{Z/K}=\frac{1}{\varphi}\cdot\frac{1}{\zeta}=\frac{1}{\varphi\zeta} \tag{13}$$

将公式(13)代入公式(12)即可得到：

$$r=\frac{\sigma_\pi}{K/Y+1-\sigma_\pi}=\frac{\sigma_\pi}{1/\varphi\zeta+1-\sigma_\pi} \tag{14}$$

参照韦斯科普夫价格型利润率公式(1)对三种危机理论的分析方法，我们同样可以推出公式(14)中的$\sigma_\pi$、$\varphi$、$\zeta$分别对应三种危机理论。具体分析思路如下：第一，当生产能力利用率$\varphi$、生产能力/资本比率$\zeta$不变时，利润率$r$随利润份额$\sigma_\pi$的下降而下降，对应于“劳工实力增强流派”的危机理论；第二，当利润份额$\sigma_\pi$、生产能力/资本比率$\zeta$不变时，利润率$r$随生产能力利用率$\varphi$的下降而下降，对应于“商品实现失败流派”的危机理论；第三，当利润份额$\sigma_\pi$、生产能力利用率$\varphi$不变时，利润率$r$随生产能力/资本比率$\zeta$的下降而下降，对应于“资本有机构成提高流派”的危机理论。这就把三种危机理论纳入一个统一的分析框架中。

**(三)基于马克思的价格型利润率对韦斯科普夫利润率动态研究模型的重构**

由公式(14)可以得到任意时期$t$的利润率：

$$r(t)=\frac{\sigma_\pi(t)}{1/\varphi(t)\zeta(t)+1-\sigma_\pi(t)}$$

由此我们可以推出任意时期的利润率增长率公式：

$$\begin{aligned}\dot{r}&=\frac{dr(t)/dt}{r(t)}\\&=\frac{d\left[\dfrac{\sigma_\pi(t)}{1/\varphi(t)\zeta(t)+1-\sigma_\pi(t)}\right]/dt}{r(t)}\\&=\frac{d\sigma_\pi(t)/dt}{\sigma_\pi(t)}+\frac{d\sigma_\pi(t)/dt}{1/\varphi(t)\zeta(t)+1-\sigma_\pi(t)}\\&\quad+\frac{d\varphi(t)/dt}{[1/\varphi(t)\zeta(t)+1-\sigma_\pi(t)]\varphi^2(t)\zeta(t)}\\&\quad+\frac{d\zeta(t)/dt}{[1/\varphi(t)\zeta(t)+1-\sigma_\pi(t)]\varphi(t)\zeta^2(t)}\\&=\dot{\sigma}_\pi+\dot{\sigma}_\pi r(t)+\dot{\varphi}r(t)/\sigma_\pi(t)\varphi(t)\zeta(t)+\dot{\zeta}r(t)/\sigma_\pi(t)\varphi(t)\zeta(t)\\&=\dot{\sigma}_\pi[1+r(t)]+(\dot{\varphi}+\dot{\zeta})r(t)/\sigma_\pi(t)\varphi(t)\zeta(t)\end{aligned} \tag{15}$$

其中，$\dot{r}=\frac{dr(t)/dt}{r(t)}$是利润率增长率，$\dot{\sigma}_\pi=\frac{d\sigma_\pi(t)/dt}{\sigma_\pi(t)}$是利润份额增长率，$\dot{\varphi}=\frac{d\varphi(t)/dt}{\varphi(t)}$是生产能力利用率增长率，$\dot{\zeta}=\frac{d\zeta(t)/dt}{\zeta(t)}$是生产能力/资本比率增长率。这就从马克思劳动价值论出发，以价值规律为基础，得到了符合马克思原意的利润率动态研究模型，利润率增长率受到利润份额增长率$\dot{\sigma}_\pi$、生产能力利用率增长率$\dot{\varphi}$、生产能力/资本比率增长率$\dot{\zeta}$、基期利润份额$\sigma_\pi$、基期生产能力利用率$\varphi$、基期生产能力/资本比率$\zeta$等多重因素的影响。不同于韦斯科普夫的利润率动态模型(4)，韦斯科普夫认为利润率增长率只受利润份额增长率$\dot{\sigma}_\pi$、生产能力利用率增长率$\dot{\varphi}$、生产能力/资本比率增长率$\dot{\zeta}$三个因素的影响。虽然我们的利润率动态模型(15)不同于韦斯科普夫的利润率动态模型(4)，但是我们的模型和韦斯科普夫模型有一个相似之处，即易于从统计资料中寻求经验数据，方便开展利润率动态的实证研究。基于重构后的利润率动态研究模型，我们可以分析利润率变化趋势，检验三种危机理论对利润率下降趋势解释的合理性，找出利润率下降的根源，从而形成了对韦斯科普夫经济危机研究模型的修正。

## 五、结　语

韦斯科普夫通过构建利润率动态研究模型来分析经济危机的成因，这是马克思主义经济学家开展实证研究的一次重要尝试，对马克思主义经济学的发展具有重要意义。然而，韦斯科普夫基于资本家视角提出的价格型利润率本身存在不足，缺乏价值基础。为了更好地研究利润率的动态变化规律，本文基于马克思主义经济学视角构建了一个新的利润率动态研究模型，使利润率动态研究具备了价值基础，更具科学性。利润率周期性变动的背后是经济的周期性波动，因此，利润率动态研究模型的构建为经济周期性变动、经济危机的研究奠定了理论基础。我们可以继续沿着韦斯科普夫的思路开展利润率动态的经验研究，检验资本主义国家利润率的动态变化趋势，探究资本主义国家利润率周期性波动的根源，寻找经济周期性波动的成因。此外，通过将价值型公式转化为价格型公式来构建便于开展实证研究的模型，这是一种新的尝试，对今后开展马克思经济学其他领域的实证研究具有一定的借鉴意义。

## 参考文献

[1]保罗·斯威齐，1997，《资本主义发展论》，陈观烈、秦亚男译，北京：商务印书馆，第118—121页。

[2]冯金华，2019，价值、价格和产量：兼评所谓的“世纪之谜”，《世界经济》，第3期，第

8—9页。

[3]李亚伟,2014,新自由主义时期的利润率动态及其成因,《海派经济学》,第3期,第111—118页。

[4]鲁保林、赵磊、林浦,2011,一般利润率下降的趋势:本质与现象,《当代经济研究》,第6期,第36—40页。

[5]孟捷、李亚伟,2014,韦斯科普夫对利润率动态的研究及其局限,《当代经济研究》,第1期,第16—23页。

[6]孟捷、冯金华,2016,非均衡与平均利润率的变化:一个马克思主义分析框架,《世界经济》,第6期,第3—28页。

[7]琼·罗宾逊,1962,《论马克思主义经济学》,纪明译,北京:商务印书馆,第33—38页。

[8]韦斯科普夫,1984,马克思主义的危机理论和战后美国经济中的利润率,《现代国外经济学论文》,北京:商务印书馆,第159—202页。

[9]谢富胜、李安,2011,美国实体经济的利润率动态:1978—2008,《中国人民大学学报》,第2期,第81—91页。

[10]薛宇峰,2015,利润率变化方向是不确定的吗?——基于经济思想史的批判与反批判,《马克思主义研究》,第7期,第74—84页。

[11]余斌,2012,平均利润率趋向下降规律及其争议,《经济纵横》,第9期,第9—13页。

[12]置盐信雄,2010,技术变革与利润率,骆桢、李怡乐译,《教学与研究》,第7期,第48—56页。

# Reconstruct Weisskopf's Dynamic Research Model of Profit Rate

## —Comment on the Related Theory of General Profit Rate Decline Law

Xu Yan Lu Xia

**Abstract** In the 1970s, American Marxist economist Weisskopf built a dynamic research model of profit rate to explore the causes of the economic crisis. He carried out empirical research on the post-war US profit rate, verified the decline law of Marx's profit rate, and pointed out that the most important factor affecting the decline of profit rate was the increase of labor strength, which squeezed the profit share. Weisskopf's research is an important attempt of Marxist economists to carry out empirical research on the law of profit rate decline, but his research on profit rate deviates from

Marx's definition of profit rate. On the basis of Marx's general law of declining profit rate and commenting on several schools of relevant theories, this paper starts from Marx's concept of value oriented profit rate, revises Weisskopf's dynamic research model of profit rate on the basis of value law, transforms the value profit rate into the price type profit rate, and reconstructs Weisskopf's profit rate, so that the dynamic research of profit rate has a value basis.

**Key words**　Capitalist economic crisis　Profit rate tends to decline　Dynamic research model of profit rate

海派经济学
第 18 卷第 4 期,2020　Journal of Economics of Shanghai School　No. 18,4,2020

# 人工智能对劳动力市场的影响研究进展

郭娆锋　吴宏儒

**内容提要**　自 21 世纪以来,人工智能的大发展在为经济"提质赋能"的同时,也对劳动力市场带来了巨大的影响。本文就人工智能对劳动力市场和收入分配的影响研究进行了系统的整理和回顾,着重梳理了人工智能对劳动力就业的冲击及其形成的净效应、人工智能对就业结构和收入分配不平等的影响等研究,并在此基础上,归纳和总结了减缓人工智能对劳动力市场冲击的政策和建议。

**关键词**　人工智能　自动化　劳动力就业　收入不平等

**中图分类号**　F276

## 一、引　言

人工智能是一个历史性的战略机遇,在推动劳动力市场转型方面发挥着至关重要的作用,在促进经济爆发式增长方面也有着巨大潜力。对于"人工智能"或"人类智能"的定义,学界还没有达成一致。"人工智能"一词由约翰·麦卡锡于 2007 年首创,他把人工智能定义为制造智能机器的科学和工程,尤其是智能计算机程序。人工智能和自动化的一般特征是能够创建和使用预测模型来确定大型数据集之间的相关性,并据此给出建议并执行事务。20 世纪 50 年代末,大多数人工智能领域的科学家都是基于计算机编程来进行研究。直到 21 世纪的第二个十年,随着核心算法能力的提高,人工智能才终于向前迈进了一大步,引起了全世界的关注(《2018 中国人工智能 AI 发展报告》)。

人工智能和自动化逐步涉足人们的日常生活以及工业生产的方方面面,对经济社会产生了重大影响(蒋万胜等,2020)。目前,经济学家对人工智能的研究方向总体上可以分为三类(陈永伟,2018):第一类研究视人工智能为经济学分析工具,分析机器学习等人工智能在计量经济学、行为经济学中的应用

---

**收稿日期**:2020－07－24

**作者简介**:郭娆锋,上海商学院讲师;吴宏儒,上海商学院本科生。

**基金项目**:本文系国家社会科学青年基金资助项目(16CZX001);教育部人文社科项目中国特色社会主义理论研究专项(20JD710035);上海市一流学科建设项目(S1201YLXK);上海商学院"启明星"项目(18KY-PQMX-06)的阶段性研究成果。

(Athey,2017;Athey和Imbens,2016;Camerer等,2017);第二类研究以人工智能为分析对象,探索人工智能对经济增长、就业、收入分配、产业结构、贸易等方面的影响(曹静和周亚林,2018;林晨等,2020);第三类研究把人工智能看作思想实验,使得经济学理论能够在一定程度上的理想化假设环境中完成(Hanson,2016)。人工智能具有两个鲜明的特征:其一,它会对劳动力就业造成重大影响,进而导致技能偏向型收入分配不平等;其二,它依赖于大数据,从而具有很强的规模经济效应。正是这两个特征共同决定了第二类研究方向成为人工智能在经济学领域研究的主导方向。

本文属于第二类研究,以人工智能和自动化为分析对象,主要研究人工智能和自动化对劳动力就业的冲击及其形成的净效应、人工智能对就业结构和收入分配不平等的影响,并在此基础上,归纳和总结了减缓人工智能对劳动力市场冲击的政策和建议。人工智能是新一轮技术革命的核心,它对劳动力市场的影响将比之前历次工业革命更深远且规模更大,而解决人民的就业与收入分配问题是解决其他宏观经济问题的前提和本质,是人民安居乐业的基本条件,因此人工智能对劳动力市场和收入不平等的研究有其必要性和重要性。不过,迄今为止鲜有专门系统性研究人工智能对劳动力市场和收入不平等影响的文献,这为本文的研究提供了契机。

## 二、人工智能对劳动力就业的冲击和净效应

人工智能和自动化在农业、制造业和服务业上越来越多的应用引起了经济学家们对自动化影响下的劳动力就业问题的新思考。技术革命是工业变革和经济跨越式增长的一大关键特征,但是,伴随着这种巨大经济效益的往往是大量的工作岗位被大机器替代,工人面临失业的问题。

Acemoglu和Restrepo(2017b)通过研究1990—2007年间美国的数据,发现每1 000个工人匹配的机器人数量每增加1个,劳动需求就会下降0.18%~0.34%。Frey和Osborne(2013)对702种具体的职业进行了自动化风险评估,他们指出美国约47%的工种都有面临被自动化的风险,研究还表明了工作被自动化风险的程度、工资与劳动者受教育程度三者之间的关系。Manyika(2017)用类似的方法检测了美国2 000个工作种类,发现人工智能能够取代其中大约45%的工作。Arntz等(2016)认为Frey和Osborne(2013)提出的基于职业的方法(Occupation-based Approach)可能会高估工作被自动化的程度,因为他们假设被自动化的对象是整个职业而不是单个工作任务。因此,Arntz等用基于任务的方法(Task-based Approach)估计了21个OECD国家的工作被自动化的风险,他们发现,在这些国家中,平均9%的工作任务是可能被自动化的。显然,这个数字要比基于职业的方法评估出来的结果小

得多。

作为技术革命的新引擎,人工智能具备了机器学习的能力,因此它比之前任何一波自动化浪潮对劳动力就业的影响更深、规模更大(Brynjolfsson,2018)。计算机是人工智能核心算法和编程的一个重要载体,计算机资本主要通过两种机制作用于劳动力市场,即替代效应和补充效应(Autor 等,2003)。替代效应是指计算机可以代替有限的、定义明确的一系列人类活动,将常规工作任务自动化。补充效应是指计算机对劳动力进行补充完成非常规工作和交互式任务的活动。需要进一步探讨的问题是二者对劳动力就业形成的净效应(Aghion 和 Howitt,1994)。

从就业组成的角度来看,人工智能和自动化不一定造成就业总量的减少,而是会改变就业组成(Agrawal 等,2019b;杨虎涛,2018)。Aghion(2017)把工业革命看作自动化的开端,从蒸汽机、电力到计算机芯片再到半导体,自动化这一过程已持续了200多年,而人工智能被认为是下一轮自动化的最新形式。Aghion 这一假设法的好处在于可以透过历史看未来——从历史上每一轮自动化革命造成的影响以及当时社会做出的反应和调整中汲取经验与教训。从历史经验来看,技术革命确实使得某些职业不复存在,但是,取而代之的是更多新型工种的诞生和生产效率的大幅提升。Dauth 等(2017)利用1994—2014年德国的数据发现,当工业机器人被投入使用,制造业就业比例下滑,服务业就业数量上升,而就业总量和原来大致相同。这是由于农业、制造业容易被自动化,所以人工智能和自动化首先会进入第一产业和第二产业,其次才逐步进入以服务业为主导的第三产业。即使第三产业的工作岗位逐渐被自动化了,在人口老龄化等背景下,劳动力的巨大需求促使工作岗位增加,最后也会抵消人工智能造成的负面效应(Mokyr,2017;陈彦斌等,2019;王瑞瑜等,2020)。

从生产率的角度来看,经济学家需要更加关注的是人工智能带来的生产率效应是否足够大,而非过于担心对劳动力的替代。一方面,人工智能与自动化的发展的确会带来某些方面的负面效应,例如减少现有工作岗位的需求、压低工人工资;另一方面,人工智能与自动化也会产生积极效应,为了使利率保持平衡,资本会做出相应调整,生产要素价格上升。长期来看,生产率会得到提升并且生产率提升带来的利益更胜一筹(Acemoglu 和 Restrepo,2017b)。

从就业创造的角度来看,新技术在短期内会带来劳动力的冗余,但是,当自动化发展到一定程度的时候,自动化自身会抑制自动化的创新,最终技术创新和劳动力就业状况会并驾齐驱,形成一种稳态发展趋势(Acemoglu 和 Restrepo,2016)。在 Acemoglu 和 Restrepo(2018)构建的关于就业创造的模型中,劳动要素在生产中减少了,但产业结构的演变会产生新任务和提高工资,不过这需要劳动力提高自身的技能。

## 三、人工智能对就业结构的影响

“就业极化”是智能技术深化的一种伴生现象，世界上很多国家的劳动力结构都表现出了就业“两极化”态势，即处于技能分配中间的就业相对于技能分配的顶端下降，近年来相对于技能分配的底部也下降了(Autor等，2003；Acemoglu和Autor，2011；Goos等，2014)。人工智能主要在常规任务(Routine Tasks)中替代人类劳动，但到目前为止还不能在非常规任务(Nonroutine Tasks)中替代人类劳动，而包含非常规任务的工作往往分布在劳动力技能分配的两端，就业极化现象由此产生。非常规任务主要包含一些专业性强的职业或高级管理职位，需要一定的认知、直觉、沟通、决策、创新能力，常规任务多对手工性或服务性的要求高，例如手工艺者或护工。陈明生(2019)提出一种新的劳动分类法，对人类劳动进行了细致的划分，并且指出情感性和创造性的非重复性工作难以被人工智能取代。

Feng和Graetz(2015)构建的模型区分了任务的复杂性及其训练要求，当两项任务复杂程度相同时，厂商会选择将需要更多培训的任务自动化，以免劳动力成本更高，但是，这种做法也会导致工作的两极分化，中等工资的工作相对于高工资和低工资的工作都减少了。Michaels等(2014)利用1980—2004年美国、日本和9个欧洲国家的行业层面数据，验证了就业“两极化”与ICT的快速发展及其对不同技能劳动力的替代和补充效应有关。Autor和Dorn(2013)、Goos等(2014)用基于美国、欧洲劳动力市场的面板数据对不同国家和地区的就业极化现象做了详细的分析。杨蕙馨等(2013)将教育质量作为外生变量引入以技术进步为内生变量的理论模型中，探究信息产业技术进步对劳动力就业结构和劳动力收入结构的影响，并指出受教育质量影响，长期就业结构会趋于稳定，收入结构也不会一直增大。

总的来说，国内研究人工智能对劳动力就业结构影响的文献与国外文献的研究结论大致相同(吕世斌等，2015；孙早和侯玉林，2019)。不过，需要特别说明一点，由于中国地域辽阔，就业极化现象存在区域异质性表现。与发达国家就业结构“两极化”特征不同，中国东部沿海、南部沿海地区的就业结构“单极化”现象显得尤为特殊，故孙早、侯玉林(2019)将中国划分为八大区域，以受教育程度不等的劳动力占劳动力就业总量的比重为指标，从理论、实证两个方面研究了智能化发展对未来中国就业结构造成的影响。他们指出中国人工智能技术的进一步深化将加强就业“两极化”态势，受教育程度高(大学专科及以上)和受教育程度低(小学及以下)的劳动力需求增多，中等受教育程度(高中和初中教育程度)的劳动力需求减少，虽然中国的就业结构整体呈“U”型发展，但东部沿海、南部沿海地区可能会出现独特的就业结构“单极化”现象。

## 四、人工智能对收入分配不平等的影响

人工智能和自动化主要通过两种方式加剧收入分配的不平等:一是劳动力、资本这两种不同的生产要素的收入份额将被扩大,且技术应用带来生产率的增长,使资本要素的收入分配占比增大;二是不同劳动者之间存在着收入不平等现象且工资差距将被扩大。Acemoglu 和 Restrepo(2016)指出了不平等现象在自动化创新驱动的长期发展中加剧或稳定的条件。

### (一)资本、劳动力要素收入分配不平等

郭凯明(2019)把现有文献对人工智能的描述形式分为两种:第一种是把人工智能刻画成生产要素扩展型的技术,又分为资本扩展型技术(Sachs 和 Kotlikoff,2012;Graetz,2018)和劳动扩展型技术(Bessen,2017);第二种是把人工智能刻画成一项可以推进自动化生产的技术,人工智能对劳动力的替代效应在这种描述形式的研究中更为突显(Acemoglu 和 Restrepo,2018)。Sachs(2012)认为如果将人工智能视为一种生产效率高的全新资本形式,那么资本份额似乎将以牺牲劳动力为代价而增加。

Autor 等(2017)指出劳动力收入在 GDP 中所占的份额正在下降。Brynjolfsson 等(2014)发现机器通过自我复制减弱工业生产对劳动力的需求,从而实现资本积累的增加。DeCanio(2016)使用了包括机器人、人力和普通资本在内的 Houthakker 模型,将不同的基于可变要素生产率的概率分布拟合到美国生产率的横截面数据中,结果表明,如果机器人、人力之间的劳动力替代弹性大于1.9左右,在其他条件相同的情况下,人工智能将导致总工资的下降。刘涛雄等(2018)将机器人替代效应方式分为三类,分别研究每一种替代效应方式对劳动收入份额的影响。不同的行业对机器人的需求不一致,一般来说,机器人在资本劳动比越高且就业规模范围更大的企业中会更加普及(Cheng 等,2019)。

资本、劳动力收入分配不平衡的问题可以归结于以下两个方面的原因:一方面,人工智能和自动化的价格会像计算机的发展一样逐渐变得低廉从而普及开来,进而大幅增加资本回报率;另一方面,人工智能和自动化连续不断的工作时间和超高的工作强度优势将会使劳动力处于劣势地位,厂商对劳动力的需求减少导致劳动力的回报率下滑。

### (二)不同劳动者间收入不平等

1. 不同技能劳动力收入不平等

人工智能的发展为技术偏向型,智能化产业存在技术溢价现象,这导致高、低技能劳动力收入不平等加剧(Prettner 和 Strulik,2017)。Furman(2018)认为,人工智能和自动化可能会不成比例地增加高学历者的工资、降低

低学历者的工资。相对不熟练工人，熟练工人工资的提高是绝对的，因为熟练工人与自动化相结合会促使生产效率提高(Berg 等，2016)。[①] Acemoglu 和 Autor(2011)认为工资极化是伴随工作极化产生的，他们指出目前社会中产阶级的就业和收入都在减少。Acemoglu 和 Restrepo(2017b)提出了高、低技能劳动力都能被自动化的假设，这个假设是不同于以往模型的一个亮点，研究结果表明人工智能和自动化对低技能劳动力的替代总是会加大工资差距，而人工智能和自动化对高技能劳动力的替代总是会减少工资差距。

2. 不同发展阶段收入不平等

随着人工智能的深化，经济在技术创新的驱动下经历了三个发展阶段(Hémous 和 Olsen，2014)。首先，在初始发展阶段，人工智能和自动化程度很低，低技能劳动力的工资也很低，这个阶段 GDP 中的劳动力收入份额几乎不变，对收入不平等作用不大；其次，随着低技能劳动力工资的提高、人工智能发展程度的升级，GDP 中的劳动力收入份额将降低，且技能溢价会增加，低技能劳动力的工资又会因此下降，进而收入不平等加剧；最后，低技能劳动力的工资增长率低于高技能劳动力的工资增长率。

3. 不同地域收入不平等

Berger 等(2016)指出机器人的蓬勃发展会影响国际产出的分配。随着工业自动化进程的深入，发达国家很可能会选择在本国市场或其他主要的销售市场附近建立自动化工厂，而并非一定要在低工资的国家建立工厂，低工资的国家因此失去了原有的劳动力成本优势，这些发展中国家的相对工资会因机器人对非熟练工人的大量替代而下降。这种工资差距不仅存在于不同国家之间，也可能存在于同一国家的不同城市之间。人工智能的发展刺激新任务的产生，熟练工人向创造新工作、新任务的城市汇聚，那么其他城市的熟练工人很可能会流失(Berger 和 Frey，2016)。

## 五、减缓人工智能对劳动力市场冲击的政策和建议

为最大化地发挥人工智能优势作用，减少随之而来的冲击与弊端，需要事先对人工智能未来的发展做出规划。减缓人工智能对劳动力市场冲击，目前关注度比较高的政策和建议主要在科研和人才培养、劳动力新技能的培养、对人工智能征税、全民基本收入这几个方面。

### (一)科研和人才培养

美国信息技术与创新基金会(TIF)下属的数据创新中心的一份报告通过

① 本文的熟练工人指的是与机器人不完美替代的工人，相反，机器人可以提高他们的生产力；不熟练工人指的是与机器人完美替代的工人，不熟练工人可能不是传统意义上受过高等教育的人，但具有创造力或同情心等未来机器人难以匹敌的优势。

人才、研究、开发、硬件、应用和数据这六项分析指标对比了中国、美国、欧盟人工智能的发展状况并给出排名，该研究发现，美国前四项指标更高，中国后两项指标更高。因此，中国要重视科研和人才培养以弥补人工智能当前发展阶段的短板。

1. 人工智能科研人才的培养

此前，英国政府拨了高达1.29亿美元的教育资金支持16所大学的1 000名大学生获得人工智能博士学位。美国实施的举措侧重于扩大奖学金、加强培训计划以及为致力于人工智能研发的科研人员提供资金。李哲等(2019)对日本人工智能人才培养方案进行了详细的介绍并指出日本存在的不足和启示。近几年，人工智能发展迅猛，一批中国高校开始建设新的人工智能院系和专业来提升国内人才的基础研究能力，以应对人工智能人才培养的挑战。教育部应与大学合作，设立教授人工智能芯片设计的人工智能课程，以此促进半导体领域的发展。中国缺乏人工智能尖端人才，并经常流失去国外深造的学者，因此应注重对人工智能精英人才的培养和留住本土人才(武汉大学中美科技竞争研究课题组，2020)。

2. 提升中国企业的知识生产能力

1997—2017年，我国人工智能领域的论文在全球的占比从4.26%上升到27.68%，但仍存在巨大的上升空间，因为中国企业的论文和专利数量远不及各大高校和科研院所。那些被认为是国内人工智能领头羊的企业在国际竞争中不占优势，其各项知识生产力指标与国外先进企业相比还有一段距离(李晓华等，2019)。这种情形说明，在我国，科研与创新多被看成是高校和科研所的任务，企业的目标多放在了获取利润上，他们是纯商人而非国家科研主力军的一部分。美国的IBM、谷歌、微软这类信息技术公司一般都拥有属于自己公司的研发团队，经济收益与科研双向发展，且发展得越好的企业，其知识生产力各项指标在全球都名列前茅。中国的企业需要反思，要对长远的发展目标和战略做出调整，同时政府也要通过政策、资金、宣传等各种手段为科研蓝图上的企业助力。

3. 劳动力新技能的培养

人工智能对劳动力市场的最大冲击不是某些劳动岗位的消失，而是失业劳动者不能适应新的岗位(Furman，2018)。产业结构的变革也会带来新的任务，增加新的就业机会和提高工资，这需要劳动力提高自身技能。因此，政府必须加强培训当代和后代劳动力，使其掌握开发和应用人工智能技术的新技能，为未来的工作做好准备。政府可以通过工作抵押贷款的方法来减轻劳动力教育和就业指导的培训支出(Kaplan，2015)。

**(二)对人工智能征税**

人工智能和自动化的使用在让资本家和技术工人受益的同时，也给另外一部分人带来了损失,为了减少这种不平等的差距,可以尝试对人工智能和机器人征税(Kaplan,2015;Guerreiroal,2017)。国家的税收部分来源于工人,工人大量失业意味着国家财政收入的下降,而对人工智能征税可以弥补税收损失,平滑国家财政收入的变化。在黄旭等(2019)构建的世代交替模型中,人工智能被设为外生变量,他们指出对人工智能征税能够发挥经济和社会福利U型增长的作用。

对人工智能征税形成的最严重的一种负面效应是它会抑制人工智能的创新与应用,也会减少社会福利。Ahmed(2017)认为对人工智能和机器人征税造成的生产力的损失要大大多于征收的税款。实际上,政府可以灵活地根据发展形势调动政策。Guerreiroal(2017)表示当实现充分自动化的时候,就不宜再对人工智能征税,因为那时工人可能不用工作也能过上幸福美满的生活,征税达不到预期的效果反而会阻碍生产力的迅猛发展。Gasteiger和Prettner(2017)指出各国对人工智能征税达成一致才能有效地发挥这个政策的作用,否则将会出现机器人资本从征税国向非征税国转移的现象。

### (三)全民基本收入政策(Universal Basic Income)

大批劳动力失业会带来经济问题和社会问题,作为解决方法之一的全民基本收入再次被关注。全民基本收入是指无条件地提供给所有个体的定期现金支付。该理念倡导者发现,在当今社会人们努力工作并不能消除贫困,只有全民基本收入这样的全民项目可以做到消除贫困。同时,他们列举了这项政策所具有的以下优势(Sage和Diamond,2017):减少贫困与收入不平等以及鼓励就业和技能培训;照顾收入较少或者没有收入来源的人,例如失业者或家庭主妇,因此它也可以提高女性的能力和地位,有利于实现性别平等;改善接济者的身心健康;使人们闲暇时间更多,有可能无需像往常一样劳作也可以实现生活美满的景象。

有很多学者担心,与有针对性的援助和福利计划相比,全民基本收入政策会因为政府无法负荷巨大的无条件接济而达不到预期的效果(Sage和Diamond,2017;Furman,2018)。劳动者要把自己的工资和福利分给无业者,在一定程度上鼓励了好逸恶劳。国家的大部分税收来源于劳动者,劳动者不工作就会减少政府的资金,政府就无法再继续实行其他政策和项目,最后会陷入一种恶性循环(Dickson,2017)。

## 六、结　语

目前人工智能和经济学领域的现有文献大多以第二类研究为重,不足之处在于很多文献同时对准经济增长、劳动力市场、产业结构、人口老龄化等多个宏观经济问题,研究范围太过宽泛。此外,目前文献中所使用的大部分数据和实证分析源自发达国家,包括中国在内的发展中国家在人工智能方面的大数据存储不足,限制了国内外人工智能发展方面的多维度比较,在大多数情况下只能通过分析发达国家的发展情况和文献为我国未来的人工智能发展提供经验和借鉴。

我国人工智能发展面临着许多挑战,相关的学术研究也面临很多亟待解决的课题。首先,由于法律法规的不完全和技术等方面的共同约束致使目前人工智能的效用尚未得到充分释放,其发展和应用还有广阔空间。为了给人工智能创新技术进一步的发展和应用提供保障,跟上技术发展的步伐,学者们要尽快对法律、哲学和伦理等方面的研究进行完善(胡元聪,2020)。其次,就业结构的改变、劳动力因人工智能的替代而转换工作岗位等过程都会产生成本,如何平衡好成本与未来生产力效应的问题值得进一步思考。最后,一国能否抓住人工智能的技术创新实现赶超和提升国际地位,在于该国能否让基础研究获得的成果与企业的利润和生产率提升之间形成快速的正反馈,如何建成这种快速的正反馈机制是下一步研究的关键。人工智能和自动化近几十年才开始迅猛发展,所以仍有许多领域未被涉及,上述种种,都是未来研究人工智能的重要课题。

## 参考文献

[1]Acemoglu, Daron, Autor, David(2011). Skills, Tasks and Technologies: Implications for Employment and Earnings. In David Card & Orley Ashenfelter(eds.), *Handbook of Labor Economics*. Amsterdam: Elsevier Science B. V., pp. 1043—1171.

[2]Acemoglu, Daron, Restrepo, Pascual(2017a). Secular Stagnation? The Effect of Aging on Economic Growth in the Age of Automation. *American Economic Review*. 107(5):174—179.

[3]Acemoglu, Daron, Restrepo, Pascual(2017b). Low-kill and High-skill Automation. *NBER Working Paper*. No. 24119.

[4]Acemoglu, Daron, Restrepo, Pascual(2018). Artificial Intelligence, Automation and Work. *NBER Working Paper*. No. 24196.

[5]Aghion, Philippe, Howitt Peter(1994). Growth and Unemployment. *Review of Economic Studies*. 61(3):477—494.

[6]Aghion, Philippe(2017). Artificial Intelligence and Economic Growth. *NBER Working Paper*. No. 23928.

[7]Agrawal, Ajay, Joshua Gans & Avi Goldfarb(2019b). Artificial Intelligence: The Ambiguous Labor Market Impact of Automating Prediction. *Journal of Economic Perspectives*. 33:31—50.

[8]Ahmed, Sami(2017). Cryptocurrency & Robots: How to Tax and Pay Tax on Them. 69 *South Carolina Law Review*. 697 (69 S. C. L. Rev. 697).

[9]Athey, Susan. Imbens Guido(2016). The State of Applied Econometrics: Causality

and Policy Evaluation. *Journal of Economic Perspectives*. 31(2):3—32.

[10]Athey, Susan(2017). Beyond Prediction: Using Big Data for Policy Problems. *Science*. 355(6324):83—485.

[11]Autor, David(2003). The Skill Content of Recent Technological Change: An Empirical Exploration. *Quarterly Journal of Economics*. 118(4):1279—1333.

[12]Autor, David, Dorn, David(2013). The Growth of Low-Skill Service Jobs and the Polarization of the US Labor Market. *American Economic Review*. 103(5):1553—1597.

[13]Berg, Andrew(2016). Robots, Growth, and Inequality. *Finance & Development*. 53(3):10—13.

[14]Berger, Thor(2016). Structural Transformation in the OECD: Digitalization, Deindustrialization and the Future of Work. OECD Social, Employment and Migration *Working Papers*. No. 193.

[15]Bessen, James(2017). Automation and Jobs: When Technology Boosts Employment. Boston Univ. School of Law, *Law and Economics Research Paper*. No. 17—09.

[16]Brynjolfsson, Erik(2014). Labor, Capital, and Ideas in the Power Law Economy. *Foreign Affairs*. 93(4):44—53.

[17]Brynjolfsson, Erik(2018). What Can Machines Learn and What Does It Mean for Occupations and Industries. *AEA Papers and Proceedings*. 108:43—47.

[18]Camerer, Colin(2017). Artificial Intelligence and Behavioral Economics. In Ajay Agrawal, Joshua Gans & Avi Goldfart (eds.), *The Economics of Artificial Intelligence: An Agenda*. Chicago: The University of Chicago Press, pp. 587—608.

[19]Cheng, Hong(2019). The Rise of Robots in China. *Journal of Economic Perspectives*. 33:71—88.

[20]Dauth, Wolfgang(2017). German Robots: The Impact of Industrial Robots on Workers. *CEPR Discussion Paper*. No. DP12306.

[21]Dickson, Michael(2017). Living with Robots: Automation and Income Inequality in the 21st Century. *Global Honors Theses*. https://digitalcommons. tacoma. uw. edu/gh_theses/48.

[22]Feng, Andy, Graetz, Georg(2015). Rise of the Machines: The Effects of Labor—Saving Innovations on Jobs and Wages. *IZA Discussion Paper*. No. 8836.

[23]Frey, Cal Benedikt, Osborne, Michael(2013). The Future of Employment: How Susceptible Are Jobs to Computerization? *Technological Forecasting and Social Change*. 114(1):254—280.

[24]Furman, Jason(2018). Should We Be Reassured if Automation in the Future Looks Like Automation in the Past? In Ajay Agrawal, Joshua Gans & Avi Goldfart (eds.), *The Economics of Artificial Intelligence: An Agenda*. Chicago: University of Chicago Press, pp. 317—328.

[25]Gasteiger, Emanuel, Klaus, Prettner(2017). A Note on Automation, Stagnation, and the Implications of A Robot Tax. *Discussion Paper, School of Business & Economics*.

No. 2017/17.

[26]Goos,Maarten(2014). A Explaining Job Polarization:Routine-Biased Technological Change and Offshoring. *American Economic Review*. 104(8):2509—2526.

[27]Graetz,Georg(2018). Robots at Work. *Review of Economics and Statistics*. 100:753—768.

[28]Guerreiroal,Joao(2017). Should Robots Be Taxed? *NBER Working Paper*. No. 23806.

[29]Hanson,Robin(2016). *The Age of EM:Work,Love and Life When Robots Rule the Earth*. Oxford:Oxford University Press.

[30]Kaplan,Jerry(2015). *Humans Need Not Apply:A Guide to Wealth and Work in the Age of Artificial Intelligence*. New Haven:Yale University Press.

[31]Manyika,J. et al. (2017). "Harnessing Automation for a Future That Works". https://www. mckinsey. com/~/media/mckinsey/featured%20insights/Digital%20Disruption/Harnessing%20automation%20for%20a%20future%20that%20works/MGI-A-future-that-works-Executive-summary. ashx 2017.

[32]Michaels,Guy(2014). Has ICT Polarized Skill Demand? Evidence from Eleven Countries over Twenty-Five Years. *Review of Economics and Statistics*. 96(1):60—77.

[33]Prettner,Klaus(2017). The Lost Race Against the Machine:Automation,Education,and Inequality in An R&D-Based Growth Model. *Center for European,Governance and Economic Development Research Discussion Papers*. 329—350.

[34]Sachs,Jeffrey,Kotlikof,Laurence(2012). Smart Machines and Long-Term Misery. *NBER Working Paper*. No. 18629.

[35]Sage,Daniel,Diamond,Patrick(2017). Europe's New Social Reality:The Case against Universal Basic Income. https://repository. edgehill. ac. uk/8738/.

[36]曹静、周亚林,2018,人工智能对经济的影响研究进展,《经济学动态》,第1期,第103—115页。

[37]陈明生,2019,人工智能发展、劳动分类与结构性失业研究,《经济学家》,第10期,第66—74页。

[38]陈彦斌、林晨、陈小亮,2019,人工智能、老龄化与经济增长,《经济研究》,第7期,第47—63页。

[39]陈永伟,2018,人工智能与经济学:近期文献的一个综述,《东北财经大学学报》,第3期,第6—21页。

[40]郭凯明,2019,人工智能发展、产业结构转型升级与劳动收入份额变动,《管理世界》,第7期,第60—77、202—203页。

[41]胡元聪、李雨益,2020,企业社会责任视域下人工智能产品风险防范研究,《当代经济管理》,第4期,第19—26页。

[42]黄旭、董志强,2019,人工智能如何促进经济增长和社会福利提升,《中央财经大学学报》,第11期,第76—85、128页。

[43]蒋万胜、李冰洁,2020,论人工智能技术对人类社会发展的影响,《西安财经学院

学报》，第 1 期，第 23—29 页。

[44]李晓华、曾昭睿，2019，前沿技术创新与新兴产业演进规律探析——以人工智能为例，《财经问题研究》，第 12 期，第 30—40 页。

[45]李哲、李娟、李章杰、曾丹，2019，日本人工智能战略及人才培养模式研究，《现代教育技术》，第 12 期，第 21—27 页。

[46]林晨、陈小亮、陈伟泽、陈彦斌，2020，人工智能、经济增长与居民消费改善：资本结构优化的视角，《中国工业经济》，第 2 期，第 61—83 页。

[47]刘涛雄、刘骏，2018，人工智能、机器人与经济发展研究进展综述，《经济社会体制比较》，第 6 期，第 172—178 页。

[48]吕世斌、张世伟，2015，中国劳动力"极化"现象及原因的经验研究，《经济学（季刊）》，第 2 期，第 757—778 页。

[49]清华大学中国科技政策研究中心、清华大学公共管理学院政府文献中心等，《2018 中国人工智能 AI 发展报告》，http://www.sppm.tsinghua.edu.cn/eWebEditor/UploadFile/China_AI_development_report_2018.pdf，2018 年。

[50]孙早、侯玉琳，2019，工业智能化如何重塑劳动力就业结构，《中国工业经济》，第 5 期，第 61—79 页。

[51]王瑞瑜、王森，2020，老龄化、人工智能与产业结构调整，《财经科学》，第 1 期，第 80—92 页。

[52]武汉大学中美科技竞争研究课题组，2020，中美科技竞争的分析与对策思考，《中国软科学》，第 1 期，第 1—10 页。

[53]杨虎涛，2018，人工智能、奇点时代与中国机遇，《财经问题研究》，第 12 期，第 12—20 页。

[54]杨蕙馨、李春梅，2013，中国信息产业技术进步对劳动力就业及工资差距的影响，《中国工业经济》，第 1 期，第 51—63 页。

# A Review on the Research on Impacts of Artificial Intelligence on Labor Market

Guo Raofeng　　Wu Hongru

**Abstract**　Since the 21st century, the great development of artificial intelligence (AI) not only improves the quality of economy, but also has a great impact on the labor market. This paper systematically reviews the research on the impact of AI on labor market and income distribution, analyzes the negative impact of AI on labor employment and its net effect, the impact of AI on employment structure and income distribution inequality, and on this basis, summarizes the policies and suggestions to mitigate the impact of AI on labor market.

**Key words** Artificial intelligence Automation Labor employment Income inequality

# 中华外国经济学说研究会第 28 届年会综述

徐则荣

由中华外国经济学说研究会和内蒙古师范大学共同主办、内蒙古师范大学经济管理学院和内蒙古师范大学马克思主义学院承办的“中华外国经济学说研究会第 28 届年会”,以线上和线下相结合的方式于 2020 年 10 月 17—18 日在内蒙古师范大学大学召开。程恩富、王志伟、胡乐明、方兴起、张衔、冯金华、贾根良、余斌、孟捷等来自全国高校、科研院所的 130 多位专家学者出席了会议。中国社会科学院大学首席教授、中华外国经济学说研究会会长程恩富学部委员致开幕辞。年会是在西方资本主义国家新冠病毒疫情和经济衰退十分严重,美国新帝国主义全面遏制中国经济科技发展,我国实行以国内大循环为主体、国内国外双循环的新发展格局,中共十九届五中全会即将召开,今年顺利完成消除绝对贫困的扶贫目标,全面制定“十四五”经济社会发展规划等国内外背景下召开。现将会议研讨内容综述如下。

## 一、国内大循环为主体、国内国外双循环新发展格局研究

本次年会的一个特点是高度关注“国内大循环为主体、国内国外双循环新发展格局”战略,表现了学会高度的时代责任感。

中国社会科学院程恩富教授指出,要正确认知和高效落实“以国内大循环为主体、国内外循环相互促进的新发展格局”,这既是应对美国为首的西方帝国主义国家遏制中国经济科技发展的必要之举,也是纠正和修补过去以有误的“比较优势理论”为基础,实行“研发和销售两头在外的外向型发展战略”“以失去国内大片市场换非关键核心技术”的理论和战略。针对金融等经济开放只有防范系统性风险的流行观点,程教授强调全面扩大开放要坚持三个原则:一是防风险、保安全原则,这是开放的最底线。不仅要防范和平时期的各种风险,而且要提前做好反入侵战争时期各种风险的预案。二是对等开放原则,这是开放的基本线。应该实行去年全国人大通过的《外资法》的有关条款,不宜美国严厉非法打压华为等中国企业,而我国大力扶植美国在华企业,甚至欢迎

**收稿日期:**2020—10—27

**作者简介:**徐则荣,首都经济贸易大学经济学院教授、博士生导师。

控股中方企业和合资企业。作为民营企业的华为,没有上市、合资和混改,但其发展在国内外均领先,这就打破了只有上市、合资和混改才能搞好国企和私企的教条主义。各级政府不宜把国企是否混改作为行政任务和工作指标,而应遵循市场规律和市场决定,由国企、外企和私企自主决策是否采取混合所有制。三是国民福利原则,这是开放的高层线。我国外汇储备应保持多少?较稳定盈利的国有企业被外资参股或控股,是否导致属于全体人民的部分盈利转移到外企手上?用财政收入和国企进行“一带一路”建设和国际援助项目,要不要稳妥推进?上述三原则和现实问题均值得我们深入研讨。

中国人民大学贾根良教授指出,为了深入理解“国内大循环为主”的新战略实施的必然性,就必须深刻认识我国在过去三十年占支配地位的国际大循环经济发展战略所存在的弊端。总结过去,可以看出,国际大循环经济发展战略弊端首先表现为价值链分工和核心技术问题。在国际大循环经济发展战略指导下,我国从价值链低端融入发达国家的跨国公司控制的全球价值链,出口价值链低端产品并进口价值链中高端产品和核心技术。在这种发展模式下,由于发达国家将创新率高和附加值高的高质量经济活动留在其国内,却把那些惯例化、低附加值、很少有创新机会窗口和进入壁垒很低的价值链低端环节转移到我国,核心技术和关键零部件问题长期得不到解决。其次表现为出口导向型经济发展模式与内需不足互相强化,陷入了结构性陷阱。由于低工资成本的低端产品在国际市场上的激烈竞争和大量过剩,发展中国家的企业不得不通过竞相削价扩大出口,而产品价格的降低反过来又迫使企业通过抑制工人工资的提高来降低成本,其结果是造成内需的萎缩,而内需的萎缩又迫使企业不得不依赖国外市场需求,而对国外市场需求的进一步依赖又造成内需更加萎缩。最后表现为出口导向型经济发展模式对贸易顺差的迷信助长了美元霸权。针对上述弊端,贾教授给出了“十四五”期间启动国内大循环的政策建议:每年全国财政赤字率至少在 5%以上;实施就业保障计划;实施六亿人收入倍增计划;尽早恢复 2007 年颁布的有关自主创新产品政府采购的三个文件,将政府采购的自主创新体系作为“构建社会主义市场经济条件下关键核心技术攻关新型举国体制”的一件大事来抓。

上海财经大学伍山林教授在深入研究英国、苏联和美国等全球性大国走过的颇不相同但关乎国运的双循环发展道路的基础上,给出了值得我国镜鉴的 10 个方面:以内循环为主体;利用超大规模经济优势;充分利用内部竞争;充分利用外循环;以新理念构建外循环;深刻理解自由贸易;以科技创新为引领;充分认识产业空心化的危害性;防止经济过度服务化和金融化;抑制追求主权货币超然权力的冲动。他指出,深刻认识和镜鉴近代全球性大国双循环发展正反两方面历史经验,对我国加快形成双循环新发展格局具有重要意义。

## 二、马克思主义经济理论新发展

本次年会的另一个特点是高度关注马克思主义经济理论的创新，表现了学会雄厚的马克思主义经济理论底蕴和马克思情节。

**(一)关于恩格斯的思想**

河北师范大学刘刚副教授认真梳理了恩格斯关于英国、法国、德国等典型资本主义国家农村经济制度向社会主义农村经济制度过渡的有效路径的论述;关于俄国等落后国家的农村经济制度向社会主义农村经济制度过渡可能性和路径的论述;关于未来社会主义社会及共产主义社会的农村经济制度构想的论述，揭示了当时农村经济制度尤其土地制度给广大农民造成的苦痛。他指出，农村土地和主要生产资料的所有制与主导的生产经营制度，是农业生产关系的基本方面，是农村经济制度的基本方面。恩格斯的农村经济制度思想在中国特色社会主义农村基本经济制度形成与发展历史进程中起着根本指导作用。中国特色社会主义农村基本经济制度的构建，未来应着眼于在农业现代化的进程中要毫不动摇地坚持农村土地集体所有制，要积极稳妥地推进多样化适度规模经营方式，以农民土地权益为中心稳妥推进农村土地“三权”分置，稳妥推进农村基本经营制度现代化进程。

中南民族大学王志林教授从时代、婚制与家庭的历史演进过程、妇女地位的历史性变化、造成妇女地位下降的经济原因、实现妇女解放的经济条件，以及对未来家庭和妇女的展望五个方面对恩格斯关于妇女解放问题进行了政治经济学的分析，认为恩格斯的妇女解放思想对于当前全世界促进妇女解放有着重要的启示作用。

东北财经大学丁涛副教授从经济思想史的角度探究了恩格斯的《政治经济学批判大纲》，认为《大纲》涉及经济思想史上的三个流派和两次大分流。三个流派是以重商主义、古典政治经济学和马克思主义政治经济学为代表。第一次大分流是指重商主义和古典政治经济学作为两种经济研究传统分道扬镳，其中后者发展为今天的正统经济学。第二次大分流发生于马克思主义政治经济学与庸俗经济学之间，作为马克思主义政治经济学的第一部论著，《大纲》是这一次经济思想大分流的先声。《大纲》充分体现了恩格斯深邃的思想境界和宏大的理论视野，阐述了政治经济学的过去和现在，也为其未来发展指明了方向。

**(二)关于马恩的生态思想**

厦门大学肖斌副教授和李旭娇研究生基于恩格斯经典文本阐释了恩格斯人与自然关系思想，指出人与自然关系问题不仅仅是一个哲学问题，更是一个政治经济学问题。恩格斯在古希腊朴素唯物主义自然观、近代机械唯物主义自然观、现代辩证唯物主义自然观历史演进的基础上，通过对马克思人与自然思想合理内核的肯定与继承以及对费尔巴哈、黑格尔、杜林自然哲学观点的批判，对资本主义生产方式下人与自然关系异化的所有制基础、阶级对立现状的分析，建构起以“人与自然统一理论”“人与自然异化理论”“人与自然和解理论”为理论内核的人与自然关系理论，揭示“人与自然和解”背后的“人与人和解”的本质。回归当代，恩格斯人与自然关系思想仍然绽放着真理的光芒，为习近平生态文明思想的现实之用提供理论溯源和理论指导。

内蒙古师范大学包秀琴副教授在深入研读马恩经典文本的基础上指出，马克思和恩格斯的生态思想包括人与自然和社会的有机统一的生态和谐论、现实生态问题的制度批判论及人与自然和谐相处的未来社会生态文明思想与社会进步论三个方面。其生态思想揭示了生态危机产生的制度原因。这些思想为当今人类解决所面临的生态问题提供了重要理论指南和实践指引。

**(三)关于中国特色社会主义政治经济学**

中共江苏省委党校李炳炎教授研究了中国特色社会主义政治经济学范畴体系问题。他指出，中国特色社会主义政治经济学形成了一个包括自主联合劳动、社本、需要价值三个基本范畴的完整的范畴体系。其始点范畴是“需要一般”，本质范畴是“自主联合劳动”，中心范畴是“需要价值”，基础范畴是“社本”。从雇佣劳动转到自主联合劳动，从资本转到社本，从剩余价值转到需要价值，是一场深刻的理论革命，由此形成了中国特色社会主义政治经济学的三大理论基石。只有筑牢了这三大理论基石，中国特色社会主义政治经济学才能立于不败之地，保持长久的生命力，为中国特色社会主义建设事业提供理论指导和理论自信，并向世界展示中国特色社会主义经济理论的话语体系。

上海市发展改革研究院傅尔基研究员探讨了在大变局下强化五大科学意识的重大意义问题。他指出，科学意识就是从科学的角度理解问题、分析问题和解决问题的思想观念及其行动方略，其包括问题意识、时代意识、战略意识、历史眼光和国际视野。强化五大科学意识，对于我们推进新时代全面深化改革开放具有十分重要的马克思主义世界观和方法论的理论指导意义和实践策应价值。

上海财经大学冯金华教授从劳动价值论出发，比较了以人民为中心和以资本为中心的发展道路。他指出，以人民为中心和以资本为中心是两种完全不同的发展道路，分别体现了社会主义市场经济和资本主义市场经济的本质和要求。无论是当代资本主义还是现阶段中国特色社会主义，实行的都是市场经济，都要受到价值规律的支配和制约。但是，在不同的社会制度下，由于不同的生产资料所有制，同样的价值规律却会导致完全不同的结果。资本主义的市场经济是以资本为中心，其生产目的是尽可能多地榨取剩余价值，其生产的一个重要特征是剩余价值增长率通常总是大于名义国内生产总值的增长率。社会主义的市场经济则是以人民为中心，以人民为中心的生产目的是共同富裕，要求劳动力价值而非剩余价值能够不断地增长。社会主义经济中劳动力价值和劳动者收入按名义国内生产总值的增长而增长的规律为社会主义社会的共同富裕目标提供了依据和保证。

中国农业大学罗玉辉博士对中国特色社会主义经济发展做了理论分析和经验总结。他指出，劳动、土地、资本和技术四大要素的政策体制改革使得中国经济发展中的资本有机构成不断提高、产业结构不断优化、经济发展质量稳步提升，在国际舞台上打造出了中国特色社会主义经济的中国样板。不仅如此，我国还在实践层面摸索出了一些具体经验：始终坚持中国共产党的核心领导地位，让党引领先进生产力发展要求；发挥人民群众智慧和创造力，让诱致性制度变迁成为改革的源动力；改革方法的科学推进，采取由简单到复杂、稳扎稳打的改革方法；保持开放包容的国际视角，在国际舞台上逐渐发挥着重要作用；保持国内政治经济体制高度稳定、和谐与统一。

与会学者还探讨了政治经济学术语革命、马克思的国际价值规律、马克思的资本理论、有对外贸易的社会再生产、股份资本的性质、共享经济，等等。

## 三、西方经济学理论新进展

本次年会的又一个特点是不仅高度关注如何正确看待西方经济学问题，而且高度关注西方经济学理论和研究方法的适用性问题。

### (一)关于应客观评析现代西方经济学的阶级本质和分类问题

中国社会科学院程恩富教授指出，包括“银行诺奖”得主在内的当代西方经济学家是当代资产阶级尤其是垄断资产阶级的学术代表。西方经济学根植于西方国家，本质上是西方国家统治阶级关于资本主义市场经济的看法的理论表现，其阶级性表现为维护资产阶级利益、维护资本主义制度、维护有利于西方发达国家的国际经济秩序，宣传资本主义的意识形态。现代西方经济学总体上可分为具有一定科学合理成分的各种凯恩斯主义、以美国加尔布雷斯和法国皮凯蒂为代表的小资产阶级经济学，其理论地位和作用相当于马克思说的资产阶级古典经济学；另一派是各种新自由主义经济学派，其理论地位和作用相当于马克思说的资产阶级庸俗经济学，他们的许多基本理论有严重的错误，而对于某些经济表象的分析值得肯定。今年“银行诺奖”授予研究“拍卖”这样一个应用性小问题的学者，而没有授予研究当代西方经济频频出现的重大问题的学者。

北京大学王志伟教授指出，西方经济学根植于西方国家，本质上是维护资本主义制度和资本主义国家统治阶级的利益。其有科学价值和有用的东西往往与意识形态的东西、辩护性的东西共生，只有用马克思主义的立场、观点和方法对它进行科学的全面的分析，才能取其精华、废其糟粕，为我所用。

**(二)关于应高度重视西方经济学家的合理观点问题**

程恩富教授指出，斯蒂格利茨对美国政治学家福山“历史终结论”的批判、对所谓“减税、自由化、金融全球化、贸易自由化可促进经济更快增长并增加每个人的福祉”的流行观点的批判、对涓滴经济学在发展中国家盲目使用的批判、对特朗普应对疫情的批评；皮凯蒂关于推动人类社会进步的动力的论述、关于新自由主义使世界进入极端不平等的时代的论述、关于“参与式”社会主义的论述；21世纪美国左翼对美国医疗卫生体系的批判研究，对我国新时代扩展马克思主义研究视野、洞悉当代资本主义发展实质、维护世界人民群众健康福祉，具有相当的理论价值和现实意义。

四川大学张衔教授指出，斯蒂格利茨从多个维度较系统分析了收入不平等是如何损害经济增长的，从而否定了自由主义经济学所谓收入不平等有利于经济增长的论断。张教授认为，斯蒂格利茨提出的只有政府采取正确的干预政策才能缩小收入分配不平等的主张，对于我国通过缩小居民收入差距进而促进经济高质量发展具有重要的借鉴意义，但是斯蒂格利茨毕竟是凯恩斯主义经济学家，在认识收入分配不平等的根源上回避了资本主义制度的决定作用，表现出明显的局限性。

**(三)关于新结构经济学的适用性问题**

华南师范大学方兴起教授从历史唯物主义角度出发，认为新结构经济学是李嘉图静态比较优势理论与马歇尔渐进性分析方法相结合的产物。用马歇尔的研究方法取代唯物辩证法与历史唯物主义组合，所形成的指导思想与研究方法的错配，使新结构经济学完全丧失了继承和发展马克思主义经济学的可能性。由于新结构经济学将技术创新视为发达国家经济发展的内生变量与发展中国家经济发展的外生变量，且没有在理论上反映历史上的英国和美国利用工业革命实现颠覆性创新，从而从传统农业社会进入发达的工业社会的实践，因此，虽然其在中小发展中国家能起到“立竿见影”的作用，但在抢抓第四次工业革命机遇的中国这样一个社会主义发展中的大国可能难以发挥作用。

中国社会科学院余斌研究员指出，新结构经济学是在旧结构主义和新自由主义的基础上提出的一种所谓发展经济学。它虽然没有放弃政府对经济的干预，但却未有效证明其所看重的干预的正当性；它未能正确识别发达国家与发展中国家间的结构性差异，它所主张的比较优势选择不仅无法消除贫困，还会扩大发展中国家与发达国家收入的差距。

**(四)关于现代经济学方法论中的逻辑缺陷问题**

山西财经大学武志博士指出，西方经济学由于采用数理模型和计量分析被冠以现代经济学。但经济史上三次大危机的事实表明，经济学在数学运用越精致、复杂的同时，却越来越脱离实际，走向了形式主义。形式主义的根源在于现代经济学方法论中存在结构性逻辑缺陷。论文通常由问题提出、文献综述、数理模型、计量实证和结论构成，核心是数理模型和计量实证分析。现代经济学认为数理模型和计量实证两大方法在逻辑上是严密的，得出的结论是客观的。然而，第一，由于方法论上采取假定—推论模式，前提假设的正确并未得到证明，因而用数学推导构建的数理模型仍是一个有待证明的理论假说。第二，计量实证无法对数理模型做严格证明。因为计量是验证而不是证明，计量对模型只能证伪而不能证实，计量不能越过必要的中介直接证明模型成立。第三，现代经济学无法对现实经济做出准确测量。因此，学术界需要反思现代经济学方法论逻辑缺陷、正确运用数学和计量工具的同时，鼓励和支持研究范式多元化和论文写作方法多样化，共同推动中国经济学走向繁荣和发展。

**(五)关于外国经济思想史研究的演变及其学科发展问题**

中国人民大学李黎力副教授通过对我国 1998—2019 年外国经济思想史的期刊文献数据进行文献计量研究，发现国内外国经济思想史领域发文量呈现出先上升后下降并波动的趋势；在历年该领域发文中，马克思主义经济思想始终占据主要地位，相关文献量远超其他经济思想内容；主流经济学在经济思想史刚引入中国时有很大贡献，但近年来越来越多的异端经济学思想成为国内经济思想史研究不可分割的一部分；市场全球化、商品交换、产权理论、新制度经济学等是国内经济思想史研究的热点内容，近年来国内经济思想史学界也在探讨供给侧改革、数字劳动等新经济形态的经济思想；经济思想史的研究热点具有与时俱进的演变特征。不仅如此，他还通过对中华外国经济学说研究会的考察，发现中华外国经济学说研究会在吸收、培养青年学者以及为学者提供学术交流平台方面，在外国经济思想史学科在国内的发展方面起到了重要的、无可比拟的作用；在经济学说理论方面，学科对于西方经济学说从批判追踪到大量吸收再到反思回归，关注经济问题的落脚点也从国内到国际再回到国内。

与会学者还探讨了克劳斯·奥菲的福利国家结构性矛盾理论、加尔布雷斯“富裕社会”的贫困问题、福利国家、劳资关系与技能的演化、现代货币理论，等等。

## 四、中国现实经济热点问题新探究

本次年会的再一个特点是高度关注中国现实经济热点问题，并试图给出解决问题的建议和对策。

**(一)关于高质量发展问题**

曲阜师范大学刘刚教授从生产方式角度研究了高质量发展阶段的历史必然性。他把具体层面上广义和狭义的生产方式与抽象层面上的生产方式相并列，形成考察生产方式演进规律的“三维视角”。他指出，就狭义的具体生产方式而言，劳动过程中分工协作方式的转变对应工业的不同发展阶段，高质量发展是新一轮工业革命在规模化生产之外追求质量效益的必然要求；就广义的具体生产方式而言，不同的社会形态具有其各自的生产目的，要求我们在新时代必须坚持以人民为中心的高质量发展；就抽象层面的生产方式而言，将自然环境从生产的条件和手段转变为生产所追求的生活需要，是当前生产理念升级的主导方向，也在客观上要求推进以生态理念为普遍形态的高质量发展。

西安交通大学范玉仙副教授实证分析了混合所有制改革与企业高质量发展问题。她研究发现，当前国有企业改革以经济绩效为首要甚至唯一判断标准，忽略了国有企业引领经济发展质量的功能和定位。国有股比例严重缩水的趋势不利于企业的高质量发展，对此应保持警惕。应鼓励国有资本参股民营企业，这有利于盘活民营企业的低效资产，降低不必要的经营成本。她指出，虽实证分析中保障国有企业EVA有效率的国有股比例最低门槛值越来越低，但并不意味着政策应继续降低国有股比例。在进入高质量发展阶段以后，EVA绩效只是国有经济改革的目标之一，更重要的是提高企业创新能力、可持续发展水平以及促进社会经济公平正义等，这些目标的实现依赖于国有经济的强大。

郑州财经学院徐可研究员沿规划—法治—治理思路研究了黄河滩区的高质量发展。他认为，随着依法治国和黄河流域统筹规划的推进，法治与治理相互融合有望形成“水治文明”，其核心在于价值理念上的“从善如流”与体制机制上的“因势利导”，这能够促进沿岸村镇群众的“重叠共识”，形成法治的“软环境”并启动“诱致性”制度变迁与文明进步，从而提高黄河滩区高质量发展。

**(二)关于全面建成小康社会问题**

大连理工大学荆蕙兰教授研究了党的系列指导思想与小康社会建设的内在逻辑关系，她指出，小康社会由若干不同发展阶段组成，从“解决温饱”到“总体小康”，到“全面建设”，到“全面建成”，再到“决胜阶段”，小康社会建设成就来源于党的领导，得益于党的系列指导思想。党的系列指导思想是小康社会建设的根本遵循。小康社会建设的发展推动理论不断创新，发展和完善了党的指导思想。二者辩证统一于中国改革开放的实践中。

辽宁大学和军教授构建了全面小康实现程度综合评价体系。他研究发现，全面小康建设存在明显的区域性差异，2018年全面小康水平由高到低依次为东部、中部、西部和东北；14年来中部地区全面小康水平增幅最大，其次为西部、东北、东部。只有解决区域发展非平衡性与结构性问题推动高质量发展、完善科技创新体制机制、促进民生共享提升生活质量、推进文化教育建设和加强环境污染治理，才能解决区域不协调问题。

**(三)关于乡村振兴问题**

辽宁大学孙世强教授从政治经济学的角度分析了以新乡贤推动乡村振兴的可行性和必然性,提供了依靠新乡贤振兴乡村的中国方案。他指出,新乡贤源于人民,除具有来源的广泛性和拥有资源要素的“量”的规定性外,更因兼有道德品质的“质”的规定性,从而产生个人或协同努力与百姓福祉提升的强逻辑关联。依靠新乡贤振兴乡村顺应新时代百姓需求。掣肘新乡贤功能发挥的要素可概括利益、环境和基础条件三个方面。提升其功能发挥需要构筑并坚定中国特色乡村振兴的理论体系与实践体系。坚定马克思主义理论与实践指导是真正实现百姓福祉提升的必然原则。

中南财经政法大学胡雪萍教授研究了如何构建有利于乡村生态振兴的激励机制。她指出,在乡村生态振兴实施中,通过构建激励相容的激励机制,协调好政府、企业和乡村村民等不同参与主体的利益,生产优质生态产品,才能实现提高乡村村民收入水平这一最终目标。

**(四)关于数字经济问题**

河南财经政法大学王艳萍教授探讨了数字经济及其相关福利问题。她指出,当今无论从世界范围还是从国内来看,数字经济的度量口径和方法尽管不一致,但其经济福利问题却有着共性,主要表现为免费商品或服务的存在使得数字经济的测度没有完整体现消费者从数字经济中得到的经济福利或满足感;数字经济发展的不平等、数字经济所带来的人工智能对人工的替代、用户隐私泄露、平台垄断等导致消费者福利的损失。为了促进数字经济时代的福利水平的提高,构建完善和统一的测度体系、拓展新的就业渠道、完善相关法律法规等成为必要。

内蒙古财经大学赵秀丽教授研究了数字劳动与平台资本的数字化关系。她指出,平台资本和数字劳动是支撑数字经济发展的基础,二者之间以各种复杂的方式联结起来,形成数字劳动与平台资本的新型数字化关系。数字泰勒主义、算法控制、标准控制、技术监控与追踪、计件工资制等手段成为平台资本整合、利用数字劳动的新方式,并形成结构化数字化关系体系,该体系超越了传统的工资体系和雇佣标准。数字劳动与平台资本数字化关系的核心在于“数据控制权”,当下超大规模的数据源自数字劳动者,但其控制权却掌控在私人平台资本手中。由此形成数字劳动的社会化与平台资本的私有化之间的矛盾。数字劳动的社会化形成网络生产力和一般智力,需要发展数字公共事业,建立公共数字平台,将超大市场规模的数字劳动“一般智力”转化为国家竞争力和技术优势。

厦门大学余长林教授分析了政府补贴、税收优惠、信用贷款、行业准入制度四类产业政策对数字经济产业技术创新的影响。他研究发现,政府补贴和行业准入制度对数字经济产业技术创新的影响显著,税收优惠、信用贷款则相对不明显。产业政策对数字经济产业技术创新的影响存在行业异质性。

**(五)关于国企内部治理问题**

江苏理工学院李济广教授、中共葫芦岛市委党校刘倬副教授研究了国企治理中董事长权能行使及党的领导的实现机制。他们指出,在权能行使方面,主要涉及董事长与董事会、董事长与(总)经理、董事长与党组织和党组织书记的关系。抑制国有企业董事长权力膨胀、个人专断的关键在于:引导董事长正确地发挥职能,实现董事会集体领导和董事长与经理业务分离原则;公司章程应取消"董事会可以对董事长授予其他职权"的规定;董事会的决议应尽量以匿名表决的方式产生;企业经营责任应由董事会集体承担;党组织书记兼任监事长而不兼任董事长,监事会领导董事会,书记、党组织与董事(长)、经理分离,工作分工保证制衡。

**(六)关于农地财产权的"还权赋能"问题**

西南财经大学韩文龙副教授探讨了新时代农民市民化过程中保障和实现其农地财产权问题,他指出,在农地"三权分置"改革背景下,要实现农民的土地财产权,"确权颁证"是前提,"还权赋能"是本质要求。实现农民的土地财产权,需要构建以用益物权为主要权属内涵的农地财产权体系,创新以土地承包权和经营权、宅基地资格权和使用权、集体收益分配权为主的农地财产权经济价值的实现路径;需要遵循权利赋予和回归、权利行使和运作、权利救济和保障的逻辑主线,重点把握法律路径、权利路径和市场机制路径三条路径。

与会学者还探讨了中国城镇家庭收入与消费波动、中国消费内需与房价、中国经济维稳发展、制度性摩擦与企业成长、债务融资与企业创新,等等。

## 五、国际经济问题新探索

本次年会还关注了多种国际经济问题,如下:

**(一)关于经济全球化的重塑问题**

首都经济贸易大学徐则荣教授研究了疫情冲击下经济全球化的重塑和中国路径的选择问题。她指出,始于今年年初的新冠疫情全球蔓延形势不容乐观,目前已经造成全球产业供应链中断、消费需求严重下降、金融市场跌宕起伏、大宗商品价格持续下跌。在疫情的冲击下,经济全球化推进更加举步维艰,全球经济格局势必将被重塑,集中表现在全球产业链格局、国际贸易格局、金融货币格局三个方面。在这样的趋势之下,我国的发展路径应该是继续深化同全球其他国家的各项合作,发挥我国制度优势,推进国家治理体系和治理能力现代化的建设。

**(二)关于主权国际货币问题**

南京师范大学陶士贵教授探讨了主权国际货币的新职能。他指出,主权国际货币除了发挥国际间的交易媒介、计价单位和价值储藏三种职能外，还存在一种被“善意忽视”的新职能——国际制裁手段。近年来，美国这样的顶级国际货币发行国正是通过国际货币的国际制裁手段，将全球的国际贸易、投资及金融活动几乎完全纳入其国内法管辖范畴，并获得了高额的霸权红利。国际制裁正成为美欧发达国家对外经济金融外交的一种主要方式。对中国而言，应加大对国际货币的国际制裁手段新职能的重视和研究，重新审视我国国际金融的现实问题；提升中国的货币权力，将人民币国际化上升为国家战略；实施反制裁措施，构建中国特色的金融制裁法律体系和运行机制；构建国际债权人保护共同体，推动多方力量“去美元化”；健全国际货币体系，进一步发挥中国在组织架构和规则完善中的主导作用。

**（三）关于贸易与要素价格均等化问题**

浙江大学丁堡骏教授、首都师范大学王智强副教授基于马克思的劳动价值论，利用 94 个国家 1996—2015 年的面板数据，对要素价格均等化理论进行了再考察。他们研究发现：成本函数与新古典生产函数具有内在缺陷，以此两种函数为基础的要素价格均等化理论，未考虑国际贸易中存在的剩余价值国际转移。按照国际生产价格进行交换，剩余价值从发展中国家向发达国家转移，发达国家转入的剩余价值随着贸易程度的提高而增加，这对工资上涨具有正效应，发展中国家则相反；贸易通过剩余价值国际转移量对发达国家与发展中国家工资差距产生的正效应大于通过劳动力需求产生的负效应，在贸易增量相同的情况下，两种国家的工资差距扩大。发展中国家只有抑制剩余价值国际转移，才能促进世界经济平衡发展。

**（四）关于日本经济“失去的 30 年”问题**

北京大学张杨博士后从马克思经济学的视角出发，深入研究了造成日本经济“失去的 30 年”的原因。他指出，日本的经验教训在于：一是积极从出口导向型经济向循环型经济体制转换。出口导向型经济体制使日本劳动者被剥削程度日益严重，与国民经济的增长、劳动者幸福指数的提升背道而驰，资本的外向型自由流动没有提高国内劳动者的收入与消费水平，一极是日系跨国公司的资本向外流出，一极是本国劳动者的消费能力不断下降；二是积极加强经济低增长下经济结构的调整。

**（五）关于“东亚模式”问题**

山东大学刘文教授深入探讨了“东亚模式”在动态变化中得到了质的发展与提升。但是，随着老龄人口比重逐年增加，东亚国家和地区发展的负荷进一步加大，如何正确地处理好老年人口的社会问题，开发利用第二次人口红利，对于东亚国家和地区的持续发展至关重要。

此外，与会学者还探讨了国际视角的教育收益率、人民币国际化、经济全球化、中国全面开放新格局背景下国际贸易的发展机遇，等等。

**图书在版编目(CIP)数据**

海派经济学.2020年.第18卷.第4期:总第72期/程恩富,顾海良主编.—上海:上海财经大学出版社,2020.12

ISBN 978-7-5642-3718-9/F·3718

Ⅰ.①海… Ⅱ.①程… ②顾… Ⅲ.①经济学—丛刊 Ⅳ.①F0-55

中国版本图书馆CIP数据核字(2021)第021386号

□ 责任编辑 袁 敏

□ 封面设计 张克瑶

**海派经济学**

程恩富 顾海良 主编

上海财经大学出版社出版发行

(上海市中山北一路369号 邮编200083)

网 址:http://www.sufep.com

电子邮箱:webmaster@sufep.com

全国新华书店经销

江苏凤凰数码印务有限公司印刷装订

2020年12月第1版 2020年12月第1次印刷

787mm×1092mm 1/16 15.5印张 295千字

定价:24.00元